# 21세기 러시아의 이해

'포스트 푸틴', 엘리트, 올리가르흐

그리고 '푸틴 세대'의 선택

김석환 지음

# 21세기 러시아의 이해

'포스트 푸틴', 엘리트, 올리가르흐

그리고 '푸틴 세대'의 선택

김석환 지음

HU:iNE

# 서문을 대신해

## -전환의 시점에 선 러시아

지난 30여 년 동안 서방과 러시아는 다음과 같은 사고(思考)에 기초해 양자 및 국제 관계를 관리해왔다.

1. 러시아와 서방의 이해가 깊은 수준(deep level)에서 어느 정도 일치한다.

2. 현재의 세계가 직면한 심각한 현안들은 서방과 러시아 모두 반드시 해결해야 하는 문제이기 때문에 공통점을 찾는 것이 가능하다.

3. 근본적으로 서방과 러시아는 상호 존중과 평화로운 협력에 기반을 둔 공존의 관계를 추구한다.

서방[1]과 러시아는 상대방에 대한 이런 사고방식에 기초해 큰 틀에서 소련 해체 이후 테러와의 전쟁, 핵확산방지, 군축, 세계화 등을 추구해왔다. 서방의 개별 국가들도 러시아와의 관계를 그들 나름의 전략을 통해 강화했다. 독일은 러시아와 전방위적 협력을 강화 발전시켜왔고 일본과 러시아는 상품 교역과 에너지 협력을 기초로 해 협력을 확대 발전시켰다. 특히 일본의 아베 정권은 쿠릴열도 남단 4개 섬(일본명 북방 4개 섬) 문제 해결을 위해 러시아에 대한 유

---

1 저자는 여기서 서방(the West)의 개념을 지리적 개념으로 사용하지 않았다. 이데올로기와 가치, 문화적 특성을 강조해 사용했다. 냉전 시기를 언급할 때에는 옛 소련 및 공산권 진영과 대비되는 자유민주주의 진영, 시장 경제 진영을 의미하는 개념으로 사용했다. 냉전 이후의 시기를 언급할 때에는 옛 소련권 국가들 중 민주적 질서와 시장 경제 체제가 완전히 정착하지 못한 권위주의 및 공산주의 국가들과 대비하는 개념으로 사용했다. 때문에 저자가 사용한 서방의 개념에는 미국과 유럽 국가 외에도 일본, 한국, 이스라엘 등이 포함된다.

화적인 정책을 일관되게 추구했다. 영국의 보리스 존슨(외무장관 시절)과 에마뉴엘 마크롱 프랑스 대통령의 러시아 유화 정책 등도 이런 사고에 기초해 이루어졌다. 한국도 북방정책, 유라시아 이니셔티브, 신북방정책 등을 통해 러시아와의 전략적 협력을 강화해 왔다. 물론 중국도 서방국가들보다 더 강력하고 더 광범위하게 러시아와의 관계를 강화했다.

그런데 이런 서방의 대(對)러시아관과 러시아의 대(對)서방관이 푸틴 정권 이후 특히 2008년 이후 근본적으로 바뀌었다. 미국과 러시아가 합심해서 진행했던 테러와의 전쟁은 전쟁의 장기화에 따라 '강대국 정치'의 논리에 의해 왜곡됐다. 빅테크(Big Tech)와 첨단 기술 분야의 주도권을 놓고도 개방된 국제 협력 보다는 차별적인 진영 경쟁, 새로운 체제 경쟁이 시작됐다. 사이버 공간 등 새로운 영역에서의 대립과 갈등, 저강도 전쟁 등이 계속됐다. 전통적인 지정학 구도 하에서의 경쟁도 격화했다.

시리아에서 목격된 상호 대립하는 세력에 대한 지원, 사이버 테러, 여론 조작 등을 통한 러시아의 미국 선거 개입 의혹, 서방으로 망명한 반체제 인사들 및 망명 인사들에 대한 러시아의 독극물 테러 의혹, 러시아와 조지아와의 전쟁, 러시아의 크림반도 병합과 동부 우크라이나 사태 등을 둘러싼 서로 간의 경제 제재 등은 러시아와 서방이 직면한 새로운 현상과 환경을 보여주는 단적인 사례들이다.

서방은 푸틴의 러시아가 소련 해체 이후의 민주화 흐름에서 벗어나 인권과 국제법적 원칙에서 이탈하고 민주주의의 가치에 대한 신뢰를 저버렸다고 생각한다. 반면 러시아는 서방이 냉전 종식 후 유럽의 일원이 되고자 했던 러시아를 저버리고 러시아를 존중하지 않으며 단지 그들에게 고분고분한 러시아를 원한다고 본다. 그리고 이는 러시아가 받아들일 수 없는 것이라고 주장한다.

이러한 이견(異見)의 대부분은 구체적으로 들어가면 푸틴 시대에 대한 평가에서 비롯된다. 푸틴 시대, '푸틴 체제'에 대한 평가는 소련 해체 이후의 세계에 대한 미국 및 서방과 러시아와의 세계관의 충돌을 보여준다. 이는 미국과 러시아가 행동하는 규범의 도덕성에 대한 평가, 1990년 이후 2000년대 초반까지 한동안 유행했던 미국의 유일 패권적 행동에 대한 평가, 러시아의 행동규범에 대한 평가 등과 연관된다.

소위 세르게이 라브로프 러시아 외무장관이 주장하는 코소보(Kosovo)와 크림반도 병합에 대한 서방의 이중잣대, 도덕적 균질성(moral equivalence)에 대한 입장의 차이에 의해서도 갈라진다. 물론 푸틴의 통치 스타일에 대한 호불호(好不好)에 따라서도 의견 차이가 크게 나타난다.

하지만 "무엇 때문에 친서방 일변도 정책을 추진하던 옐친 초기의 정책과 달리 '푸틴 체제'하에서 크렘린 및 러시아 엘리트들의 정책적 전환과 러시아의 발전 노선의 전환을 초래했는지?", 그리고 "누가 혹은 어떤 집단들이 이러한 정책적 전환을 뒷받침했는지?", 또 이러한 "정책적 전환을 통해 관련 이익집단들이 과연 어떤 계산서를 받았는지?"에 대해서는 논란이 분분하다.

'푸틴 체제'의 정책 전환을 이해하기 위해서는 지난 20여 년의 기간 동안 푸틴과 함께한 엘리트 그룹에 대한 이해가 필요하다. 푸틴은 2000년 대통령에 취임한 이후부터 이들 엘리트들의 지원과 그들이 고안한 정책에 힘입어 러시아를 재편했다. 지난 20여 년 동안 지속해 온 '푸틴 체제'는 푸틴과 이들 통치 엘리트 그룹의 합작품이다. 하지만 이들은 연로(年老)해 가고 있으며 러시아는 외교 안보, 경제 산업, 사회 문화적으로 새로운 도전에 직면해 있다.

중국의 부상과 중동의 혼란, 디지털 전환과 기술 전쟁(Tech), 에너지 전환과 기후 문제, 인구 감소와 이민 문제의 복잡성, 'COVID-19'과 같은 보건 의료 영역에서의 도전에 맞서 러시아는 새로운 응전을 해야 한다. 이에 맞서기 위해 푸틴과 통치 엘리트들은 현재 새로운 엘리트들을 각 부문에 충원하고 있으며 헌법을 개정하는 등 국가 체제에 일정한 변화를 추구하고 있다. '포스트-푸틴' 체제가 본격적인 준비 작업에 들어간 것이다.

'포스트-푸틴' 체제와 현 '푸틴 체제'의 진로에 대해 정확히 예측하기 위해서는 푸틴과 푸틴의 통치 엘리트들에 대한 집중적인 분석이 필요하다. 저자의 경험과 분석에 의하면 푸틴 시기 통치 엘리트들은 특정한 집단의 독주가 아니라 다양한 집단의 연합으로 이루어졌다. 또 이 기간의 주요한 정책 결정은 특정 집단의 단독적인 이익을 위한 힘의 결정이 아니라 집단적 합의의 조정을 통한 정책 집행의 기간이었다.

물론 특정한 주제와 특정한 사건에 대한 특정한 엘리트 그룹의 전문성과 이익이 더 많이 관여한 경우가 존재한다. 그러나 크게 보면 대체로 소위 실로비키(siloviki), 자유주의 성향의 전문가 집단, 올리가르히, 관료집단 등이 다양한 형태로 융합되어 그들의 역할을 수행했다.

'푸틴 체제'가 형성된 지난 20여 년의 기간 동안 이들이 수행한 역할 혹은 행동들이 단순히 그들의 출신 집단의 이익과 사적인 욕망의 결과물만도 아니었다. 그리고 이 기간 푸틴이 이들과 함께 그리고자 했던 러시아의 미래가 무조건 서방과 대립하고 서방의 이익에 도전하는 것도 아니었다.

지난 20여 년의 기간 동안 우리가 목격한 러시아의 정책들은 그들 내부의 정책 결정 요인과 파벌 갈등 그리고 크렘린의 이들에 대한 분할 통치(divide and rule) 전략의 결과물이었다. 이 과정에서 푸틴의 의중을 반영하는 크렘린 행정실은 각 담당 국별로 정부 부처와 긴밀한 협의의 과정을 주도했다. 이러한 협의의 과정에서 다양한 집단들이 영향을 미쳤다. 아래의 <그림 1>에서 알 수 있듯 대외정책만 하더라도 이는 단순히 러시아 외무부나 국가안보회의의 안보 전문가들만의 협의의 결과물이 아니었다. 일례로 크림반도 병합의 과정과 러시아가 주장하는 영향력 지대(sphere of interest)의 개념을 뒷받침하기 위해서는 복잡한 대외문화전략이 외교안보 전략과 결부되어야 했다.

이와 관련해 2013년 12월 12일 푸틴 대통령은 상원(연방의회)에서 "러시아 정부는 대외관계에서 러시아 문화와 언어의 증진을 추구할 것"[2]이라고 신인하기도 했다. 푸틴 대통령의 이러한 언급은 2013년 2월 상원 연설로 끝나지 않았다. 이는 '러시아의 대외정책 개념'에 "대외정책의 목표달성을 위한 수단으로서 시민사회의 잠재력, 정보, 문화 및 다른 수단 들을 구축한다"는 언급으로 반영됐다.[3]

이처럼 러시아의 정책 결정 과정에 대한 각 그룹들의 영향력과 합의 과정 등은 복잡했고 그러다 보니 이들을 조율하는 데 있어 크렘린 행정실의 책임은

2 Presidential Address to the Federal Assembly, 12 December 2013. http://en.kremlin.ru/events/president/news/19825

3 Ministry of Foreign Affairs, 'Concept of the Foreign Policy of the Russian Federation', 12 February 2013, points 20 and 39(n) http://www.mid.ru/bdomp/nsosndoc.nsf/1e5f0de28fe77fdcc32575d900298676/869c9d2b87ad8014c32575d9002b1c38!OpenDocument.

점점 더 커졌다.

아래의 그림은 2017년 9월까지 크렘린 행정실 내 각 담당 분야별 담당국과 러시아 정부 유관 부처와의 정책 영향력 및 협의의 영역을 보여준다. 이처럼 크렘린 내 담당국의 대표적 인사들이 각 부처와 유기적 연관을 맺고 정책 결정 과정에 관여했다.

러시아의 정책은 이처럼 복잡한 이해관계의 결과물이다. 그런데 이런 국가 조직 및 엘리트들의 세계관이나 이해관계와는 별도로 러시아 국민들의 감정도 정책 결정에서 중요한 역할을 한다.

러시아인들은 소련의 해체에 대해 매우 깊은 상실감을 가지고 있다. 이는 현재의 러시아의 진로에 대한 불만과는 다른 것이다. 이들은 공산주의로의 회귀를 원하지 않지만 소련의 해체에 대해서는 아쉬움을 표시한다. 물론 젊은 세대의 아쉬움은 노인 세대에 비해 상대적으로 적은 편이다.

러시아 국민들의 상당수가 소련 해체에 대해 상실감을 갖고 있다. 또 엘리트 집단과 일반 시민 모두에서 민족주의 경향이 증대하는 것도 사실이다. 특히 러시아 민족주의 성향의 증대는 젊은 층과 노년층을 막론하고 증가하고 있다. 이런 정서는 러시아의 대내외 정책 결정 과정에 상당한 영향을 미칠 수밖에 없다. 이는 '레바다 센터(Levada Center)', '퓨 리서치 센터'(Pew Research Center) 등의 각종 여론조사에서도 드러난다. 이들 자료를 보면 특히 2000년대 들어 러시아의 민족주의 성향이 더욱 강화되면서 소련의 해체에 대한 아쉬움과 회한을 표하는 숫자가 증가함을 알 수 있다.

2011년에 실시된 '퓨 리서치 센터'(Pew Research Center)의 조사, '러시아가 제

<그림 1> 러시아 크렘린과 관료 집단 간 정책 영향력 관계도 (2017.9월)

| 러시아 크렘린과 관료집단 사이의 영향력 관계 | | | | | | | |
|---|---|---|---|---|---|---|---|
| **영향력** | **대통령<br>비서실<br>지도부** | **대통령<br>비서실<br>대외<br>정책국**<br>Alexander<br>Manzhoshin | **대통령<br>비서실<br>국내<br>정책국**<br>Timur<br>Prokovenko | **대통령<br>비서실<br>해외<br>국가와의<br>문화 및<br>지역 간<br>협력국**<br>Vladimir<br>Chernov | **대통령<br>비서실<br>CIS '아브<br>하지야'<br>남오세티야<br>담당<br>사회경제<br>협력국**<br>Oleg<br>Govorun | **대통령<br>비서실<br>언론 및<br>공보국**<br>Alexander<br>Smirnov | **대통령<br>비서실<br>전문가<br>담당국**<br>Vladimir<br>Simonenko |
| 외무성 | | V | | V | V | | |
| 로스<br>사투르드니<br>체스트보 | | V | | V | V | | |
| 국가<br>안보회의 | V | | | | | | |
| 국방부 | V | | | | | | |
| Falth<br>community | | | V | V | | | |
| 외교 활동 | V | V | | V | V | | |
| 소프트<br>파워 | | V | V | V | V | | V |
| 미디어 | | | | | | V | |
| 'Friendly<br>voices' | | | | | | | V |
| 전문가<br>집단 | | | | | | | V |
| Putin's<br>words | | | | | | V | |
| 비즈니스<br>로비 | | V | V | | | | |

자료: Mark Galeotti, 'Controlling Chaos: How Russia manages its political war in Europe', European Council on Foreign Relations, 01, September, 2017를 참고로 저자 작성

국이 되는 것은 당연한 일인가?'라는 질문에 대한 대답을 보면 당연하다는 응답이 1991년에 37%이던 것이 2011년에 48%로 증가했음을 알 수 있다.[4] 특히 같은 질문에 대한 응답에서 우크라이나 거주민들도 91년에는 22%만이 찬성을 표했다. 하지만 2011년에는 46%로 증가했다. 이를 보면 러시아 및 옛 소련권 슬라브 민족 거주자를 중심으로 한 민족주의 경향이 강해지고 있고 '강한 러시아의 부활'이라는 슬로건이 정서적으로 큰 공감을 얻고 있음을 알 수 있다.

"왜 이런 결과가 나타났을까?" 그 이유는 '푸틴 이전(Before Putin)'과 '푸틴 이후(After Putin)'로 러시아의 정치·사회·경제적 분위기가 확연히 달라졌기 때문이다. 푸틴이 러시아 총리 및 대통령 권한대행이 된 1999년 말, 러시아는 한 마디로 방향을 상실한 상황이었다. "개혁을 가속할 것인가?" 아니면 과거 소련에 대한 향수에 깃대 "국가의 정책 노선을 전환할 것인가?"를 두고 논쟁이 난무했다.

푸틴은 이런 상황 속에서 러시아의 대통령 권한 대행(1999년 12월)이 됐다. 그리고 5개월 후(2000년 3월 선거에서 압승하고 5월에 취임) 21세기 러시아의 첫 번째 대통령이 됐다.

새로운 대통령으로 선출됐던 당시 푸틴이 물려받은 러시아의 상황은 참혹했다. 소련 해체 후 국가 및 체제의 와해에 대한 공포감은 수그러들지 않고 있었다. 러시아 연방마저 해체될 수도 있다는 공포가 커지고 있었다. 체첸 분리

4 Pew Research Center, 'CONFIDENCE IN DEMOCRACY AND CAPITALISM WANES IN FORMER SOVIET UNION', DECEMBER 5, 2011
https://www.pewresearch.org/global/2011/12/05/chapter-5-nationalism-in-russia/

주의자들과의 전쟁에서 목격된 러시아군의 무기력함, 친서방 개혁파 그룹이 추진하는 시장경제 개혁의 폐해, 점점 커지는 빈부격차, 국가의 자산을 강탈하는 특권층들, 그리고 정치와 유착한 올리가르흐들의 전횡, 올리가르흐들과 결탁한 정치인 및 권력자 가문의 부패 스캔들 등이 매일 같이 러시아의 언론을 장악하던 시절이었다. 러시아 국민들은 분노와 좌절 속에 있었다. 하지만 출구가 보이지 않는 듯했다.

바로 이때 푸틴이 등장한 것이다. 푸틴이 대통령이 된 지 20여 년이 지난 현재 러시아의 모습은 그가 물려받은 러시아와 확연히 다른 모습이다. 푸틴은 지난 집권 4기 동안 러시아를 안정적으로 관리해왔다. 옐친 시기와 비교할 경우 국내 정치 및 경제의 안정을 이룩했고, 러시아의 위상을 국제적으로 신장시켰으며, 세계무역기구(WTO) 가입 등 국제화도 지속했다. 물론 이 기간 조지아와의 전쟁, 크림반도 병합, 우크라이나와의 대립, 시리아 군사개입 등 미국 및 서방과의 대립이 격화됐고 러시아에 대한 경제제재 등이 도입됐다.

이처럼 서방과 러시아의 관계가 최근 악화일로를 보이고 있지만 지난 20여 년 동안 러시아 국내에서 대외적 요인을 이유로 푸틴에 대한 반발은 격화하지 않았다. 러시아 국민들 대다수는 푸틴 정책의 불가피성을 용인하는 분위기다. 서방과의 대립의 원인도 러시아의 잘못이 아니라 서방의 잘못이라는 생각을 갖고 있다. 이는 이 책 본문에 소개된 다양한 여론조사에서도 나타난다. 적어도 이런 여론조사를 기초로 해 판단을 한다면 러시아인들 대다수는 현재에 만족하지는 않지만 그렇다고 해서 러시아의 대외정책 노선이나 스타일이 반드시 바뀌어야 한다고 생각하지 않고 있다.

서방은 서구식 민주주의와 서구와의 전면적 협력 없이는 러시아의 미래가 없다며 러시아의 정책 전환을 압박하고 있다. 러시아 내에서도 '푸틴 체제'에서 질서는 잡혔지만, 여전히 세계적인 선도국가로 도약하지 못하고 있다는 비판적인 의견들도 존재한다. 하지만 러시아 민족주의·애국주의 세력들은 "러시아만의 제3의 길이 있다"며 러시아는 독자적인 발전 노선을 택해야 한다고 주장한다. 그리고 러시아의 통치 엘리트들은 이들의 세계관에 경도되어 있다.[5]

푸틴은 이런 양극단의 의견 속에서 지난 20여 년 동안 러시아를 이끌어왔고 이제 러시아는 '포스트-푸틴'체제를 준비하고 있다. 바로 이러한 이유로 현재 최악의 상태인 러시아와 미국, 러시아와 서방의 관계가 '포스트-푸틴' 시대에는 좋아질 것이라는 전망의 실현 가능성은 그렇게 높지 않다.

물론 '포스트-푸틴' 체제의 러시아가 변화할 가능성은 있다. 경제 제재의 상황도 완화될 수 있고 환경문제, 테러와의 전쟁, 핵무기 감축을 포함한 군비통제 등에서 서방과 협력적 아젠다를 통한 공동의 프로그램도 진행할 수 있을 것이다.

하지만 러시아와 서방의 관계가 "개선될 것이다"라는 기대가 '푸틴 이전'(before Putin)이나 2001년 테러와의 전쟁이 개시된 이후 서방에 전폭적인 협력을 선언했던 '푸틴 체제' 초기 수준을 의미한다면 그런 희망은 실현되기가 어려울 것이다.

5 김석환, '유라시아와 한반도 2030-리더십과 지정학 그리고 자원과 물류', pp.68~98, 한국외대 지식출판원, 2014.

물론 그때와 같은 낙관적인 관계로의 개선이 가능하다고 생각하는 사람들도 있다. 하지만 그들 생각의 근거는 "미국 및 유럽과 러시아의 관계가 푸틴 이후 악화했고 이러한 악화된 상황은 양자 관계에서 이례적이다."는 판단에 기초해 있다.

이러한 근거는 상당 부분 '푸틴 체제' 하의 러시아 통치 모델이 오로지 푸틴이라는 인물에 의해 좌우된다는 가설에 근거한다. 푸틴이 곧 '악의 근원'이라는 생각이다. 때문에 푸틴이라는 인적 통치의 기제(機制)가 없어진다면 언제든지 권위주의적, 독재적 모델에서 벗어나 미국과 유럽이 기대하는 제도로 전환될 것이라는 믿음에 근거한다. 알렉세이 나발니로 상징되는 시위와 크렘린의 지방 정치 압박에 저항하는 극동 지방 등지의 시위 등은 이런 믿음의 강력한 근거다. 그러나 푸틴은 그저 소련에 대한 향수를 가진 구세대 인물이자 국가보안위원회(KGB) 출신의 강경 민족주의, 하이브리드(hybrid)형 독재자가 아니다. 그가 서구가 기대하는 민주주의적 지도자는 아니지만 그렇다고 간단히 독재자로 칭하기에는 러시아 국민들에게 지지를 받는 매우 복잡하고도 검증된 리더십과 카리스마가 형성된 지도자다. 푸틴은 현재 주요 강대국 지도자들 가운데에서 국제 문제를 가장 오랫동안 다뤄본 노련한 인물이다. 그가 상대한 미국의 대통령만도 클린턴에서부터 부시, 오바마, 트럼프, 바이든에 이르기까지 다양하다. 그의 KGB 근무 경력(16년)보다 대통령으로서의 재임 기간이 훨씬 더 길다. 그는 이 기간 혼자가 아닌 그를 보좌하는 통치 엘리트 집단과 함께 국제 문제와 국내 문제를 다뤘고 이들 상당수는 현재 푸틴의 지근거리에 있다.

푸틴을 상대했던 서방의 지도자들 가운데 러시아와의 관계에서 돌파구를 만들어내려던 지도자들도 여럿 있었고 다양한 방식들이 동원됐다. 지난 10여 년의 기간만 보더라도 오바마 미국 대통령 시대의 리셋(Reset), 프랑스 니콜라 사르코지(Nicolas Sarkozy) 대통령, 영국의 보리스 존슨(Boris Johnson) 총리(외무장관 시절) 등의 시도가 있었다.

하지만 그들의 정책은 실패했다. 러시아와의 대립은 더 격렬해졌고 경제 제재도 더 광범위해졌다. 그러자 러시아와 합의나 개선을 이룩할 수 없는 본질적인 차이의 원인에 초점을 두기보다 푸틴에 대한 비난에 초점이 모아졌다. 푸틴이 대통령으로 있는 한 현재의 '푸틴 체제'에서는 러시아와의 관계 진전은 이루어질 수 없다는 논리가 확산한 것이다.

최근 서방의 많은 정치인들에게서 쉽게 찾아볼 수 있는 이러한 경향은 러시아에 보다 더 효과적으로 대응하지 못한 것에 대한 가장 쉽고 편안한 설명이자 변명이다. 이런 식의 담론(談論)은 현재의 서방 국가들이 안고 있는 정치적 양극화와 포퓰리즘적 분위기와 결합해 러시아와 '푸틴은 악'이다는 분위기를 쉽게 증폭시킨다.

물론 러시아에 대한 이러한 고정관념은 푸틴의 통치 방식에서도 상당 부분 기인한다. 정치적 반대파에 대한 강력한 응징과 경제에 대한 정치 엘리트들의 렌트(Rent) 편승과 축재(蓄財), 크림반도 병합 등의 모습은 푸틴 정권에 대한 부정적 여론을 강화한다. 이러한 여론이 특정 국가 내 포퓰리즘적 견해와 결합하면 이러한 견해는 더욱 강화되고 정치적 입장과 정책은 점점 자율성을 갖기가 어렵게 된다.

하지만 푸틴과 러시아가 모든 '악의 근원'이 아니듯, '포스트-푸틴' 체제의 러시아가 서방이 기대하는 그러한 러시아로 회귀할 것이라는 믿음도 환상이다. '포스트-푸틴'의 러시아 정치 문화는 '푸틴 체제'와 비교해 크게 변화하지 않을 것이다.

앞에서도 언급했듯 지난 20여 년 동안 목격된 푸틴과 그를 보좌하는 통치 엘리트 집단의 담론(談論)은 러시아 내에서 폭넓은 지지를 받고 있다. 심지어 젊은 세대들도 러시아의 크림반도 병합에 대해 지지하며 러시아는 다시 강대국이 되어야 한다는 정책을 지지하고 있다.[6]

이러한 애국주의적 경향의 부활과 반(反) 서구적 정서는 '포스트-푸틴' 시대에도 쉽게 변하지 않을 것이다. 서방에게 배신당했다는 생각은 러시아 엘리트들뿐 아니라 러시아 사회 전체에 자리 잡고 있다. 이는 강대한 제국의 몰락 이후 옛 제국의 국민들이 느끼는 일종의 '제국주의 이후 증후군'과도 비슷하다.

러시아와 서방과의 외교·안보적 상황은 개선될 수 있다. '포스트-푸틴' 체제에서 푸틴보다 더 친서방적인 지도자가 나올 수도 있다. 하지만 그렇다고 해서 그런 지도자가 추구할 서방과의 관계 개선의 모습은 서방이 기대하는 그런 방식은 아닐 것이다. 소련 해체기의 혼란을 경험하고, 집단 학습을 통해 기억하고 있는 러시아의 엘리트 그룹과 러시아 국민의 생각은 단순하지 않다. 이들은 서방과의 관계 개선과 민주주의의 확산, 사유재산제도의 강화 등을 강력히

6 Денис Волков,'Ценности, ориентации и участие в политической жизни российского молодого поколения', Европейский диалог. http://www.eedialog.org/ru/2020/06/12/cennosti-orientacii-i-uchastie-v-politicheskoj-zhizni-rossijskogo-molodogo-pokolenija/

지지하면서도 여전히 러시아의 자존심과 통합성이 훼손되지 않는 방식을 선호하고 있다.

'포스트-푸틴' 체제에서도 러시아는 민주주의 및 시장경제 체제로의 이행을 계속 추구할 것이다. 본문에서 자세히 언급하겠지만 러시아의 경제는 세계 밸류체인에 이미 통합되어 있고 개방화의 수혜를 입은 새로운 세대는 시대착오적인 폐쇄적 체제의 부활로는 러시아의 지속 가능한 발전이 불가능함을 잘 알고 있기 때문이다.

여기다 푸틴이 대통령에 당선된 이후 성장한 '푸틴 세대'(Putin generation)의 세계관과 그들이 직면한 정보 접근의 환경은 비관론보다는 러시아가 좀 더 다원적인 사회로 이행할 수 있을 것이라는 희망을 품게 한다. 적어도 안보 분야와 같은 영역을 제외한다면 러시아는 훨씬 더 다원적이고 개방적인 사회가 될 가능성이 높다.

하지만 그렇다고 해서 러시아가 빠른 속도로 실질적인 민주주의 정치 체제를 구축할 가능성도 그렇게 높지 않다. 이는 '푸틴 체제' 등장 후 특히 지방선거에서 공정성 시비가 높게 일었고, 의미 있는 민주주의를 위한 기회들과 반대파들이 빠르게 소멸됐다는 주장과 사실에 근거한다. 실제로 크렘린이 용인하는 제한된 수의 시민 집단과 일부 기구를 제외하고 러시아의 시민 사회는 존재하지 않는다는 주장도 널리 받아들여진다.

'포스트-푸틴' 체제의 모습이 어떤 형태를 띨 것인가는 상당 부분 새롭게 충원되고 가동될 새로운 통치 엘리트 그룹에 달려 있다. 그런데 푸틴 집권 4기 이후 새롭게 충원된 엘리트들은 과거 엘리트와 유사성도 있지만 다른 점도 많

다. 외교 분야에서도 새로운 엘리트들은 과거와는 다른 모습을 보인다.[7]

'푸틴 세대'와 새로운 통치 엘리트 그룹은 서방에서 교육받은 사람이 많으며 세계적으로 연결된 개방된 러시아에서 태어난 세대다. 이들이 정책의 핵심 실무진으로 본격적으로 진입할 '포스트-푸틴' 시대에는 러시아와 미국, 러시아와 서방의 관계가 최악인 지금의 상태보다는 좋아질 수 있다. 북극, 중동, COVID-19 및 기후 변화와 같은 현안을 놓고 러시아와 서방은 협력을 더 확대할 수 있다. 다만 그러한 상태가 서방이 기대하는 1990년대의 모습, 소련과의 체제의 경쟁에서 승리를 만끽했던 그런 모습은 아닐 것이다.

푸틴은 단지 KGB 출신의 옛날 세대가 아니다. 푸틴이 러시아 역사에서 갑자기 튀어나온 변종의 지도자도 아니다. 그와 그를 보좌한 엘리트들이 추구한 지난 20여 년의 정책도, 우리의 동의 여부와 상관없이, 그들의 논리와 러시아의 역사적 맥락에서 보자면 갑작스러운 것도 아니다. 때문에 '포스트-푸틴' 체제에 새로운 지도부가 결성된다 해서 러시아와의 문제가 하루아침에 사라지지도 않을 것이다.

냉전의 끝 무렵부터 북방정책을 통해 러시아와 전략적 협력을 강화하려 노력해온 한국에게도 이러한 사실은 똑같이 적용된다. 한국은 러시아를 둘러싼 '도전'과 '기회'의 계산을 더 정확히 할 필요가 있다. 러시아가 한국을 포함한 서방과 더 개방적이고, 더 자유스럽고, 더 확대 지향적이며 협력적인 상대

7 Liik, K. 'The last of the offended: Russia's first post-Putin diplomats', ECFR, 19 November 2019. https://www.ecfr.eu/publications/summary/the_last_of_the_offended_russias_first_post_putin_diplomats

가 되고 그러한 관계를 지속적으로 유지하기 위해서는 냉정한 판단에 기초한 비전(vision)을 가져야 한다.

환상(幻像)이 현실과 충돌하는 것을 당연시해서는 안 된다. 정책의 목표가 달성되지 못하는 상황을 러시아의 잘못과 글로벌 정세의 탓으로만 돌려서도 안 된다. 비현실적 가정에 기초한 잘못된 신화에 집착하면 정책적 실패는 필연적이다. 한국은 이러한 실패를 미연에 방지하면서 러시아와의 전략적 협력을 강화해 나가야 한다.

그러기 위해서는 장기적 관점에서 한국이 처한 환경과 도전의 목표 사이에서 한국과 러시아의 관계가 어느 지점에 위치해 있으며 어떤 기회를 제공할 것인지에 대한 천착(穿鑿)이 필요하다. 그리고 이런 천착(穿鑿)에 기초해 러시아에 대해 보다 더 장기적인 관점을 갖고, 보다 더 심층적인 이해와 지식에 기초한 현실적이고 창의적인 정책을 추진해야 한다. 그래야만 보다 더 구체적이며 현실적인 전략을 입안할 수 있고 목표로 하는 성과도 도출할 수 있을 것이다.

목차

제1장

# ‘포스트-푸틴’ 체제를 위한 준비

### 1-1 '강함'과 '부활' 그리고 '푸틴 체제'의 시작

러시아의 21세기는 블라디미르 푸틴의 등장과 함께 시작됐다. 1999년 12월 31일 보리스 옐친 대통령의 급작스러운 퇴임과 그 후임으로 선택된 블라디미르 푸틴은 지난 20여 년의 세월 동안 '강한 러시아의 부활'을 외치며 러시아의 21세기를 자신과 자신을 보좌한 엘리트 그룹과 함께 통치해왔다. 현재 헌법에 보장된 그의 임기는 2024년까지이며 그의 의지와 주변 여건이 허락한다면 사실상 종신이라 할 수 있는 2036년까지 대통령직을 유지할 수 있다.[1]

소련 시절 요세프 스탈린이 1927년부터 1953년까지 26년 동안 크렘린을 지배한 것을 제외하면 러시아 역사에서, 특히 소련 해체 이후의 역사만을 놓고 볼 때 푸틴은 아마도 가장 오랫동안 크렘린을 지배한 지도자로 남게 될 것이

---

1 러시아는 지난 2020년 7월 헌법을 개정했다. 이로써 만약 푸틴이 2024년 이후 다시 대통령에 출마하겠다는 의사가 있고, 출마해 당선된다면 2036년까지 재임이 가능해진다. 2020년 7월 4일 발효된 헌법은 원래 2020년 4월 22일 투표가 예정되었지만 COVID-19로 연기돼 2020년 6월 22일부터 온라인 투표 개시가 됐고 최종 투표는 7월 1일까지 진행됐다. 개정된 헌법의 골간은
*대통령 권한 축소, 대통령 연임 횟수 축소(지금까지의 3회에서 2회만 연임이 가능하도록 명문화)
*대통령의 총리 지명권과 각료 선출권을 하원에 이양.
*대통령 출마 자격 강화->최소 25년 이상 러시아 거주자에 한함
*의회와 국무위원회(State Council) 권한 강화-국무위원회(State Council)를 자문 기구에서 실질 기구로 변모시켜 헌법에 명문화. 지금까지는 국가안보위원회(Security council)만 명문화했음.
*상원에 법원 및 경찰 인사권 부여
*대신 국가수반에 헌법재판소 및 최고재판소 등의 판사 해임권(상원의 동의하에 가능) 부여
*상원이 가지고 있던 검찰총장 및 지방 주 검찰관 등의 임명 동의 권한을 대통령이 직접 행사가 가능하도록 변경
*하원에 지금까지 부여돼 있지 않았던 총리 지명권 및 내각 선출권 부여
*헌법 재판소 재판관을 19명에서 11명으로 축소 등이다.
이로써 국무위원회 의장의 권한이 강화됐고 상원의 권한이 약화된 대신 하원인 국가 두마의 권한도 강화됐다. 이 외에 개정된 헌법부터 새로 출마하는 대통령의 임기를 산정한다는 조항을 넣어 새 헌법의 규정에 따라 푸틴이 대통령에 다시 출마할 수 있는 법적인 가능성을 열어놓았다.

<사진 1> 보리스 옐친 러시아 초대 대통령이 1999년 12월 31일 자신의 사임을 밝히는 연설을 하는 장면

자료 : 러시아 대통령실 웹사이트
Президента России, 'Заявление Бориса Ельцина', 31 декабря 1999 года
http://kremlin.ru/events/president/transcripts/24080

고 이 기록은 당분간 깨지지 않을 것이다.

푸틴은 집권 이후 현재까지 이른바 '푸틴으로부터 신임을 받는다.'라는 사실을 무기로 하는 일단의 세력들과 함께 러시아를 통치해왔다. 이 세력들은 실로비키, 리버럴 세력, 테크노크래트 등으로 나뉜 그룹으로 푸틴은 이들과 함께 '강한 러시아의 부활'을 슬로건(slogan)으로 내걸고 소련 해체 후 분열과 혼란의 나락에서 허위적거리던 러시아의 위상을 높이고 러시아 경제의 세계화를 촉진하며 경제의 부흥을 일구어냈다.

이 과정에서 통치 엘리트들은 푸틴의 신임을 자신이 소유한 고급 '명품 브랜드'처럼 과시했다. 그래서 통치 엘리트들을 일명 '푸틴 브랜드(Brand)' 소유자들의 연합이라고 부르기도 한다.

이들은 지난 20여 년 동안 푸틴을 정점으로 하는 수직적 결속력을 보이는 강력한 엘리트 시스템을 가동했다. 때문에 푸틴의 통치 시스템을 일명 현대판 혼합형 독재 통치(hybrid autocracy), 인기 영합적 권위주의(populist authoritarianism) 등으로도 불렸다.

현재 푸틴은 2024년 이후 대통령직에 재출마하느냐의 여부와 상관없이

<그림 2> 러시아의 연도별 GDP 성장률 및 빈곤율 추이

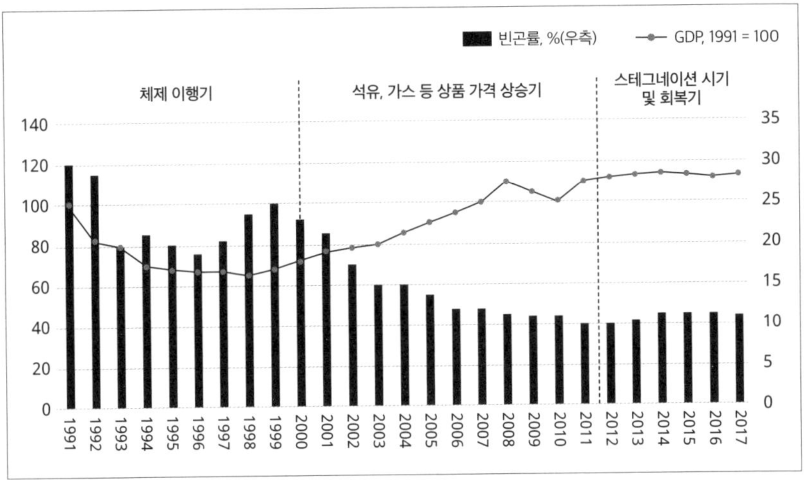


자료 : Brookings. 'Can Russia halve poverty by 2024?', May 9, 2019
https://www.brookings.edu/blog/future-development/2019/05/09/can-russia-halve-poverty-by-2024/

자신을 정점으로 강력하게 유지해온 지난 20여 년의 통치 체제를 변화시키고 있다. 지금까지 그와 함께 러시아의 지배 체제를 형성했던 지배 엘리트들을 계속 신임하면서도 동시에 2024년 이후의 러시아를 위한 새로운 엘리트의 충원과 형성을 시도하고 있는 것이다. 이는 지금부터 변화가 시작돼 2024년 이후 러시아의 통치자와 통치 집단이 크게 변모할 것이라는 점을 예고한다. 그리고 이는 '푸틴이 2024년 이후 권좌에 남아 있을 것이냐?'의 여부와는 상관이 없다.

실제로 푸틴과 함께 늙어가고 있는 러시아의 통치 엘리트들은 이제 현역에서 은퇴해야 한다는 압박을 매일같이 느끼고 있다. 이들은 이러한 압박에 대응하면서 자신들이 지난 20여 년 동안 유지해온 강력한 지배 권력과 러시아의 미래를 후계 세력에게 물려주려 하고 있다.

러시아와 같은 권위주의 국가에서 엘리트의 변화는 정책의 변화와 결정 과정에 절대적인 영향력을 행사한다. 이는 지난 2000년 푸틴이 대통령에 당선된 후 그와 함께 러시아를 통치해온 신흥 엘리트 그룹의 행동과 방향성에서도 알 수 있다.

때문에 현재 러시아에서 벌어지고 있는 엘리트의 세대교체와 이를 둘러싼 다양한 변화의 모습들을 면밀히 관찰해야 할 필요가 있다. 그래야만 앞으로 우리가 상대할 새로운 러시아를 제대로 이해하고, 그들의 행동을 제대로 예측할 수 있다. 또 협력을 가속화하고 필요한 대응과 응전을 할 수 있다.

## 1-2 러시아 역사의 방향을 결정한 지도자와 통치 집단

역사적으로 모든 나라는 '누가 지도자가 되느냐?'와 '어떤 집단이 통치 엘리트가 되느냐?'에 의해 국가의 방향과 발전이 좌우되어 왔다. 러시아의 근현대사는 이런 철칙이 다른 어떤 나라보다 강력했음을 보여준다.

1689년 표트르 대제는 실권을 잡은 후 당시의 강국 스웨덴 등을 패퇴시키며 32년 동안 러시아를 통치했다. 그는 자신의 치세 동안 유럽화를 적극적으로 추진해 러시아가 유럽 문명의 일원임을 분명하게 각인시키고 '제국(帝國) 러시아'의 기틀을 다졌다.

레닌과 스탈린, 그리고 볼셰비키 지도자들은 1917년 '제국 러시아'를 무너뜨린 후 공산주의 이념에 기초해 소련을 운영하면서 제2차 세계대전을 승리로 이끌었다. 이후 16년 만인 1961년에 인간을 최초로 우주에 올려보냈고 1970년대에는 미국에 버금가는 양강의 대접을 받게 됐다.

1986년 이후 미하일 고르바초프와 소련의 마지막 지도자들은 '인간의 얼굴을 한 사회주의'를 모토로 내걸고 소련의 개혁(페레스트로이카)·개방(글라스노스트) 정책을 추진했으나 결국 소련의 해체를 가져왔다.

이후 새롭게 탄생한 러시아 연방의 지도자가 된 보리스 옐친은 친서방 개혁 정책을 추진했지만 극심한 혼란과 연방 분열의 위기 속에서 1999년 12월 스스로 권좌에서 내려오면서 후계자 푸틴을 내세워 오늘날의 러시아가 존속할 수 있는 기반을 다졌다.

이런 러시아의 과거 역사를 반추해 보면 지도자와 통치 엘리트의 교체가 러시아의 방향성을 결정하는 데 얼마나 중요한 역할을 하는지를 알 수 있다. 이런 점에서 볼 때 향후 러시아의 운명과 관련해 현시점에서 관찰해야 할 가장 중요한 일은 바로 지난 20여 년 동안 러시아를 통치해온 엘리트의 세대교체와 이를 주도하는 푸틴의 의지와 방향이라고 할 수 있다.

2018년 3월 대통령 선거를 통해 다시 대통령에 당선됨으로써 공식화된 '푸틴 집권 4기'는 현재 2024년을 임기로 진행 중이다. 과연 이 이후 푸틴은 어떤 방식으로 러시아 통치 시스템에서 자신의 역할을 찾을 것인가? 푸틴은 2024년 이후 러시아를 이끌 시스템으로 어떤 형태의 국가 체제를 염두에 두고 있는가? 또 어떤 형태로 새로운 러시아를 위한 통치 엘리트들을 양성하고 충원하고 있는가?

이 책의 내용은 대부분 이러한 질문에 대한 답변을 찾는 과정이다. 저자는 이에 대한 답변을 푸틴과 함께 현재의 러시아를 이끌어온 현 통치 엘리트들이 어떤 형태로 크렘린을 중심으로 충원되었으며, 이들의 권력 공고화 과정과 푸틴의 이해관계가 어떤 형태로 합의를 이룩했는가를 추적하면서 드러내려 했다.

### 1-3 21세기 러시아의 운명을 좌우할 2가지 요인

21세기 러시아의 운명을 좌우할 요인 중 정치적으로 중요한 것은 두 가지다. 하나는 2024년 이후의 상황을 염두에 둔 푸틴의 권력 의지다. 또 다른 하나는 이른바 '푸틴 세대'(Putin Generation)의 정치적 선택이다. 더 엄밀히 말하면 '푸틴 세대'와 그 부모 세대의 정치적 선택이다.

'푸틴 세대'(Putin Generation)는 푸틴이 대통령이 된 2000년 이후 출생한 젊은 세대를 말한다. 이들은 현재까지 오로지 단 한 명의 통치자와 지배 집단을 경험하고 있다[2]. 이제 20대가 된 이들은 21세기 러시아 역사의 주역 세대다. 이들은 레닌에 대한 추억과 경험이 없다. 공산주의 교육도 받은 적이 없다. 학교 교육 과정에서 공산당 교리 대신 자유롭고 강제되지 않은 교육을 이수한 세대다. 해외여행도 자유로웠다.

이들은 TV 시청보다는 유튜브, 인터넷과 SNS를 즐기는 러시아 최초의 디지털 세대이기도 하다. 일부는 알렉세이 나발니 등 반정부 정치인들을 지지하는 시위에도 적극적이다. 반대로 일부는 친정부 단체인 나쉬(Nashi)의 적극적인 참여자들이기도 하다.

---

2 메드베데프가 2008년-2012년 대통령직을 담당했지만 그때 푸틴은 실세 총리로서 사실상 국정의 중심에 있었다. 당시 러시아의 권력은 메드베데프가 있던 '크렘린'이 아니라 푸틴이 있던 '벨르이 돔'(정부청사)이었다. 그래서 통상 러시아의 권력관계를 연구하는 전문가들도 지난 2000년 이후 현재까지 러시아의 권력의 정점에는 항상 푸틴이 있었다는 데에 동의한다.

<그림 3> 러시아 젊은이들의 정보 습득 채널 선호도 및 신뢰도

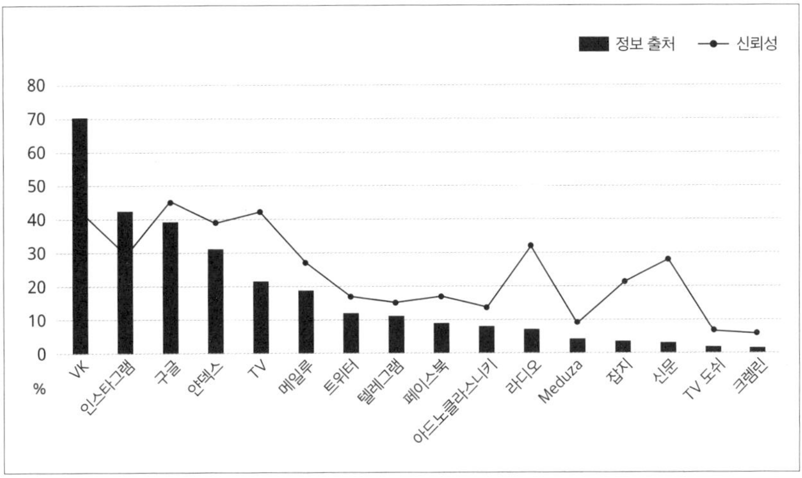


자료 : 상트 페테르부르그 러시아고등경제대학(Moscow Times 2018 04 30에서 재인용)
https://www.themoscowtimes.com/2018/04/30/generation-putin-smug-patriotic-and-rebellious-a61301

이들은 극심한 궁핍과 리더십의 부재로 인한 극심한 정치적·사회적 혼란의 폐해를 경험한 적이 없다. 그들의 전 세대들 대부분이 소련의 해체로 인한 극도의 정치적 혼란과 경제적 불안을 겪었던 것과는 완전히 다른 세대다. 이들은 또 태어나서 지금까지 다른 지도자와 통치 집단을 경험한 역사가 없다. 그래서 이들을 '푸틴 세대' (Putin Generation)라 부른다.

이들의 정치적 선택이, 보다 더 엄밀하게는 이들과 이들의 부모 세대의 정치적 선택이 러시아의 미래를 결정할 가능성이 높다. 푸틴 세대가 직면한 도전은 다양하다. 전 세계 주요 국가 대부분이 직면한 공통 과제인 디지털 전환과 기후 변화, 인구 감소와 노령화 등에 효과적으로 대응해야 한다. 국내적으로는 법과 민주적 질서의 관철과 심화, 빈부격차의 완화, 지방과 도시의 균형 발전,

과학 기술 및 연구 개발에 대한 투자 등에서 성과를 내야 한다. 국외적으로는 러시아의 국제적 지위 유지와 영토적 도전에 대한 응전 능력을 강화해야 한다. 여기에는 북극의 변화와 셰일 혁명 이후의 세계, 그리고 수소 경제의 부상 등과 같은 물류와 기술의 변화, 에너지의 전환에 따라 새롭게 형성되고 있는 새로운 패권적 질서의 구도를 러시아에게 보다 유리하게 만들려는 시도도 포함된다. 또한 유라시아 대륙 내 주요 핵심 지역을 포함한 전 세계의 지정학적 변화와 중국의 부상 등에 대해 적절하게 도전하고 응전(應戰)해야 한다.

러시아와 푸틴 세대의 도전과 응전(應戰)은 결국 선택과 집중의 문제다. 지속 가능한 발전을 위해 한정된 재원을 어떤 산업과 어느 공간에 그리고 어떤 방향을 지향하면서 집중시키고 투자할 것인지에 대한 선택이다.

과거 러시아의 역사에서 보면 러시아의 지도자들과 통치 엘리트들은 항상 이러한 선택의 기로에서 문명적으로는 서구 문명과의 동질화를 추구했다. 내용적으로는 후발주자로서 선진국을 따라잡으려는 '캐치 업'(catch up) 전략을 구사했다. 외교안보적으로는 강대국으로서의 우월적 지위를 포기하지 않으면서 자신들에게 유리한 지정학적 구도를 만들고자 했다. 또 동시에 실용적인 전략도 구사했다.

표트르 대제의 서구화와 적극적인 해상 수송로(海上 輸送路) 개척을 통한 유럽 본류 경제권에의 진출, 폴란드 분할 및 나폴레옹 전쟁에의 참여, 나폴레옹 전쟁 이후의 유럽 질서를 재편하는 1815년 비엔나 회의 기간 중의 전승국으로서 보인 적극적인 역할, 제2차 세계대전 이후 승전국의 일원으로서 얄타 회담과 카이로 회담 그리고 국제연합 창설 과정 등에서 보인 러시아의 역할

등은 이러한 전략의 구체적이고도 대표적인 사례들이다.

이러한 전략의 구현은 국가 주도 혹은 국가의 최고 통치자 주도의 형태로 진행됐다. 이 과정에서 안전에 대한 강박적 관념과 영토 보전에 대한 집착이 국익(national interest)이라는 이름으로 치환돼 추구됐다. 소련 해체 이후에는 신생 러시아 연방의 영토와 안전 보장, 옛 소련 시절의 국제적 영향력의 유지와 소련권 공간에 대한 영향력 지대(sphere of interest) 유지 등이 이러한 목표에 새롭게 추가됐다.

이는 옛 소련권 국가들 및 공간에서 러시아의 안보에 대한 위협 요인이 증대한 데 기인한 것이다. 특히 아래의 <그림 4>에서 알 수 있듯 러시아와 국경선을 맞대고 있는 많은 나라들이 북대서양조약기구(NATO) 회원국으로 가입했거나 가입을 희망하는 상황이 되면서 러시아의 안보 불안감은 더욱 커졌다.

이러한 안보 불안감의 확산은 러시아 내 실로비키의 득세에도 영향을 미쳤다. 또한 서방과의 대립을 감수하고라도 러시아의 국익을 수호하기 위해서는 소련권 공간에 대한 러시아의 영향력을 배타적으로 인정받아야 하고 이를 영향력 지대(sphere of interest)화해야 한다는 분위기를 확산했다.

한편 이러한 인식의 확산에 큰 영향을 미친 것은 NATO의 확장과 관련해 서방이 약속을 지키지 않았다는 인식이다. 실제로 러시아 엘리트 사이에서 '러시아가 서방으로부터 배신당했다'는 인식이 팽배하다. 서방이 냉전 종식 당시 NATO를 확대하지 않겠다는 약속을 어김으로써 러시아를 기만했다는 주장이다. 과연 서방은 러시아에 NATO를 확대하지 않겠다는 약속을 했던 것일까?

이와 관련해서는 다양한 의견이 존재한다. 그러나 대부분의 연구와 관련자들의 언급과 기밀 해제된 외교문서들을 보면 서방, 특히 미국과 유럽 주요국의 지도자들이 냉전 종식 후 NATO를 확대하지 않겠다는 의사를 피력했다는 것은 사실이다.[3] 특히 1990년 7월 미하일 고르바초프가 헬무트 콜 당시 독일 총리와 통일 독일의 NATO 가입 용인을 포함한 협상을 진행하던 시점을 전후해 독일과 미국의 지도부는 고르바초프와 당시 소련의 셰바르드나제 외교장관 등에게 이러한 느낌을 줄 수 있는 발언들을 했다. 심지어 당시 미 국무장관 제임스 베이커는 NATO는 독일 국경을 넘어 동진(東進)하지 않을 것이라고 최소한 3차례 발언했다.[4]

이러한 이유로 푸틴은 2007년 뮌헨 안보 포럼에서 '나토가 동진하지 않을 것이라던 약속은 어디로 갔느냐?'는 내용이 포함된 강력한 반서방 정책을 표방하는 연설을 하기도 했다. 또 2018년 상트 페테르부르그 경제 포럼에 참석한 에마뉴엘 마크롱 프랑스 대통령이 "지난 20년 동안 나토 안에 있는 우리가 저지른 실수는 우리가 맡은 모든 의무를 완전히 준수하지 못했다는 것이다. 이로 인해 상당히 합리적인 두려움이 생겼고 우리는 러시아가 정당하게 기대했

3 National Security Archive, 'NATO Expansion: What Gorbachev Heard' https://nsarchive.gwu.edu/briefing-book/russia-programs/2017-12-12/nato-expansion-what-gorbachev-heard-western-leaders-early

4 National Security Archive, 'Record of conversation between Mikhail Gorbachev and James Baker in Moscow. (Excerpts)',February 9, 1990.
https://nsarchive.gwu.edu/document/16117-document-06-record-conversation-between

던 신뢰를 얻는 데 실패했다"는 발언을 한 것이다.[5]

하지만 NATO를 확대하지 않겠다는 서방의 약속이 문서로 공식적으로 진행된 적이 없다는 것 또한 분명해 보인다. 이는 서방의 약속은 법적 효력이 없는 구두로 진행되었고 그 결과 NATO를 확대하지 않겠다는 약속을 강제할 법적인 효력이 있는 문건을 러시아가 서방으로부터 확보하지 못한 것은 실수라는 예브게니 프리마코프 전 러시아 외무장관의 언급에서도 확인할 수 있다.[6]

<그림 4> 러시아 국경선과 과거 완충 국가 역할을 했던 바르샤바 조약기구(WTO) 국가들의 NATO 가입 상황(1990~2019) * 우크라이나는 나토 비(非)가입

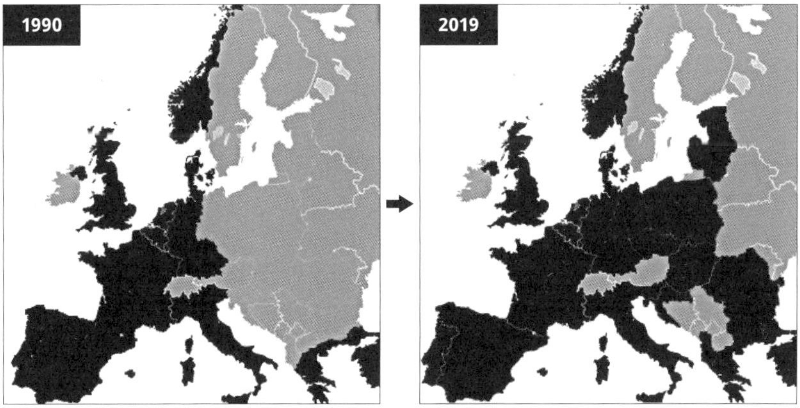


자료 : https://www.investwithalex.com/anyone-control-nato/

이 때문에 푸틴과 러시아의 통치 엘리트들은 러시아의 국익을 수호해야

5 Kremlin.ru, 'St Petersburg International Economic Forum plenary session', 25 May 2018, http://en.kremlin.ru/events/president/news/57556

6 Евгений Примаков,'Годы в Большой Политике', p. 234. Издательство', Совершенно секретно, 1999.

한다는 목표를 달성하기 위해 NATO의 확대에 대해 극도로 민감한 반응을 보이며 서방에 '강한 러시아의 부활'이 현실임을 입증시키고자 다양한 형태의 전략을 구사한다.

저자가 보기에 현재 러시아가 구사하는 전략은 다음과 같은 세 가지 방향의 공세 전략으로 구분할 수 있다. 또 이러한 전략적 공세는 푸틴 집권 4기 이후에 더욱 두드러져 보인다.

첫째는 공간(space) 전략이다. 옛 소련권 영토를 중심으로 한 공간에서 러시아의 배타적 영향력 확대를 추구하면서 이 지역 공간을 자신들의 특별 이익 지대(sphere of interest)화하고자 하는 것이다. 이는 지정학 전략과 맞물려 크림반도 병합, 우크라이나와의 갈등, 시리아 전쟁에의 개입 등의 모습으로 나타났다.

두 번째는 역사적 기억 및 문화적 자존심을 수호하려는 역사 및 기억(memory) 전쟁이다. 이는 민족주의 및 애국주의 경향과 맞물리면서 대내 및 대외 전략에서 매우 중요한 위치를 차지하고 있다. 이는 또 NATO의 동진(東進)과 함께 나타나는 역사 수정주의적 경향에 대한 반발과도 연결된다.

역사 및 기억(memory) 전쟁은 멀리는 1812년의 나폴레옹과의 전쟁(조국 전쟁) 및 2차 세계대전(대조국전쟁)과 연관된 러시아의 역사적 공헌 및 희생과 연관된 것이다. 특히 2차 세계대전에서의 러시아의 기여, 연합군의 일원으로서 나치즘과 파시즘에 대항해 인류사에 공헌한 러시아의 자존심과 영광을 훼손하거나 인정하지 않으려는 시도들에 대한 대응 및 반발의 모습이 대표적이다.

세 번째는 위의 두 가지 전략과 결부된 현 글로벌 체제 내에서 러시아의 위상과 러시아의 상징성을 수호하려는 일종의 현재의 글로벌 제도(present world order) 유지 전쟁이다.

이는 현재 도전받고 있는 글로벌 체제의 안정과 유지에 필요한 외교안보 능력에 있어 러시아가 차지하는 위상을 수호하려는 것과 동시에 글로벌 체제에서 점점 강력해지는 중국의 영향력에 대한 헤징 전략과도 결부된다.

러시아는 이러한 목표 달성을 위해 유엔안보리 상임이사국이자 핵보유국으로서의 러시아의 위상에 대한 도전을 용납하지 않으려 한다. 주요한 국제 문제에서 배제되지 않겠다는 의지가 강하고 이는 다자주의의 강조, 핵 확산 금지 조약의 강조 등의 모습으로 나타난다.

러시아의 이러한 전략들은 일종의 안보 강박증과 고립감의 발현일 수도 있다. 하지만 러시아 국민들의 정서와 민족적 자부심과 결부되면서 비교적 성공적으로 진행 중이다. 또 '포스트-푸틴' 체제로의 이행 과정에서 러시아의 엘리트들이 수호하고자 하는 핵심적 이익과도 연관된다.

그런데 러시아 연방 등장 후 추가된 목표들 가운데에는 더 중요한 요소 두 가지가 있다. 하나는 사적 소유를 강조하는 사유화와 자유 시장 경제이고 또 다른 하나는 민주주의 및 법의 지배라는 원칙의 함양과 추구이다.

물론 이러한 원칙의 맹아(萌芽)는 계획 경제 체제에 시장 경제적 요소를 도입하고, 당헌(黨憲)이 아닌 헌법에 의해 국가가 통치되고, 권력을 독점하던 공산당 일당 독재를 폐지하고자 했던 미하일 고르바초프 옛 소련 대통령의 페레스트로이카 정책 초기부터 시작됐다.

흔히들 이러한 목표를 보리스 옐친 대통령에 의한 소련 해체와 러시아 연방의 탄생 이후부터라 생각하지만 이는 페레스트로이카를 추진하던 고르바초프가 내건 목표 중 하나였다. 그리고 이러한 목표를 처음에는 공산당 서기장, 그리고 다음에는 소련방 대통령이라는 권력의 힘을 활용해 이루고자 했다.

하지만 고르바초프는 1991년 12월 25일 소련 대통령의 자리에서 물러난다. 그의 사임은 피와 무력에 의해 강제로 이루어진 것이 아니었다. 자발적인 사임이었다. 그 이후의 역사를 보면 그가 포기한 것은 권력과 자리였지 페레스트로이카 정책을 추진할 때 세웠던 목표는 아니었다. 그 목표는 러시아 연방의 새로운 지도자들에게 새로운 환경에서 새로운 형태로 이어졌다.[7]

고르바초프는 서방과의 공존, 자유에 기초한 선택, 공산당 일당 독재의 폐지, 경제적 풍요의 목표를 관철하려 했다. 이를 위해 페레스트로이카와 글라스노스트를 추구했지만 소련방을 해체하는 것이 아닌 새로운 연방 조약을 통해 변화된 연방으로 유지하고자 했다. 그러나 이런 그의 소망과 달리 구성 공화국 지도자들은 연방의 해체를 통한 독립의 길을 가고자 했다. 군림은 하지만 더 이상 통치할 영토나 국민이 존재하지 않는 상황이 발생한 것이다.[8]

---

7 저자는 고르바초프 전 소련 대통령, 그와 함께 페레스트로이카를 추진했던 핵심 참모였던 알렉산드르 야코블레프 소련공산당 정치국원을 여러 번 만났다. 고르바초프와는 서울과 모스크바, 그리고 일본 도쿄 등지에서 수차례 만난 바 있고 야코블레프와는 모스크바와 서울에서 만났다. 이러한 만남은 몇 번은 집단 기자회견의 형식으로, 몇 번은 국제회의 등의 현장에서였다. 특히 고르바초프와는 저자가 소속하고 있던 중앙일보를 위한 특별 단독 인터뷰를 도쿄에서 만나 진행했고 이후 다시 서울에서 그를 만났다. 당시 고르바초프 대통령은 중앙일보와의 인터뷰뿐 아니라 서울에서 특별 연설회를 가졌다. 당시 저자는 그와 단독 인터뷰를 진행했을 뿐 아니라 주최 측 자격으로 그를 수행하며 많은 대화를 나누었다. 야코블레프와도 서울에서 중앙일보와의 인터뷰와 취재 등을 진행하면서 많은 대화를 나누었다.
야코블레프는 1993년 9월 28일 인터뷰를 하면서 "현시점에서 볼 때 나와 고르바초프가 실시했던 개혁 정책의 목표는 성공적으로 달성되었다"고 말하기도 했다.

8 이는 당시 사임 연설을 하던 고르바초프의 연설문에도 등장한다. 당시 고르바초프는 사임 연설을 낭독

고르바초프가 소련 대통령직에서 사임한 이후의 러시아의 발전 방향을 보면 그가 알렉산드르 야코블레프 등 당시의 소련 공산당 내 자유주의적 엘리트들과 함께 페레스트로이카를 추진하면서 기대한 자유와 법치 그리고 번영의 목표가 새로운 형태의 공간과 새로운 인물의 리더십하에서 추구되고 있다고 할 수 있다.

소련 해체 이후 지난 30여 년 동안 러시아에서 진행되어 온 사유화와 민주주의 확산 그리고 법치의 확대 등을 놓고는 평가가 다를 수 있다. 일부는 옛 소련식 통제 국가, 권위주의 형태의 체제로 회귀했다는 혹평을 하기도 한다. 하지만 지난 30여 년 동안 러시아에서는 분명히 시장 경제 체제로의 전환이 이루어졌다.

러시아의 시장 경제 체제로의 이행에 대한 부정적인 의견들은 블라디미르 푸틴 대통령이 등장한 2000년 이후 강화된다. 푸틴이 은행, 에너지, 방산 업체 등을 중심으로 경제 영역에서 국가 소유를 확대하고 장악력을 높여간 것을 러시아의 국가주의의 부활과 연동시킨다. 그리고 국가의 경제 영역에 대한 장악력 및 영향력의 확대는 곧 옛 소련 KGB 출신의 대통령이 등장해 강화됐다는 식으로 이야기를 전개한다. 당연히 민주주의와 자본주의 원칙의 후퇴를 이야기한다.[9]

---

하면서 "독립국 공동체가 형성됨으로써 조성된 현재의 상황에 따라 나는 소연방 대통령으로서의 활동을 중단한다."고 밝혔다.

중앙일보, '12분 만에 끝난 고르비 고별사/김석환 모스크바 특파원(취재일기),' 1991.12.26. https://news.joins.com/article/2672759

9 Simeon Djankov, 'Russia's Economy under Putin: From Crony Capitalism to State

이런 견해는 일정한 사실에 기초한다. 하지만 지난 30여 년간 러시아에서 진행된 사유화와 정치적 자유의 확대 및 제도화 등은 이런 측면을 압도할 만큼의 성과를 보이고 있다. 대표적으로 경제잡지 '포브스'(Forbes)는 매년 국영 기업을 불하받거나(민영화), 새롭게 창업을 통해 러시아에서 혁혁한 경영 성과를 내 부를 축적한 민간 기업과 기업인들을 뽑아 리스트를 발표한다.

여기에는 2000년 이후의 새로운 경영 환경에서 창업을 통해 세계적인 기업으로 성장한 순수 민간인 출신 기업가들의 이름도 나온다. 대표적인 것이 러시아 최대의 인터넷 상거래 업체 중 하나인 '와일드 베리'(Wildberries)의 창업자인 타티야나 바칼축(Татьяна Бакальчук)이다. 한국계(고려인) 여성인 타티야나 바칼축의 원래 성(姓)은 김(金)이다. 현재의 성은 남편의 성을 딴 것이다. 영어 교사를 하다 e-커머스 업체인 와일드 베리(Wildberries)를 창업해 현재는 러시아 최고 여성 부호가 됐다. 타티야나 바칼축은 옛 공산당 출신도 아니고 국유 재산의 민영화 과정에 참여해 부를 형성한 정치와 결탁한 올리가르흐도 아니다. 타티야나 바칼축은 인터넷 인프라를 기반으로 성공한 신세대 기업인이다. 2021년 8월 포브스 러시아판이 발표한 그녀의 재산은 130억 달러며 전년 동기 대비 1,200%나 성장했다.[10]

Capitalism', Policy Brief NUMBER PB15~18,SEPTEMBER 2015. Peterson Institute for International Economics.
https://www.piie.com/publications/pb/pb15~18.pdf

**10** Коммерсантъ, 'Forbes оценил рост состояния гендиректора Wildberries на 1200% за год', 25.08.2021
https://www.kommersant.ru/doc/4957209

이처럼 러시아에서는 기업 환경의 변화에 따라 과거와는 전혀 다른 신세대 민간 기업인들도 나오고 있다. 세계은행에서 매년 발표하는 기업환경지수('Doing Business Index')를 보아도 러시아의 경제 및 창업 상황은 과거와 비교해 크게 신장된 것으로 나타난다.[11]

<그림 5> 러시아 최대 e-커머스 기업 '와일드 베리'(Wildberries) 창업자이자 사장인 타티야나 바칼축이 러시아 여성 부호 1위에 오른 내용을 보도한 러시아 언론 보도

25.08.2021, 01:48

Forbes оценил рост состояния гендиректора Wildberries на 1200% за год

Фото: Глеб Щелкунов / Коммерсантъ | купить фото

Журнал Forbes представил новую редакцию рейтинга 25 наиболее состоятельных женщин. Согласно подсчетам издания, состояние лидера рейтинга основательницы и генерального директора Wildberries **Татьяны Бакальчук** выросло на 1200% за год и составило $13 млрд. Совокупное состояние участниц рейтинга Forbes выросло за год на $14,6 млрд.

Госпожа Бакальчук сместила с первого места вдову бывшего мэра Москвы Юрия Лужкова основательницу компании «Интеко» **Елену Батурину**: ее состояние оценивается изданием в десять раз меньше, в $1,3 млрд. На третьем месте находится совладелица группы «Черкизово» **Лидия Михайлова** с семьей ($1,3 млрд).

자료 : Коммерсантъ

이러한 사례들은 러시아의 민영화가 푸틴 대통령 체제 등장 이후 포기되고 다시 옛날 국유 경제가 지배하는 소련형 경제로 회귀했다는 식의 설명과는 완전히 다른 것이다.

러시아는 지난 30여 년 동안 꾸준히 시장 경제로의 이행을 추구해와 이제는 일부 전략적 산업 부문을 제외하고는 상당한 민영화가 달성된 국가가 되었다. 물론 국유 기업 민영화의 과정에서 부의 분배가 과도하게 특정 집단에게

11 세계은행의 '기업환경평가(Doing Business)' 순위의 변화는 이를 단적으로 보여준다. 러시아는 2012년 183개 국가 중 120위였다. 하지만 2020년에는 190국 중 28위가 됐다. 푸틴 대통령은 2012년 정부의 주요 목표 중 하나로 기업환경평가(Doing Business) 순위에서 2015년 50위, 2018년 20위권에 진입하는 것을 설정한 바 있다. 러시아는 제재 국면이 지속되고 있는 상황에서도 행정 간소화, 인·허가 발급 기간 축소 등의 개선을 진행하고 있다.

쏠리는 등 부작용이 심해져 빈부 격차가 중국 및 다른 옛 공산권 국가들과 비교해도 과도하다[12]는 지적도 있다.

국민들의 과두재벌(올리가르흐)에 대한 반감을 적절히 활용해 푸틴과 통치 엘리트들은 부패와의 전쟁 등을 명분으로 이들을 처벌하기도 했다. 하지만 이들은 보리스 베레좁스키, 미하일 호도르콥스키 등 일부를 제외하고는 지난 30여 년 동안 이런 비난 속에서도 살아남아 러시아를 대표하는 민간 기업들의 소유주로 완전히 자리를 잡았다[13].

이들 올리가르흐들 외에도 지난 30여 년 동안의 정책의 결과 러시아에는 많은 성공한 민간 기업인들이 탄생했다. 2010년대 이후에는 인터넷을 기반으로 한 테크 기업과 e-commerce를 기반으로 많은 기업인들이 탄생했다. 이들은 공산당을 기반으로 하지도 않았고 과거 국영 기업을 기반으로 하지 않은 신세대 비즈니스의 총아들이다. 대표적인 기업들로는 얀덱스, 와일드 베리 등이 있다.

러시아의 성공한 민간 기업인들 중 일부는 옛 소련 공산당 간부 출신이고, 일부는 옛 소련 관료 출신이다. 그리고 공산청년동맹(콤소몰) 출신들도 있다. 이들 대부분은 민영화 과정에서 특혜를 받기도 했다. 하지만 현재 이들 대부

12 Filip Novokmet, Thomas Piketty, Gabriel Zucman 'From Soviets to Oligarchs: Inequality and Property in Russia 1905~2016', WID.world WORKING PAPER SERIES N° 2017/09. http://piketty.pse.ens.fr/files/NPZ2017WIDworld.pdf

13 이와 관련해서는 김석환 외, '체제전환국의 민간기업 및 기업가 육성정책-러시아 및 베트남을 중심으로', 대외경제정책연구원, 2020. 및 김석환, '푸틴과 현대 러시아-올리가르흐, 가신 그리고 대통령' 2002, SM 미디어를 참고.

분은 민간 기업인이 됐다. 그리고 이들 대부분이 거주하는 모스크바는 포브스(Forbes)가 선정하는 세계 억만장자 최다 거주 도시가 됐다.[14]

민영화 및 자본주의 체제로의 체제 전환과 관련한 러시아인들의 의견도 비슷하다. 러시아의 여론 조사 기관인 레바다 센터와 카네기 모스크바 센터가 2018년 8월에 실시한 여론 조사 결과를 보면 기본적으로 러시아는 아파트, 토지 등을 비롯해 모든 것이 국영화되어 있던 30년 전과 비교해 사적 소유에 대한 개념이 명확하게 정립됐고 러시아의 미래를 위해 사유화가 국유화에 비해

<그림 6> 러시아인들이 사유 재산이라고 생각하는 재산의 종류

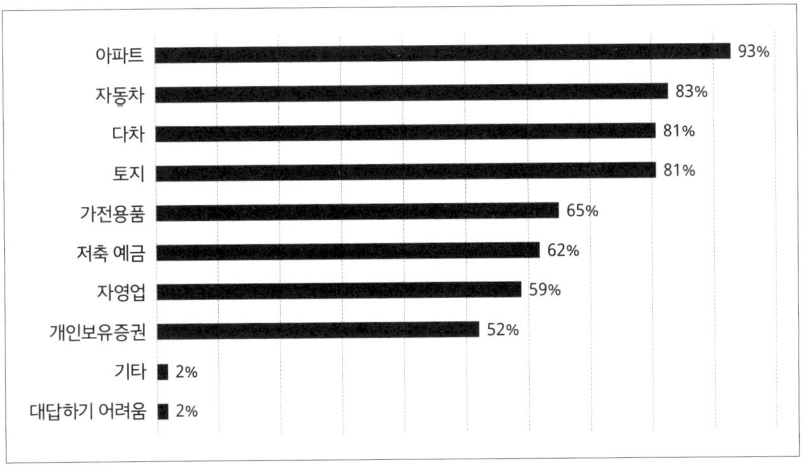


자료 : 레바다 센터, 카네기 모스크바 센터. 2018년 8월

14 Forbes, 'Moscow Leads Cities With Most Billionaires', May 17, 2011. https://www.forbes.com/2011/05/17/cities-with-most-billionaires.html#1a72ec0b21bb
Forbes, 'Richest Cities In The World: The Top 10 Cities With The Most Billionaires', Mar 7, 2019. https://www.forbes.com/sites/cartercoudriet/2019/03/07/richest-cities-in-the-world-the-top-10-cities-with-the-most-billionaires/#2f813a2d2ea8

더 좋다는 입장도 광범위하게 받아들여지고 있다.[15]

물론 러시아 경제에서 대형 국영 기업들의 비중은 여전히 에너지와 방위산업체 등 특정 산업 부문에서 강력하게 존재한다.[16] 특히 블라디미르 푸틴 대통령이 권좌에 오른 2000년 이후 석유 및 에너지 기업을 중심으로 국영 기업들의 산업 장악력을 증대시키는 노력이 있었다. 이를 두고 과거 소련식 통제 경제로의 회귀에 대한 공포를 조장한다는 비판도 있다.

하지만 러시아의 국가 경제 비중은 지난 몇 년 동안 특별히 강화되지는 않았다. 국제통화기금(IMF)에 따르면 국가의 비중은 2012년 32% 정도에서 2016년 33% 정도로 상승했다. 이는 유럽경제부흥개발은행(EBRD)이 2005년~2010년 사이에 계상했던 35%의 비중과 비교해도 특별한 증가가 아닌 소폭 감소한 것이다.[17]

아래의 <그림 7>에서도 알 수 있듯 러시아는 거시적 측면에서 보았을 때 체제 이행을 진행한 다른 국가들과 비교해서도 비교적 사적 소유 기업들의 국가 경제에서의 비중이 높은 편이다. 또 국가계획경제에서 사적 소유 경제로의 이행을 나름대로 착실히 진행하고 있다고 평가할 수 있다. 또한, 러시아 경제에서 지난 30여 년 동안 사적 소유 기업들과 사적 기업인들이 경제의 핵심적

15 Andrei Kolesnikov, Denis Volkov, 'Pragmatic Paternalism: The Russian Public and the Private Sector',18.01.2019.
https://carnegie.ru/commentary/78155

16 Gabriel Di Bella et al.,'The Russian State's Size and its Footprint: Have they Increased?', International Monetary Fund WP/19/53. 2019. March.

17 Ibid.

역할을 담당하게 된 것은 부정할 수 없는 사실이다.

<그림 7> 러시아 경제 분야별 국가 소유 기업과 사적 소유 기업들의 활동 비중
(Economic performance and state ownership)

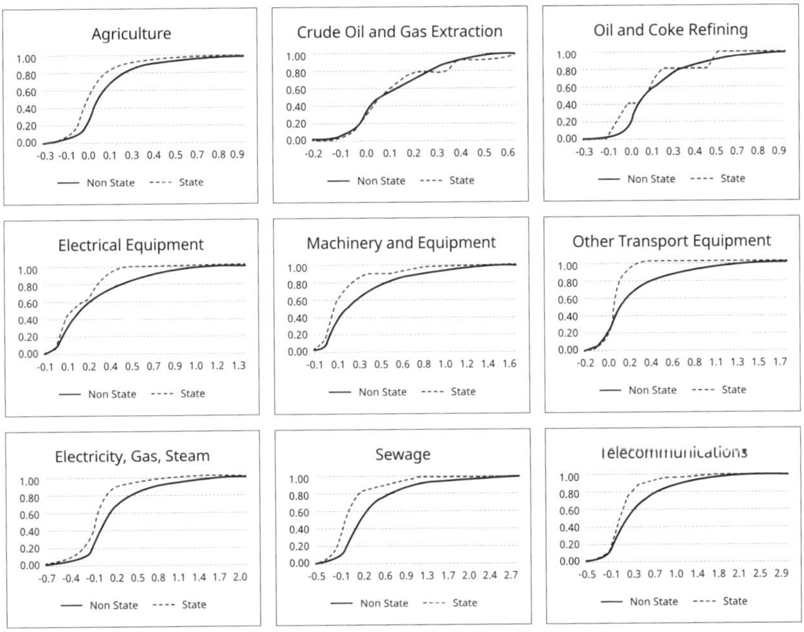


자료 : Gabriel Di Bella et al,'The Russian State's Size and its Footprint: Have they Increased?', International Monetary Fund WP/19/53. 2019. March. p.25

러시아에는 소련에 대한 우호적 감정이 여전히 상당한 비중으로 존재한다. 하지만 그렇다고 해서 옛 소련식 통제 경제 체제로의 회귀를 원하는 여론이 큰 것도 아니다. 이는 아래의 <그림 8>에서 알 수 있다. 레바다 센터의 2020년 3월의 조사를 보면 러시아인들은 소련의 해체로 인해 가장 혜택을 본 집단으로 '올리가르흐'들을 꼽고 빈부 격차 등을 소련 해체의 부정적 측면으로 간주한다.

<그림 8> 사유화 과정에서 누가 이익을 봤다고 생각하나?

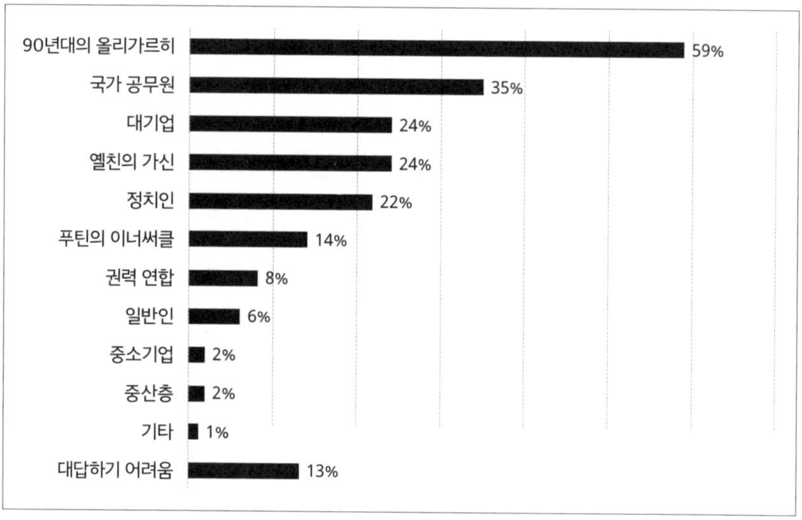


자료 : 레바다 센터, 카네기 모스크바 센터. 2018년 8월

하지만 그렇다고 해서 과거 소련식 체제로의 회귀도 반대하고 있다. 러시아의 유력 경제 신문 베도모스티(Ведомости)의 기사에서도 알 수 있듯 러시아인들은 러시아 독자적 발전의 길이나 유럽식 발전 방식의 추구를 러시아가 지향해야 할 방향으로 꼽고 있다.[18]

이는 블라디미르 푸틴 러시아 대통령이 "소련에 대한 향수가 없는 사람은 심장이 없는 사람이다. 그러나 소련의 복귀를 꿈꾸는 사람은 머리가 없는 사람이다"(Кто не жалеет о распаде СССР, у того нет сердца. А у того, кто хочет его восстановления в прежнем виде, у того нет головы)라고 2010년에 한 말과 유

18 Ведомости, 'Три четверти россиян считают советскую эпоху лучшей в истории страны', 2020 03.23. https://www.vedomosti.ru/society/articles/2020/03/23/825985-tri-chetverti

사한 감정이다.[19]

이는 체제 전환의 부작용도 상당하지만, 러시아가 지난 30여 년 동안 국가 통제형 공산 경제체제에서 사적 소유와 민간 경제가 주도하는 체제로 이행을 했다는 것을 의미한다. 앞서도 언급한 베도모스티(Ведомости)의 2020년 3월 24일 자 기사에서 보듯 소련의 해체에 대해 아쉬움을 느끼고 그때가 지금보다 좋았다고 느끼는 숫자가 3/4이나 되지만 그렇다고 해서 과거로의 회귀는 있을 수 없다는 분위기를 보여준다.[20]

정치적으로도 이러한 평가는 비슷하다. 아무리 혹평을 한다 해도 러시아에서는 지난 30여 년의 기간 동안 총이나 칼, 쿠데타와 같은 비정상적 형태가 아니라 선거에 의해 정권이 교체되어 왔다. 형식적, 절차적인 측면에서는 민주주의 선거의 주요 원칙인 평등, 비밀, 자유, 직접 선거의 원칙이 관철된 형태로 대통령과 의회의 대표들이 선출되어 왔다.

이 때문에 2000년 5월 블라디미르 푸틴이 대통령에 선출되자 대부분의 서방 언론은 러시아 1천 년 역사상 사상 최초로 국민 투표로 권력의 이양이 일어났다고 평가하기도 했다. 이런 평가와 상관없이 러시아는 분명 새로운 세기로 그리고 새로운 역사의 페이지로 넘어갔다. 총칼과 쿠데타, 공산당 당원들만의

---

**19** Аргументы и Факты 'Путин: Кто не жалеет о распаде СССР, у того нет сердца', 16.12.2010.
https://aif.ru/politics/world/251189

**20** Ведомости, 'Три четверти россиян считают советскую эпоху лучшей в истории страны-Но возвращения в СССР хотят менее трети опрошенных, выяснили социологи', 24 марта 2020.
https://www.vedomosti.ru/society/articles/2020/03/23/825985-tri-chetverti

선택으로 지도자가 선출되어 온 과거와는 분명한 단절의 모습을 보여왔다.

푸틴 체제 형성 이후 20여 년 그리고 러시아의 체제 전환이 시작된 지 30여 년이 됐다. 한 세대가 바뀐 것이다. 푸틴 세대로 불리는 새로운 세대도 출현했다. 이 과정에서 러시아는 현재의 모습에 다다랐다. 이제 러시아는 어떤 모습을 보이며 또 다른 궤적을 그려갈 것인가?

푸틴은 집권 후 '강한 러시아의 부활'을 외쳐왔다. 국내 정치적으로는 안정을 최우선적으로 추진했다. 경제적으로는 장기적 성과를 담보하고 체제의 안정성을 높이기 위해서 거시 경제의 안정성 유지, 즉 인플레이션 통제에 집중했다. 특히 2000년대 초반부터 시작된 고유가 상황이 사라진 이후인 2012년부터는 최우선적으로 거시 경제의 안정성, 인플레이션 관리에 주안점을 두었다.

그 결과 러시아는 체제 전환 초기 경제의 침체와 사회의 혼란이 있었다. 체첸처럼 독립을 추구하려 했던 시도도 있었다. 하지만 과거 체제로의 회귀와 같은 과격파들의 정권 탈취는 없었다.

체제 전환이 단행된 지 30년 이상이 지난 현재 러시아에는 국가 자산의 재분배가 일부 신흥 엘리트와 국가 관료의 결합으로 인한 특정한 세력에게 과도하게 이전됐다는 불만이 있다. 일명 국가 포획(state capture)에 대한 대중의 불만이 과두 재벌(올리가르흐) 및 권력 실세(실로비키 등)들을 향하고 있다.

푸틴은 이런 불만을 집권 초기부터 적극적으로 활용했다. 집권 3기 이후에는 부패와의 전쟁을 내걸고 반대 파벌 및 세력을 탄압하는 방식으로 이를 사용하기도 했다.

현재 러시아는 푸틴 체제의 장기화와 체제의 경직성으로 인해 경제 관료들을 중심으로 한 관료 엘리트 및 정치 엘리트들 그리고 이들과 결탁한 올리가르흐들의 부침과 갈등이 크고 작은 스캔들을 일으키고 있다.

그럼에도 불구하고 러시아의 진로는 과거로의 회귀는 아닐 것이다. '포스트-푸틴' 체제는 많은 파열음을 낼 수도 있지만 여전히 시장 경제 체제로의 이행과 법의 지배 그리고 절차적 민주화가 점점 더 성숙되는 방향으로 갈 가능성이 더 크다.

이는 아래의 <표 1>에서 알 수 있듯 개혁 정책을 추진하는 과정에서 항상 강력한 지지 집단을 정책 추진 과정과 결과로 만들어내는 데 성공했기 때문이다. 이들은 현재에 대한 불만이 있고 개혁의 추진 과정 및 방법론에 대한 불만이 있다. 하지만 개혁의 방향과 성과에 대한 확신을 가지고 과거로의 회귀를 막는 완충 역할을 해왔고 앞으로도 할 것이다.

지난 20여 년간 푸틴 체제의 안정성은 강한 리더십과 강력한 통치 엘리트들과 함께 개혁에 대해 확신하는 이런 지지 집단들의 강력한 지원이 있었기 때문에 가능했다. 푸틴은 이들과 함께 러시아의 안정을 이룩했고 논란의 여지가 있지만 각 단계마다 법적, 제도적 개혁을 지속해 왔다. 그리고 변환의 단계마다 강력한 지지 집단을 만들어 냈다. 그리고 이들은 세대적으로는 '푸틴 세대'(Putin Generation)의 부모 세대들 혹은 그들의 부모 세대들이다.

이제 러시아는 '포스트-푸틴' 체제를 준비하고 있다. '포스트-푸틴' 체제의 방향과 운명은 어떨 것인가? 과거 20여 년의 역사가 보여주듯 과거 소련식 회귀가 아닌 개혁과 개방이 가속화되는 상황에서 러시아적 특성이 가미된 형태의 모습으로 표현될 것인가? 그럴 가능성이 높다.

물론 현재와는 전혀 다른 새로운 방향성을 가질 가능성을 완전히 배제할 수는 없지만 결국 어떤 선택을 하든 그 선택은 푸틴 세대와 그들의 부모 세대가 결정지을 것이다.

'포스트-푸틴' 체제가 과연 어떤 궤적을 그릴지를 판단하기 위해서는 푸틴 세대와 그들의 부모 세대가 어떤 궤적 속에서 삶을 살아왔는지를 살펴보아야 한다.

<표 1> 러시아의 렌트 창출 구조 및 '국가-기업' 관계 그리고 엘리트

| 시기 | 주요 지배 집단 | 렌트의 주요 창출 원천 (공식, 비공식) | 정권의 지지 집단 | 통치 엘리트 갈등 및 분열의 이유 |
| --- | --- | --- | --- | --- |
| 1992 ~ 1998 | 올리가르흐(거대 비즈니스), 연방 관료, 지역 관료, 야당 장악의 두마(하원) 범죄 집단. | 사유화 과정에서의 특혜, 이행기 혼란을 틈타 국내 및 국제 가격 차를 활용한 투기, 매점매석 등을 통한 수익, 국채에 대한 투자, 국제 금융 기관의 원조자금 활용 등. | 중소기업, 특히 무역 및 서비스 업종. 가격 자유화와 통제 장치의 부재로 인한 막대한 이익을 향유한 올리가르흐와 그 일당, 사유화 과정에서 이익을 본 지역 관료 및 그 일당 등. | 체제 정비에 따른 규제 및 법안들의 도입, 이행기 렌트 원천의 소멸, 특히 1997년 아시아 금융 위기에 이은 1998년의 8월의 러시아 금융위기. |
| 1999 ~ 2003 | 연방 관료, 올리가르흐(거대 비즈니스), 실로비키, 두마(하원) 의원들 등 일부 정치인. | 루블 평가 절하 및 각종 조세 개혁 및 세금의 도입. (소득세 13%, 법인세 24% 등) 각종 규제 및 질서의 강화. | 국내 시장의 확대 및 임금 상승 등의 혜택을 입은 적극적인 경제 참여 집단. | 지속적인 유가 상승 및 천연자원 가격 상승, 이에 따른 렌트를 통제하려는 올리가르흐와 연방 관료들의 갈등. 유코스(YUKOS) 사태는 국가(관료)가 올리가르흐를 패퇴시킨 대표적 사례. 보리스 베레좁스키, 블라디미르 구신스키 등 |

| | | | | 국가를 포획(capture)하려 했던 일부 올리가르흐의 패퇴와 로만 아브라모비치, 아르카디 로텐베르그 등 국가에 충성하는 신주류 올리가르흐의 탄생. |
|---|---|---|---|---|
| 2004 ~ 2008 | 실로비키, 연방 관료, 올리가르흐(거대 비즈니스), 국영 기업 두마(하원) 의원들 등 일부 정치인 (2004년 '통합 러시아'당이 두마를 70% 이상의 비율로 장악. 야당의 예산 및 법안 통제권이 약화, 이후에는 주로 여당 의원들). | 국제 유가 상승에 따른 재정의 여유, 실로비키들이 비공식적으로 소유한 중소 기업들의 이윤 증가, 크렘린의 지명에 의한 간선제로 바뀐 연방 주지사 직등 지역 정치에 대한 억세스에 따른 혜택. | 기업의 소유주, 기업의 관리자 계급, 국가 소유 기업 및 학교, 병원 등 공공기관들의 관리자들, 연금 상승과 안정적 지불에 만족하는 연금 생활자들, 크렘린에 의해 지역 정치의 대리인으로 선출된 집단 등. | 2008~2009년 금융 위기에 따른 사회적 안전망 확충을 위한 연방 재정지출의 확대 및 이로 인한 가용한 렌트의 축소. 단기적 이익에 집착해 가용한 렌트를 최대한 확보하려는 엘리트들의 갈등. |
| 2008 ~ 2012 | 실로비키, 연방 관료, 국영 기업, 올리가르흐(거대 비즈니스). | 연방 예산, 석유 등 자원에서 창출되는 렌트, 사회 부분 예산 증대, 국방비 증대 등. | 국방 및 안보 관련 예산 증액의 수혜자들, 공공기관 종사자들, 국영 기업체 종사자들, 연금 생활자들, 크렘린에 의해 지역 정치의 대리인으로 선출된 집단 등. | 장기적 측면에서 통치 엘리트들의 타협을 보장할 렌트의 부족, 새로운 장기 프로그램에 대한 장악력의 문제 등. |
| 2012 ~ 2018 | 실로비키, 연방 관료, 국영 기업, 올리가르흐(거대 비즈니스). | 연방 예산, 석유 등 자원에서 창출되는 렌트, 사회 부분 예산 증대, | 크림 합병, 시리아 전쟁 개입 등으로 인한 국방예산 수혜자들, 소치 올림픽 인프라 및 | 실로비키의 장악력 강화 및 선거 공약 등 푸틴 4기를 위한 국가 프로그램 주도권 장악 갈등, |

| | | | | |
|---|---|---|---|---|
| | | 소치 올림픽 등 거대 프로젝트 예산 등, 국방비 증대 등. | 크림 연결 공사, 극동 개발 등을 위한 대형 인프라 건설 수혜자들, 국영 기업체 종사자들, | 장기적 측면에서 통치 엘리트들의 타협을 보장할 렌트의 부족, 새로운 장기 프로그램에 대한 장악력의 문제 등. |
| 2018 ~ | 실로비키, 연방 관료, 국영 기업, 올리가르흐(거대 비즈니스). | 연방 예산, 석유 등 자원에서 창출되는 렌트, 사회 부분 개혁, 경제의 디지털화 관련 예산 등. | 새로운 렌트에 동참 가능한 신기술 산업 종사자들, 국영 기업체 종사자들. | 포스트-푸틴 체제에 대한 이견, 장기적 측면에서 타협을 보장할 렌트의 부족, 디지털 전환 등 새로운 장기 프로그램에 대한 장악력의 문제 등. |

자료 : Yakovlev, Andrei. 2006. "The Evolution of Business - State Interaction in Russia: From State Capture to Business Capture?" Europe-Asia Studies, Vol. 58, Issue 7. pp. 1033~1056, p. 1037 Table 1을 참고하여 저자 작성.

### 1-4 푸틴 세대와 그들의 부모 세대의 인생 궤적

'푸틴 세대(Putin Generation)'를 자식으로 둔 부모 세대는 소련 해체 이후의 상황에서 유년기를 맞았다. 혼란과 불안정이 그들의 유년기와 청년기를 지배했다. 이 때문에 이들은 푸틴 체제의 장기화에 따른 경직성을 우려하면서도 체제의 급격한 혼란과 리더십의 부재 현상을 더욱 우려한다.

이들은 경제의 민영화와 개방성을 중요하게 생각하면서도 소련 해체 후 나타났던 급격한 사유화의 악영향과 그 과정에서 막대한 국가의 부를 자신들의 재산으로 획득한 올리가르흐들을 증오한다.

이런 이들의 경향과 그들의 자식 세대인 푸틴 세대의 새로운 정향성은 때로는 충돌하고 때로는 같이 간다. 이런 이들이 과연 어떤 선택을 하느냐에 따라 러시아의 체제의 방향이 결정될 가능성이 매우 높다.

과연 이들은 어떤 선택을 하게 될 것인가? '포스트-푸틴' 체제의 운명과 방향을 예측하기 위해서는 지난 20여 년 동안 푸틴과 통치 엘리트들이 일구어온 현재의 러시아를 분석할 필요가 있다.

지난 20여 년 동안 '푸틴'과 러시아의 통치 엘리트들은 보리스 옐친 시대의 러시아와는 완전히 다른 러시아를 만들어냈다. 이 기간 러시아는 옐친 때와 달리 GDP가 지속적으로 성장했다. 성장률도 옐친 때보다 높아졌다. 세계적으로 고유가 현상이 발생하면서 재정도 풍부해졌다. 석유 가격은 2002년에 비해 2008년 7월에 7배가 올라 배럴당 147달러에 달했다[21]. 1998년의 금융 위기는

<그림 9> 러시아의 연도별 빈곤율 및 빈곤 규모

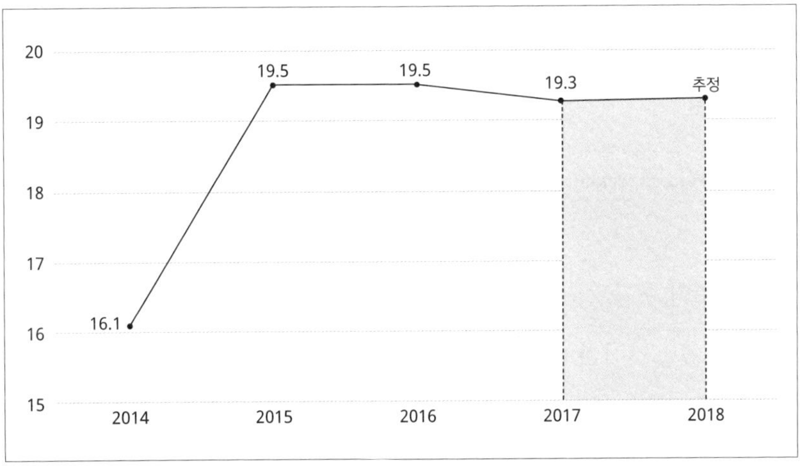


자료 : Brookings. 'Can Russia halve poverty by 2024?', May 9, 2019
https://www.brookings.edu/blog/future-development/2019/05/09/can-russia-halve-poverty-by-2024/

**21** Reuters, 'Oil hits record above $147', JULY 11, 2008.
https://www.reuters.com/article/us-markets-oil-idUST14048520080711

이제 옛날의 이야기가 됐다. 고유가의 혜택을 입어 재정이 풍부해졌다. 재정이 풍부해지다 보니 국방비, 연금, 과학 기술 등에 대한 재정 지출이 대폭적으로 증대됐다. 빈곤율도 눈에 띄게 낮아졌다[22].

<그림 10> 푸틴 정권 등장 후 러시아 국방비 증가율과 GDP 증가율 추이

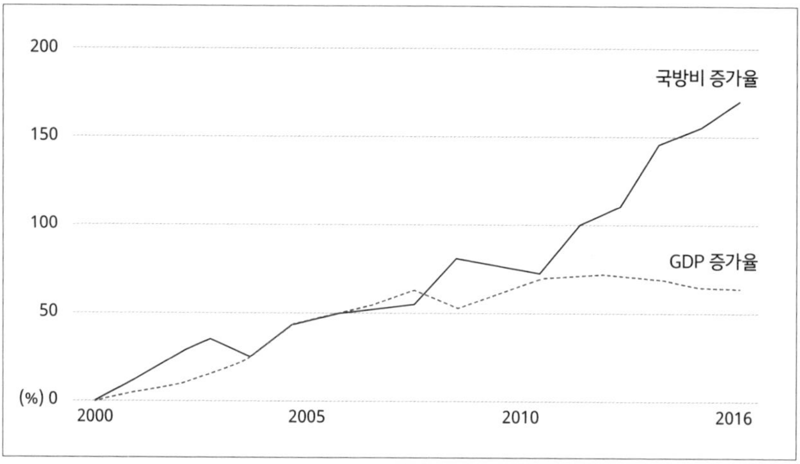


자료 : https://blogs.spectator.co.uk/2018/04/the-10-graphs-that-explain-vladimir-putins-russia/

중산층의 숫자도 눈에 띄게 늘어났다. 중산층의 규모는 2000년 인구의 15% 규모였던 것이 2010년에는 25% 규모로 커졌다. 일하는 연령층의 40% 정

22 극도의 빈곤층을 의미하는 국제적 기준은 하루 $1.90이다. 러시아에서 이 선 이하의 빈곤층은 없다. 그러나 러시아 통계청(Rosstat)은 자신들의 빈곤 기준선으로 하루 $12.80을 삼고 있다. 2017년에 발표한 이 기준선은 PPP기준이다. 그런데 이 기준에 따르면 러시아의 빈곤율은 2018년에 약 12%가 넘는다. 이 때문에 푸틴은 2018년 5월 대통령령으로 2024년까지 빈곤율을 절반 이하로 감축하겠다고 약속하기도 했다. 한편 러시아 통계청(Rosstat) 자료에 따르면 '코로나 19' 이후 러시아의 빈곤층은 2020년 말 기준으로 1천 7백 80만 명이다. 이는 전 국민의 12.1% 수준으로 2019년과 비교해 0.2% 감소했다. 이는 2014년(11.3%) 이래 가장 낮은 수치다.

도가 중산층이라는 이야기다. 인터넷 사용자도 1,000명당 50명에서 1,000명당 450명으로 급증했다[23]. 그리고 2019년에는 1,000명당 755명 선으로 증가했다. 러시아는 현재 세계 8위의 인터넷 사용자 인구 보유국이기도 하다[24].

러시아는 푸틴의 대통령 당선과 함께 잃어버렸던 방향을 찾았다. 소련 해체의 혼란과 앞을 볼 수 없던 불확실에서 급격하게 안정과 자신감을 찾아갔다. 그리고 이는 각종 지표로서 입증됐다.

푸틴 세대는 이런 분위기에서 성장했다. 그들의 부모 세대와 비교해 상대적 안정감과 부유함을 느끼며 성장했다. 그들의 부모 세대도 푸틴의 집권과 함께 자신감을 갖게 됐다. 이들의 이러한 경험은 2000년 이후 러시아를 통치해 온 국가 지도자 푸틴과 그 주변의 통치 엘리트 그룹의 성과로 선전되었다. 이런 평가는 국제적으로도 받아들여졌다. 실제로 푸틴이 집권한 이후의 러시아는 글로벌 무대에서 화려하게 부상했다. 미국의 경제 잡지 '포브스'(Forbes)는 푸틴을 2013~2016년 동안 4번이나 '세계에서 가장 강력한 지도자'로 선정했다. 또 2007년엔 타임지 '올해의 인물'로 뽑았다. 2018년에는 시진핑에 이어 2위의 자리에 올랐다.[25]

물론 '가장 강력하다'거나 '올해의 인물'이라는 것이 꼭 존경의 의미를 담

23 The Economist, 'Richer Russians', Mar 2nd 2012.
https://www.economist.com/graphic-detail/2012/03/02/richer-russians

24 Statista, 'Statistics and facts about internet usage in Russia', Jan 13, 2021.
https://www.statista.com/topics/5865/internet-usage-in-russia/

25 Forbes, 'The World's Most Powerful People 2018', May 8, 2018. https://www.forbes.com/sites/davidewalt/2018/05/08/the-worlds-most-powerful-people-2018/#28fefe3b6c47

는 것은 아니다. 하지만 푸틴의 행동과 영향력에 대한 국제적 관심의 정도를 반영한다는 점에서 이는 러시아의 위상 회복을 목표로 했던 푸틴과 러시아의 통치 엘리트들에게는 긍정적인 지표로 간주할 만한 것이었다.

현재 푸틴에 대한 평가는 2014년 크림반도 병합과 관련한 일련의 강경한 이미지로 인해 극단적으로 갈린다. 지지율도 국내 반체제 인사들에 대한 탄압이나 경제의 부침에 따라 몇 차례 등락을 반복하고 있다.

특히 유코스의 미하일 호도르콥스키에 대한 대응을 놓고 서방에서는 자유 경제에 대한 탄압이라고 반발하지만 러시아 내에서는 국가 재산을 사유화하는 과정에서 국가의 재산을 약탈한 올리가르흐에 대한 응징이라는 분위기도 많다. 이 때문에 호도르콥스키의 체포 당시 푸틴의 지지율은 평상시보다 높은 70%~80%대를 오르내렸고 아래의 <그림 11>과 <그림 12>에서도 알 수 있듯 기본적으로 60% 선의 지지율을 유지한다. 푸틴의 이러한 지지율은 조지아와

<그림 11> 푸틴에 대한 지지율 추이(1999~2021)

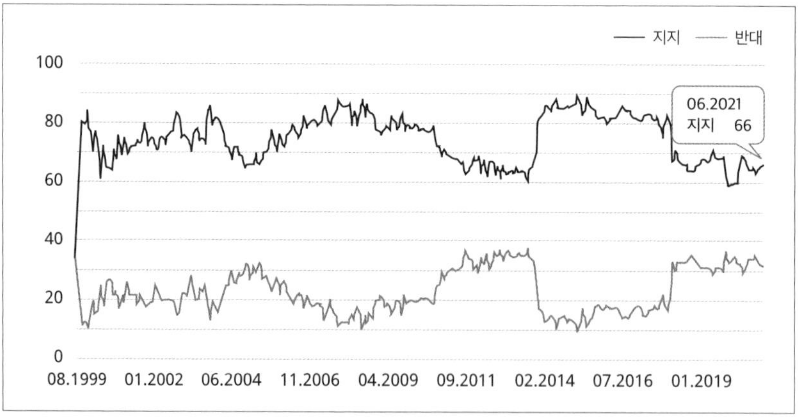


자료 : 레바다 센터, https://www.levada.ru/en/ratings/

의 전쟁, 소치 올림픽과 크림반도 병합, 시리아 내전 개입 등의 사건과 결부될 때는 90%에 육박하기도 한다.

<그림 12> 주요 사건과 푸틴의 지지율 추이

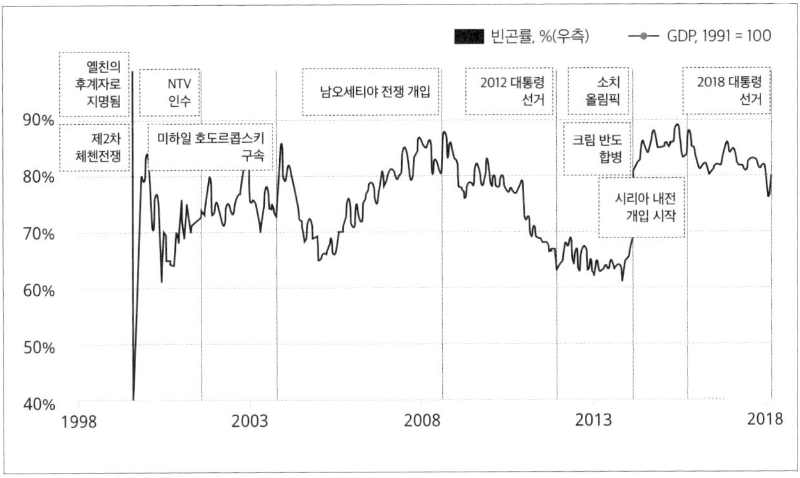


자료 : 레바다 센터

푸틴의 지지율에 영향을 미치는 것은 반체제 인사들에 대한 탄압 문제보다 경제 여건 및 연금 등과 같은 이슈들이다. 러시아 경제 또한 2014년 이후 유가 하락과 미국의 경제 제재의 여파 등으로 인해 루블의 가치가 40% 정도 평가 절하되는 등 상당한 정체에 빠지면서 국내외의 지지도 약화되는 상황이다. 여기다 2020년 이후부터는 COVID-19에 대한 대응 능력 등을 놓고 반발도 강화된 상황이다.

이러한 이유로 그의 지지율은 <그림 13>에서도 알 수 있듯 60% 선에서 등락을 반복하고 있다. 푸틴은 이제 크림반도 혹은 소치 올림픽과 같은 대형 이

벤트와 러시아의 물리력을 보여주는 군사 개입과 같은 효과를 통해 얻었던 지지율 상승의 효과를 대부분 상실하고 있다. 이는 아래의 <표 2>를 보면 좀 더 상세하게 알 수 있다.

<표 2> 2021년 1월~6월 기간 푸틴 대통령에 대한 지지율 추이

| | 2021. 1 | 2021. 2 | 2021. 3 | 2021. 4 | 2021. 5 | 2021. 6 |
|---|---|---|---|---|---|---|
| 지지한다 | 64 | 65 | 63 | 65 | 67 | 66 |
| 반대한다 | 34 | 34 | 35 | 33 | 32 | 32 |
| 무응답 | 2 | 2 | 2 | 2 | 2 | 2 |

자료 : 레바다 센터, https://www.levada.ru/en/ratings/

서방에서는 대체로 러시아와 푸틴에 대한 이미지가 부정적이지만 <그림 14>가 보여주듯 러시아와 옛 소련권 국가들 등에서는(우크라이나를 제외하고) 꼭 낮은 것만도 아니다.

<그림 13> 국정 방향에 대한 국민들의 평가 추이 (1996년 7월~2021년 6월)

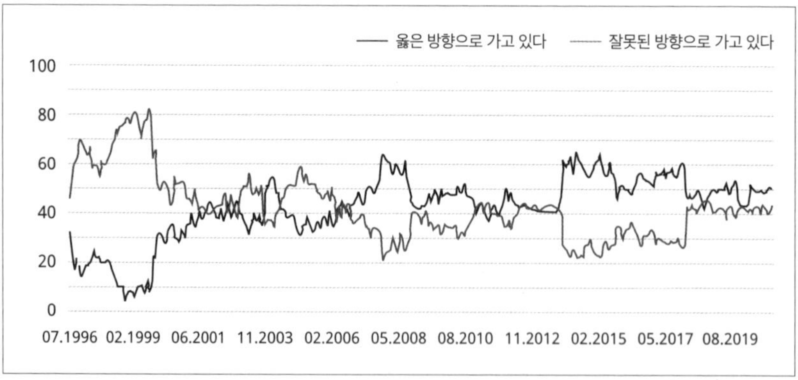

| | 2021. 1 | 2021. 2 | 2021. 3 | 2021. 4 | 2021. 5 | 2021. 6 |
|---|---|---|---|---|---|---|
| 옳은 방향으로 가고 있다 | 49 | 49 | 48 | 49 | 51 | 49 |
| 잘못된 방향으로 가고 있다 | 40 | 43 | 42 | 41 | 40 | 43 |
| 대답하기 어렵다 | 10 | 8 | 10 | 9 | 10 | 3 |

자료 : 레바다 센터

<그림 14> 푸틴에 대한 각국별 이미지 (긍정/부정 %)

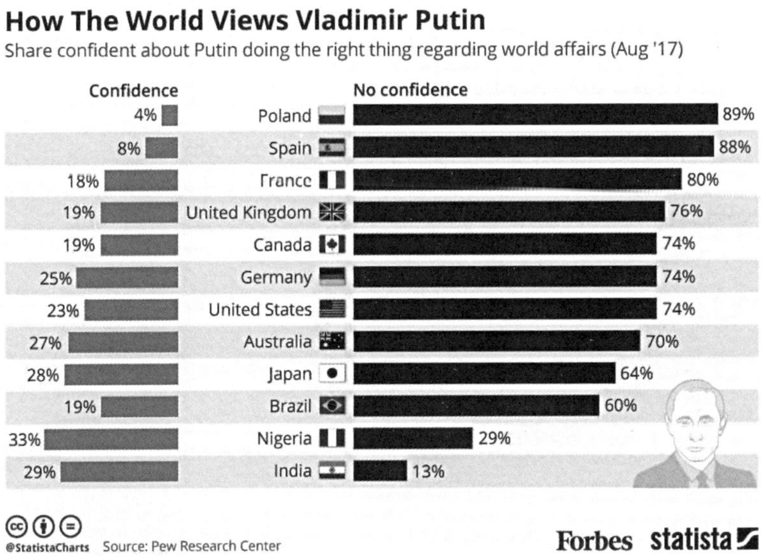


자료 : '포브스'(Forbes) 2018. 3.14
https://www.forbes.com/sites/niallmccarthy/2018/03/14/how-the-world-views-vladimir-putin-infographic/#7389b26f561c

하지만 푸틴의 개인적 인기보다 러시아 정부에 대한 불신이 훨씬 크다는 점은 푸틴 체제가 꼭 강건한 상태인 것은 아니라는 점을 보여준다. 이러한 모습들은 나발니, 언론 자유 등에 대한 항의 시위에 광범위한 시민들의 반대 데모가 나타나는 현상을 설명하는 이유가 되기도 한다.

푸틴의 대통령직 수행에 대한 지지가 개인적 인기도를 나타낼 뿐 정권의 건강성을 의미하는 것은 아니다. 이는 러시아의 여론 조사 센터인 '레바다 센터'가 정기적으로 조사하는 행정부에 대한 지지율과 정부의 정책에 대한 '옳고 그름'을 묻는 항목에 대한 국민들의 평가를 통해서도 알 수 있다.

2014년 크림반도 병합과 뒤이은 서방과의 강경한 대립 그리고 경제 제재는 러시아에 부정적 영향을 미쳐 국민 소득이 하락하고 투자가 감소하는 등의 악영향을 미치고 있다. 이 때문에 2014년 이후의 경제 상황은 서방과의 대립과 COVID-19 이후의 여파로부터 쉽게 회복이 어렵다는 전망이 많다. 이는 아래 <그림 15>에서 알 수 있다.

**<그림 15> 러시아의 1인당 국민 소득 추이 /주요국과 비교 (2000~2016)**

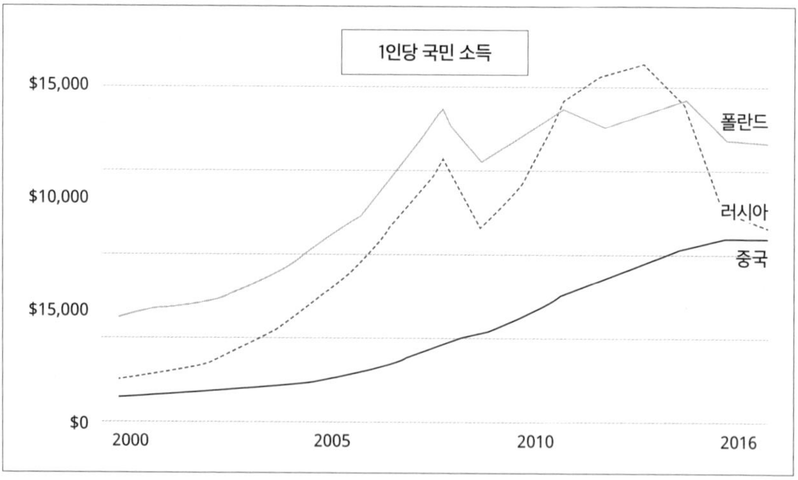


자료 : 'Stack Exchange', https://i.stack.imgur.com/FRK31.jpg

2014년 이후 러시아에 대한 투자 및 러시아 기업들의 투자가 침체된 것은 사실이다. 이는 2014년 러시아의 해외 직접 투자 규모가 세계 6위를 차지했다는 점과 2013년 기준으로 러시아의 해외 투자 누적액은 5천억 달러에 달했었는데 2018년과 2019년에는 전 세계 외국인 직접 투자 순위에서 유입과 유출 모두 20위권에 위치했다[26]는 것에서도 알 수 있다.

하지만 이는 반대로 러시아가 여전히 글로벌 M&A 시장에서 매력을 유지하고 있다는 의미도 된다. 서방의 강력한 제재에도 불구하고 20위권을 유지하고 있다는 것은 러시아 경제가 상당히 국제화되어 있다는 것을 의미한다. 이러한 이유로 러시아 경제의 미래를 지나치게 비관적으로 보는 데 반대하는 의견도 상당하다.

### 1-5 푸틴 세대의 미래-그리고 러시아의 방향

푸틴 세대의 미래가 지금까지 그들이 살아왔던 세월처럼 밝을 것으로만 예측하기는 어렵다. 아래의 <그림 16>에서 알 수 있듯 러시아의 인구 추이가 이들이 앞으로 짊어질 부담을 적나라하게 보여준다.

푸틴 세대가 태어났던 2000년 러시아의 인구는 1억 7백 38만여 명으로 세계 6위였다. 하지만 2020년 현재 기준으로 세계 9위다. 러시아가 미국, 독일 다음으로 이민이 몰리는 세계 3대 이민 희망국[27]이라는 점을 감안하면 이런 순위

26 UNCTAD, 'World Investment Report 2020' p.12, https://unctad.org/en/PublicationsLibrary/wir2020_en.pdf

27 주로 옛 소련권 공화국을 중심으로 러시아에 이주하려는 인구가 많다.

하락은 러시아의 출생률이 사망률보다 현격하게 낮다는 것을 의미한다.

<그림 16> 러시아로 이주한 이주 노동자 숫자 및 그들의 출신 국가 (2019)

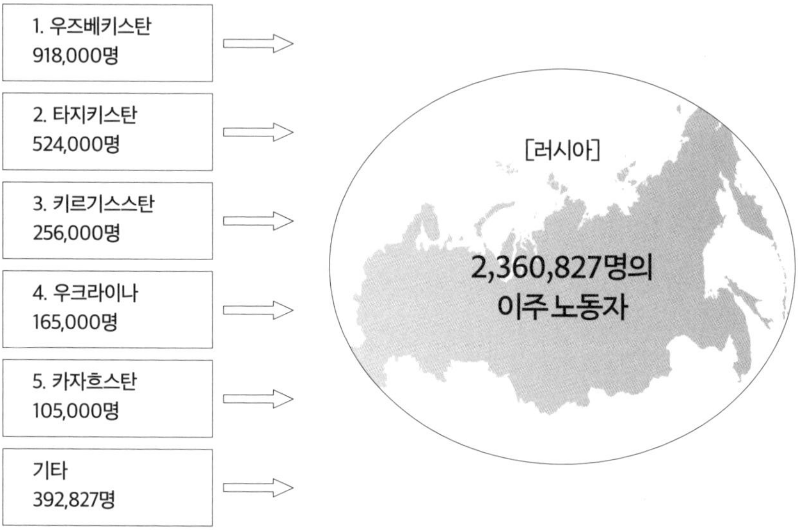


자료 : 러시아 국경수비대 자료 등을 참고해 저자 작성

실제로 러시아 인구 변동을 이민, 사망률, 출생률 등으로 나누어 살펴보면 총인구 변동에서 이민은 일관되게 유입 초과를 보여준다. 즉 총인구를 증가시키는 요소였다. 하지만 이 시기의 총인구 감소는 출생자 수가 사망자 수보다 현격하게 적었기 때문이다. <그림 17>에서 알 수 있듯 이러한 감소세는 2012년까지 계속되었다.

2020년 현재 러시아의 출생률은 1천 명당 12.1명이며 사망률은 1천 명당 12.8명이다. 여전히 사망률이 출생률보다 높아 이주 유입 인구를 제외한 자연 증가분만으로는 인구 감소 추세를 역전시키기가 쉽지 않은 상황이다.

<그림 17> 러시아 출생률과 사망률 추이 (1인/1천명 당)

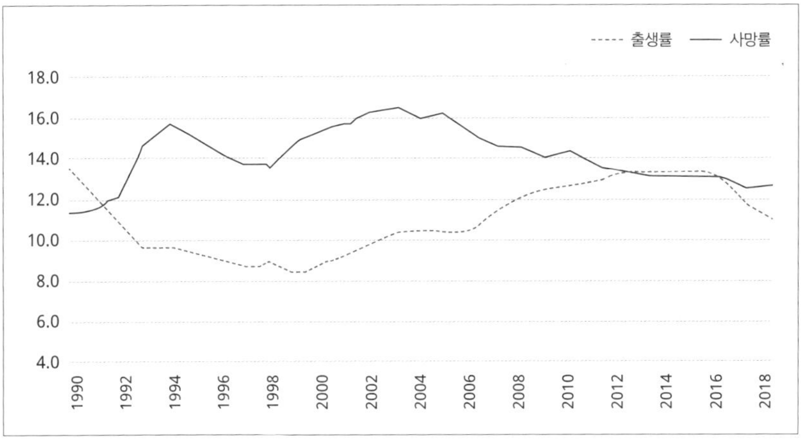


자료 : 러시아 연방 통계청 자료를 기초로 저자 작성

러시아의 인구 변화 내용을 좀 더 깊게 살펴보면 러시아 인구의 감소가 일시적인 현상이 아니라는 점을 알 수 있다. 특히 극동 지방 등 지방의 인구 감소가 역전이 어려울 정도로 심화되고 있음을 알 수 있다.

<그림 18> 러시아 극동 지역의 이주 실태 추이

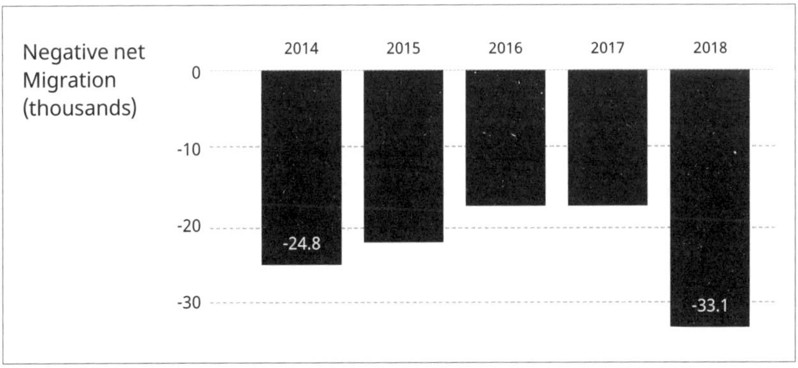


자료 : BBC https://www.bbc.com/news/world-europe-50185006

<그림 19> 러시아의 노동력 감소 추세(%)

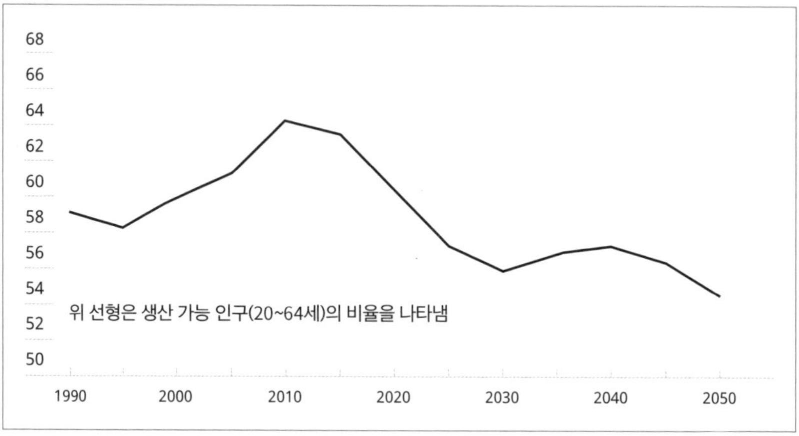


자료 : https://www.worldbank.org/en/news/opinion/2020/02/13/demographic-transition-what-russia-can-learn-from-other-countries

이는 러시아와 주변국 관계에 큰 영향을 미칠 요소다. 또 러시아의 글로벌 위상에도 당연히 영향을 미친다. 당장 숙련된 노동 인구의 양성이 불안정해지며 군인의 충원율에도 영향을 미친다.[28] 그리고 무엇보다 '푸틴 세대'의 삶과 그들의 부모 세대 그리고 그들의 자식 세대가 함께 어우러져 살아갈 가정의 운명에도 영향을 미친다.

28 COVID-19의 영향으로 외국 인력의 이주가 제한되자 러시아에서의 노동 인력 부족이 심화됐다. 이 때문에 드미트리 페스코프(Dmitry Peskov) 크렘린 공보수석은 "러시아인들의 외국 노동자에 대한 부정적 인식"에 대한 보고와 관련한 질문에 대해 "그러한 연구 결과에 대해 들어본 적이 없다"고 부정하면서 오히려 현실은 러시아가 추진하는 국가 프로젝트들의 성취를 위해 외국 노동 인력이 더 많이 필요하다"고 말하는 등 외국 노동력 유치를 위해 노력하고 있다.
RT, 'More migrants, please! Covid-19 has caused fall in foreign workers coming to Russia, leaving country short of manpower - Kremlin', 9 Apr, 2021 09:43
https://www.rt.com/russia/520549-covid-foreign-workers-manpower/

이 때문에 푸틴 대통령은 2020년 1월 15일 상원에 보내는 연설에서 "(...)러시아의 미래와 역사의 전망은 얼마나 많은 숫자의 러시아인이 존재하는가 그리고 얼마나 많은 신생아들이 1년, 5년, 그리고 10년 후에 출생하는가에 달려 있다. (...) 2024년 출생률은 1.7이 되어야만 한다"[29]고 강조하는 등 인구 감소를 막기 위해 노력하고 있지만 별 효과가 없다.

물론 러시아의 인구 위기는 어제오늘의 일이 아니다. 세계 주요 선진국들이 현재 겪고 있는 것과 마찬가지로 인구 감소는 복합적인 요인에 의해 발생했다. 하지만 최근의 인구 위기는 1991년 말 소비에트 연방이 해체되면서 시작했다.

러시아의 총인구는 <그림 20>에서 알 수 있듯 1994년부터 급격히 감소하기 시작해 1995년에 일단 증가한다. 하지만 이후 다시 감소해 2009년까지 계속해서 감소한다. 이 시기 노동 인구 등 이주 인구가 계속 유입 초과 상태였는데도 인구가 감소한 것이다. 그래서 이 시기를 1차 인구 위기 시기로 본다.

이후 러시아 인구는 이주 인구를 합해 2009년에 들어서서야 겨우 증가세로 돌아선다. 더 엄밀히는 출생률이 2000년 이후 증가세로 돌아선다. 인구의 자연 증가율은 2012년부터 증가로 반전했지만 2014년 이후 다시 감소세로 돌아선다. 이주(이민) 수요를 제외할 경우 총인구도 2016년부터 다시 감소하기 시작했다.

29 THE STATE DUMA,'Presidential Address to the Federal Assembly of the Russian Federation', January 15, 2020, http://duma.gov.ru/en/news/47509/

<그림 20> 러시아 인구 증가율 추이

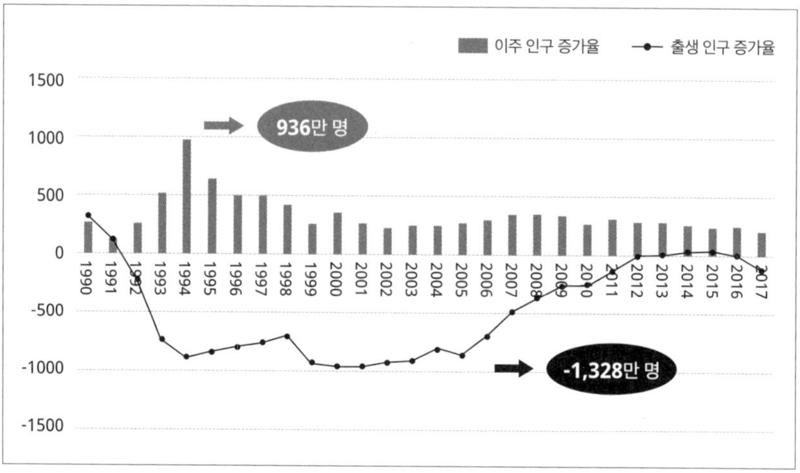


자료 : 러시아 통계청 자료를 기초로 저자 작성.

이에 따라 러시아가 제2의 인구 위기에 직면할 것이라는 예측이 정부나 전문가에 의해 지적되고 있다. 2016년부터 인구가 자연 감소세로 전환된 주된 원인은 출생아 수의 감소에서 비롯된 것이다. 그리고 이는 <그림 21>에서 보듯 출산 적령기로 여겨지는 20세부터 34세까지의 여성 인구 감소에 기인한다.

<그림 21> 러시아에서 출산 적령기 여성의 인구 추이 (백만 명)

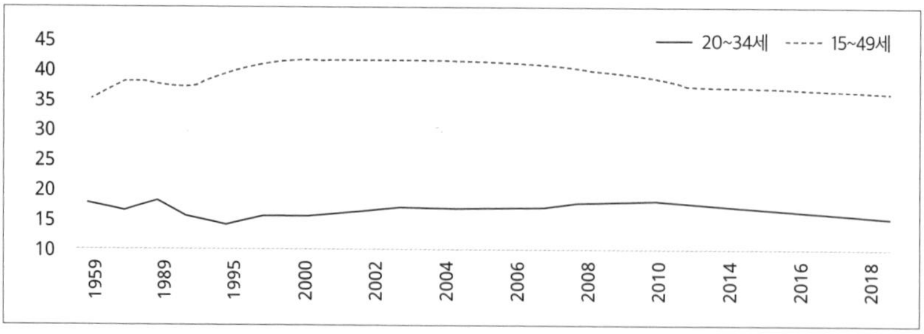


자료 : 러시아 통계청 자료를 기초로 저자 작성

출산 적령 여성 인구가 감소한 것은 1990년대 출생률 저하의 결과다. 러시아에서 출생률이 가장 낮았던 시기는 1999년이었다. 출생률은 사회·경제적 환경에 크게 영향을 받는다는 것을 감안하면 이는 당연한 결과다. 1990년대에는 1991년의 소련 해체, 1998년의 '러시아 금융 위기' 등이 있었다. 러시아 국민의 미래에 대한 불안감이 대단히 높았던 시기였다. 푸틴의 등장과 사회가 안정되면서 1980년대생들의 출산율이 높아졌다. 1차 인구 위기가 서서히 극복되는 조짐을 보였고 2013년에 인구는 자연 증가세로도 성장했다. 이는 당연히 푸틴 정권 들어 생활이 안정되고 예측 가능성이 높아졌기 때문에 가능했던 일이다.

그런데 반대로 1990년대는 출생률이 낮았다. 그중에서도 1999년의 출생률은 역대 최악이었다. 바로 이런 이유로 앞으로 10여 년에 걸쳐 러시아의 출생자 수는 적을 수밖에 없다. 21세기 러시아 '포스트-푸틴' 체제의 운명은 이런 인구의 추이와도 긴밀하게 연결된다. 합계 출산율도 낮아졌다.

푸틴 집권 이후 개선되기 시작하던 출생률은 크림반도 병합 이후 서방과의 대립이 격심해지기 시작한 후 낮아지기 시작한다. 2014년 이후의 경제 제재 등으로 인해 러시아 경제의 정체가 심해진 것이 영향을 미친 것이다. 여기다 2000년대 이후 초산을 경험하는 여성의 연령이 늦어지고 있다는 점도 큰 원인이다. 초산 연령은 25세에서 34세로 늦어져 둘째, 셋째 아이의 출산 가능성이 저하하고 있다. 합계 출산율은 2015년을 정점을 찍었고 이후 다시 감소하기 시작했다.

인구 감소가 초래하는 이런 변화는 러시아의 장기 경쟁력에 중요한 위협이다. 러시아가 전체적으로 늙어가는 것을 의미하기 때문이다. 푸틴 세대가 태어났을 때 러시아의 중위연령(Median Age)은 36.5세였다. 하지만 2020년 현재를 기준으로 봤을 때 러시아의 중위연령(Median Age)은 39.6세다. 러시아의 노령화 현상이 점점 가속화하는 현실을 감안하면 푸틴 세대가 부양해야 할 책무가 지난 세대보다 훨씬 더 크며 남성이 여성보다 더 젊은 것을 알 수 있다.

여기다 푸틴 세대는 40대 이상의 전 세대와 달리 남성의 인구 숫자가 여성의 인구 숫자보다 많다. 러시아는 1차 세계대전과 볼셰비키 혁명, 2차 세계대전, 소련 해체 후의 혼란 등의 영향으로 전통적으로 남성의 인구가 여성보다 적었던 특징이 있었다. 그런 특징은 아래의 <그림 22>에서 알 수 있듯 1990년 이후 완화되다 푸틴 세대에 이르러 완전히 역전돼 이제는 다른 나라와 비슷하게 남성의 인구가 좀 더 많은 형태다. 더군다나 이런 현상에 점점 높아지는 중

<그림 22> 러시아 인구 추이 2000~2020

| Year | Population | Yearly % Change | Yearly Change | Migrants (net) | Median Age | Fertility Rate | Density (P/Km²) | Urban Pop % | Urban Population | Country's Share of World Pop | World Population | Russia Global Rank |
|---|---|---|---|---|---|---|---|---|---|---|---|---|
| 2020 | **145,934,462** | 0.04 % | 62,206 | 182,456 | 39.6 | 1.82 | 9 | 73.7 % | 107,486,269 | 1.87 % | 7,794,798,739 | 9 |
| 2019 | **145,872,256** | 0.09 % | 138,218 | 182,456 | 38.8 | 1.72 | 9 | 73.6 % | 107,327,101 | 1.89 % | 7,713,468,100 | 9 |
| 2018 | **145,734,038** | 0.14 % | 203,956 | 182,456 | 38.8 | 1.72 | 9 | 73.5 % | 107,156,855 | 1.91 % | 7,631,091,040 | 9 |
| 2017 | **145,530,082** | 0.18 % | 254,699 | 182,456 | 38.8 | 1.72 | 9 | 73.5 % | 106,972,626 | 1.93 % | 7,547,858,925 | 9 |
| 2016 | **145,275,383** | 0.20 % | 290,326 | 182,456 | 38.8 | 1.72 | 9 | 73.5 % | 106,770,279 | 1.95 % | 7,464,022,049 | 9 |
| 2015 | **144,985,057** | 0.21 % | 301,157 | 360,120 | 38.6 | 1.70 | 9 | 73.5 % | 106,549,491 | 1.96 % | 7,379,797,139 | 9 |
| 2010 | **143,479,274** | -0.03 % | -38,568 | 465,334 | 38.0 | 1.46 | 9 | 73.5 % | 105,485,979 | 2.06 % | 6,956,823,603 | 9 |
| 2005 | **143,672,116** | -0.38 % | -546,557 | 355,620 | 37.3 | 1.30 | 9 | 73.4 % | 105,505,958 | 2.20 % | 6,541,907,027 | 7 |
| 2000 | **146,404,903** | -0.25 % | -364,513 | 474,931 | 36.5 | 1.25 | 9 | 73.3 % | 107,381,741 | 2.38 % | 6,143,493,823 | 6 |

자료 : WorldOmeter
https://www.worldometers.info/world-population/russia-population/

위연령(Median Age)을 성비로 나눠 보면 2021년 기준으로 남성은 36.6세, 여성은 42.5세다.

<그림 23> 러시아의 인구 피라미드 2021

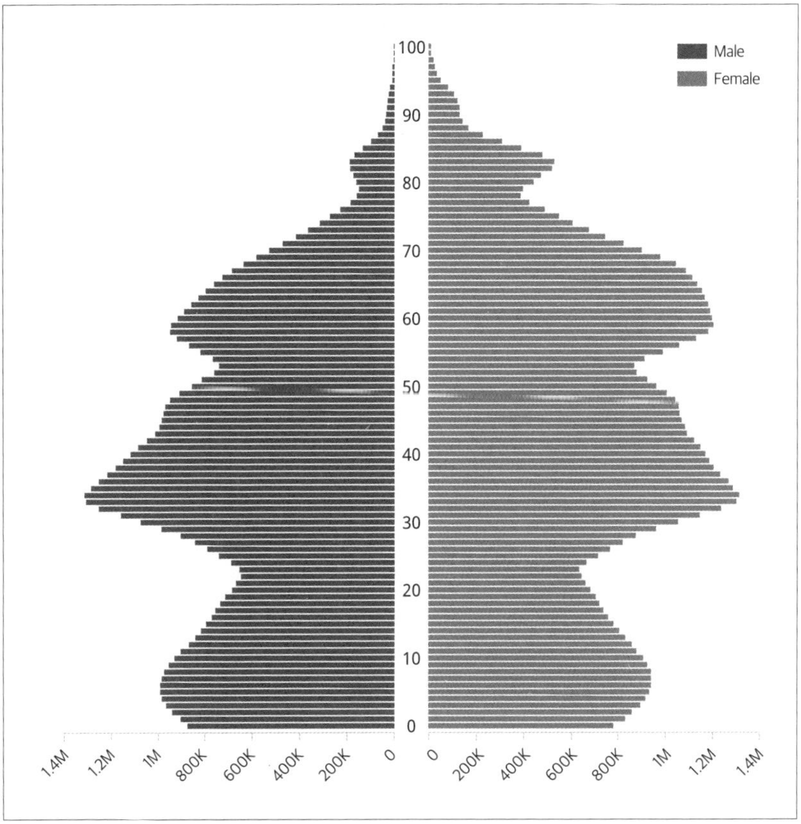


자료 : World Population Review
https://worldpopulationreview.com/countries/russia-population

제2장

# 푸틴의 통치 엘리트 세대교체 계획

### 2-1 푸틴 집권 4기의 시작과 본격화하는 엘리트 세대교체

이런 변화와 도전 그리고 가능성 속에서 푸틴은 집권 4기를 이어가고 있다. 푸틴은 2024년 자신의 현 임기(집권 4기)가 끝나는 것을 대비한 엘리트 세대교체를 진행하고 있다. 또 헌법을 개정해 향후 러시아가 어떤 형태의 국가체제를 유지할 것인지에 대한 힌트를 주고 있다.

2020년 1월 15일 푸틴은 연례적으로 진행한 연방회의(Federal Assembly)에 보내는 연설을 통해 헌법 개정의 필요성을 강조하고 내각 개편을 단행했다.[1] 이는 러시아 엘리트 사회에 새로운 충격파를 던진 사건이며 이제 엘리트의 세대교체가 돌이킬 수 없는 경로에 들어섰음을 분명히 하는 것이었다.

2020년 1월 개각을 통해 새로운 엘리트들이 크렘린과 정부 주변에 포진했다. 이 개각은 몇 가지 특징이 있었다.

가장 큰 특징은 2000년 푸틴이 대통령에 당선된 이후 처음으로 자신의 내각에 페테르부르그 마피아로 불리던 옛 친구들을 한 명도 포함시키지 않았다는 점이다. 바로 직전의 내각(집권 4기의 첫 내각) 때에는 메드베데프 총리를 비롯해 드미트리 코작 등 그의 개인적인 옛 동료 및 2000년 집권 때부터 같이 일했던 올드 엘리트 그룹이 포함되어 있었다.

1 당시 연설은 연방 회의에 보내는 내용이었지만 장소는 크렘린 앞 전시장 '마네즈(Манеж)'에서 열렸다. 연설 전문은 크렘린 홈페이지에서 찾아볼 수 있다. 'Послание Президента Федеральному Собранию', 15 января 2020 года.
http://kremlin.ru/events/president/news/62582

<그림 24> 2020년 1월 15일 개각으로 물러난 메드베데프 총리와 내각 멤버 및 그들의 업무

**총리**
드미트리 메드베데프

**제1부총리**
안톤 실루아노프

**부총리(산업 에너지)**
드미트리 코작

**부총리(문화, 체육, 관광)**
올가 골로데츠

**부총리(군수산업)**
유리 보리소프

**부총리(건설)**
비탈리 무트코

**부총리(내각 사무국)**
콘스탄틴 추이첸코

**부총리(사회 정책, 보건, 교육, 인구)**
타티야나 골리코바

**부총리(농업, 환경)**
알렉세이 고르데예프

**부총리(극동)**
유리 트루트네프

**부총리(교통, 통신)**
막심 아키모프

**교양부 장관**
올가 바실리에바

**과학 고등교육 장관**
미하일 코튜코프

**극동개발부 장관**
알렉산드르 코즐로프

**자원환경부 장관**
드미트리 코빌린

**체육부 장관**
파벨 콜로브코프

**내무부 장관**
블라디미르 콜로콜리체프

**법무부 장관**
알렉산드르 콘노발로프

**북카프카스부 장관**
세르게이 체보타료프

**외무부 장관**
세르게이 라브로프

**에너지부 장관**
알렉산드르 노박

**문화부 장관**
블라디미르 메딘스키

**주택건설부 장관**
블라디미르 야쿠세프

**디지털 경제통신 대중소통부 장관**
콘스탄틴 노스코프

**산업통상부 장관**
데니스 만투로프

**경제개발부 장관**
막심 오레시킨

**비상사태부 장관**
예브게니 지니체프

**재무부 장관**
안톤 실루아노프

**보건부 장관**
베로니카 스크보르초바

**노동 사회보장부 장관**
막심 토필린

**농업부 장관**
드미트리 파트루셰프

**교통부 장관**
예브게니 디트리흐

**국방부 장관**
세르게이 쇼이구

자료 : TACC를 참고로 해 저자 작성

하지만 이번 내각 개편을 통해 페테르부르그 마피아들 중 그와 가장 오랫동안 함께 근무했던 드미트리 코작(Dmitry Kozak)과 비탈리 무트코(Vitaly Mutko)가 물러났다[2]. 러시아 최고 권부의 엘리트 세대교체가 이제는 되돌릴 수 없는 단계에 이르렀음을 보여주는 상징적인 개편인 셈이다.

또 다른 특징은 세대교체라는 말을 확실히 알 수 있을 정도로 내각이 젊어졌다는 것이다. 미하일 미슈스틴 총리(53세)와 함께 일할 부총리들 및 장관들의 세대별 구성을 보면[3] 40세 이하가 전임 메드베데프 내각 때의 3명에서 7명으로 증가했다. 좀 더 자세히 보면 9명의 부총리 중 5명이 55세 이하다. 기존의 부총리들을 제외하면 새로 임명된 부총리 5명 모두가 55세 이하다. 8명의 신임 장관 중 6명이 45세 이하다[4]. 푸틴은 집권 4기의 1기 내각인 메드베데프 총리 내각 때에도 세대교체를 시도해 세르게이 파트루셰프 농림부 장관 등 올드 엘리트의 2세들과 젊은 테크노크래트를 입문시켰다. 이런 점을 감안하면 푸틴이 시도하는 러시아 통치 엘리트 그룹의 세대교체는 이미 상당히 광범위하고 치밀하게 진행 중임을 알 수 있다.

이번 내각의 또 다른 특징은 테크노크래트들이 많다는 것이다. 실제로 새

2 코작은 푸틴의 신임이 깊고 푸틴의 문제 해결사로 불린다. 그는 부총리에서 물러나 크렘린 행정실로 자리를 옮겨 우크라이나 문제를 담당하게 됐다. 이 업무의 전임자는 수르코프(Surkov)였다. 무트코 역시 푸틴의 배려로 우리의 주택공사에 해당하는 러시아 국영 주택공사 DOM.RF의 이사회 의장이 됐다.

3 Ведомости, 'Чем известны новые члены правительства', 21 января 2020. https://www.vedomosti.ru/politics/articles/2020/01/21/821145-chem-izvestni-novie

4 물론 푸틴은 집권 4기의 최초 내각인 2018년 5월의 메드베데프 총리 내각 때에도 세대교체를 실시했다. 당시 내각에서도 40대 각료는 모두 14명이나 됐다. 이런 그들이 지난 18개월 동안 경험을 쌓았고 정부의 핵심 인재로 성장했다. 또 이들 중 대부분이 유임됐다. 푸틴은 이번에 새롭게 젊은 인재들을 추가로 입각시켜 이런 세대교체의 방향성을 더 강하게 보여준 것이다.

로 충원된 인물들 가운데에는 명확하게 실로비키나 리버럴 그룹 파벌에 속한 인물은 없다. 그렇다고 푸틴이 완전히 새로운 테크노크래트들로만 내각을 꾸민 것은 아니다.

올드 엘리트들과 연관이 강한 엘리트들을 분명하게 중용했다. 대표적인 것이 총리인 미하일 미슈스틴이다. 미슈스틴은 전문가 그룹인 테크로크래트(Technocrat)로 분류되지만 실로비키와 인연이 깊다. 그를 전문가 그룹(Technocrat)으로 분류하는 건 그의 이력 때문이다. 그의 이력을 보면 분명 테크노크래트다. 대학에서 시스템 엔지니어링을 공부한 후 그는 러시아의 비정부기구인 컴퓨터 클럽 관련 일에 열심이었다. 그의 부인도 역시 이 클럽의 일원이었다.

미슈스틴은 국제적인 행사도 개최했고 회의를 통해 빌 게이츠 마이크로소프트 회장과 만나기도 했다. 그러다 그는 1998년 국세청에 세금 징수 관련 자문을 하면서부터 인연을 맺었다. 당시 국세청장은 열정적인 정치인이자 사업가였던 보리스 표도로프(Boris Fedorov)였다. 미슈스틴은 그의 밑에서 국세청의 컴퓨터화 작업을 총괄했다. 이후 1999~2004년에는 국세청 차장을 역임했다. 2004년에는 부동산 매매 및 등기 관련 업무를 전산화했다. 2006년에는 특별경제구역관리청(Federal Agency for Management of Special Economic Zones) 청장을 맡았다. 그리고는 공직을 갑작스럽게 떠난다. 당시 그의 상관은 경제개발부 장관이었던 게르만 그레프였다.

미슈스틴이 공직을 떠난 후 근무한 회사는 자산 관리 회사인 'OFG Invest'사였다. 당시 그는 이 회사 사장을 맡았다. 그런데 'OFG Invest'는 그가 국세청과 처음 인연을 맺었던 1998년에 그의 상관으로 국세청장이었던 보리스 표도로프(Boris Fedorov)가 주주 겸 창업자로 있던 회사였다. 이 회사는 1996년부터 러시아 및 CIS 국가들에 투자를 진행해왔고 2008년에는 도이치 방크(Deutsche Bank)와 합작회사를 설립하기도 했다.

그는 2008년부터 약 2년간 'OFG Invest'사에서 사장으로 근무하다 2010년 다시 국세청장으로 복귀한다. 당시 그를 국세청장으로 추천한 인물은 당시 재무부 장관이던 알렉세이 쿠드린으로 알려져 있다. 쿠드린은 개혁적 성향이 강한 리버럴 그룹의 일원이다. 이렇게 보면 미슈스틴은 단순한 테크노크래트가 아니라 보리스 표도로프, 게르만 그레프, 알렉세이 쿠드린 등 푸틴 정권의 올드 엘리트 그룹의 한 축인 개혁주의 리버럴 그룹과 인연이 깊다는 것을 알 수 있다. 또 막심 오레슈킨 경제개발부 상관과도 친분이 깊은 것으로 알려져 있다.

하지만 미슈스틴은 동시에 러시아 실로비키와도 가깝다. 그는 대표적 실로비키이자 푸틴의 측근인 이고르 세친 로스네프티(국영석유회사) 회장과 함께 러시아의 대표적 스포츠 클럽의 하나인 체스카(CSKA)의 아이스하키팀 감독위원회(Supervisory committee) 위원이다. 또 러시아 아이스하키 연맹 이사이기도 하다. 그는 푸틴, 세친 등과 함께 아마추어 하키 리그인 '나츠나야 하케이나야 리가'(Ночная хоккейная лига)의 회원이다. 여기서 그는 푸틴의 오랜 친구인 겐나디 팀첸코 등과 함께 아이스하키를 정례적으로 즐겼다.

러시아에서 스포츠는 가끔 전문 운동선수들의 영역을 넘어 정치인과 사업가들에게도 중요한 업무인 경우가 있다. 보리스 옐친 대통령 시절엔 그가 즐기던 테니스가 정치영역에서도 중요한 역할을 했다. 푸틴 시절엔 아이스하키가 그런 역할을 대신하고 있다[5].

**푸틴과 아이스하키**

푸틴은 어릴 적부터 유도를 했다. 하지만 최근에는 아이스하키에 푹 빠져 있다. 푸틴의 대변인인 드미트리 페스코프에 따르면 당시 청소년 아이스하키팀 선수들과 대통령의 만남이 있었는데 이때 스케이팅을 배우겠다고 약속한 후 일주일에 한두 번 저녁 시간을 이용해 아이스하키를 훈련했다.

2011년 11월 푸틴은 아마추어 리그인 '나츠나야 하케이나야 리가'(Ночная хоккейная лига)를 창립한다. 하지만 그가 공개적으로 자신의 플레이를 선보인 것은 2012년 4월이었다. 그전까지 푸틴은 자신의 실력을 보여주지 않았다. 푸틴은 이후 아이스하키에 푹 빠진 것으로 알려졌다. 2012년 5월 7일 그가 정식으로 대통령에 다시 취임한 후 간 저녁 행사는 '나츠나야 하케이나야 리가'(Ночная хоккейная лига)의 결승전이었다.

자료 : 크렘린 홈페이지 http://kremlin.ru/events/president/news/62414/photos/62749

5 Forbes, 'Скользкое увлечение: кто играет в хоккей с Владимиром Путиным', 15.05.2015
https://www.forbes.ru/milliardery/288491-skolzkoe-uvlechenie-kto-igraet-v-khokkei-s-vladimirom-putinym

비록 푸틴의 아이스하키 입문의 계기가 청소년 선수들과의 대화와 그들과의 약속이었을지라도 실제로 그가 아이스하키에 빠지게 된 것은 국방장관인 세르게이 쇼이구와 극동지역(연해주) 출신으로 상원의원을 지낸 아이스하키 선수 뱌체슬라프 페티소프(Vyacheslav Fetisov)에 의해서라는 게 정설이다.

페티소프는 러시아의 올림픽 아이스하키 우승의 주역이자 수차례에 걸친 세계선수권 우승의 주역이었다. 그는 나중에는 미국에서 선수 생활을 하면서 미국 스탠리컵 우승의 주역으로도 활동했다. 페티소프는 선수 생활이 끝난 후 러시아 스포츠 위원회 위원장 등을 지내다 정치에 입문해 연해주 지역에서 상원의원을 지냈다. 한국인들도 자주 가는 블라디보스토크 시 외각에는 페티소프의 이름을 딴 아이스하키장이 건설되어 있어 그의 영향력과 위상을 보여준다.

푸틴이 아이스하키에 빠지자 아이스하키를 즐기는 정치인들과 유명인들이 늘어났다. 세르게이 쇼이구(Сергей Шойгу) 국방 장관을 위시해 타타르스탄 공화국 대통령 루스탐 미니하노프(Рустам Минниханов) 모스크바주지사 안드레이 보로비요프(Андрей Воробьев), 트베르 오블라스티 주지사 안드레이 셰벨레프(Андрей Шевелев), 전 내무부 장관 라시드 누르갈리예프(Рашид Нургалиев) 산업 및 통상부 차관 빅토르 옙투호프(Виктор Евтухов) 등 정치인과 관리들이 아마추어 아이스하키 리그의 회원이 됐다.

관리와 정치인들뿐 아니라 러시아의 포브스 랭킹에 오른 유수한 올리가르흐들 예를 들어 인터로스 그룹의 블라디미르 포타닌(Владимир Потанин), 푸틴의 측근으로 유명한 올리가르흐인 보리스 로텐베르그와 아르카디 로텐베르그 형제, 옐친 시절부터 유명한 금융 재벌 표트르 아벤(Петр Авен), 실세 올리가르흐인 로만 아브라모비치(Роман Абрамович) 푸틴의 친구인 겐나디 팀첸코(Gennady Timchenko) 등도 아이스 하키의 동호인이 되었다.

푸틴은 이들과 자주 하키를 즐겼다. 대표적인 것이 2014년 5월 10일 소치의 스포츠 궁전 '볼쇼이'에서 등 번호 11번을 달고 '나츠나야 하케이나야 리가' 스타팀(Звезды НХЛ)의 일원으로 출전한 일이다. 당시 국방 장관 세르게이 쇼이구도 같은 팀으로 출전했다.

푸틴에게 아이스하키를 가르쳐준 뱌체슬라프 페티소프는 '포브스'의 러시아판 요청으로 '나츠나야 하케이나야 리가' 스타팀(Звезды НХЛ)의 유력 멤버들을 각 포지션별로 선정한 후 가상으로 네 개의 팀을 구성했다.[6] 여기에 따르면 유력 정치인들, 올리가르흐, 그리고 전직 프로 스포츠 선수들이 '나츠나야 하케이나야 리가'의 멤버들이다.
당시 뱌체슬라프 페티소프가 4개의 팀으로 나누어 구분한 이름과 포지션은 다음과 같다.

**1팀**
**골키퍼:** 알렉산드르 듀민
**필드 플레이어:** 뱌체슬라프 페티소프, 알렉세이 카사토노프, 파벨 부레, 블라디미르 푸틴, 세그레이 쇼이구
**후보:** 블라디미르 포타닌, 알렉산드르 루카셴코.

**2팀**
**골키퍼:** 블라디미르 므이슈킨
**필드 플레이어:** 발레리 카멘스키, 알렉세이 잠노프, 알렉산드르 모글리느이, 라쉬드 누르갈리예프, 아르카디 드보르코비치.

**3팀**
안드레이 보로비요프, 이고리 부트만, 알렉산드르 야쿠셰프, 알렉산드르 코제브니코프, 빅토르 샬리모프.

**4팀**
겐나디 팀첸코, 로만 로텐베르그, 아르카디 로텐베르그, 알렉세이 야신, 보리스 로텐베르그

이렇게 러시아의 실력자들이 아이스하키를 즐기게 되니 당연히 아마추어 아이스하키

6 Forbes, 'Скользкое увлечение: кто играет в хоккей с Владимиром Путиным', 15.05.2015

에 대한 스폰서들의 후원도 증가했다. 러시아에는 모두 3개의 아마추어 아이스하키 리그가 있다. '나츠나야 하케이나야 리가(Ночная хоккейная лига), 통합 모스크바 하키 리그(Объединенная московская хоккейная лига), 국영 기업 하키 리그(Национальная корпоративная хоккейная лига)로 각각 80~100개 정도씩의 팀이 소속되어 있다.

이 중에서 푸틴이 참여하는 '나츠나야 하케이나야 리가(Ночная хоккейная лига)가 영향력이 크고 유명인이 많다. 리그의 회원이 되려면 기존 회원 2명의 추천이 있어야만 한다. 스폰서도 대형 스폰서들이 많아 현재 가즈프롬(Газпром), 르네상스 보험(Ренессанс Страхование), 유그라 은행(банк Югра), 파나소닉(Panasonic), 리복(Reebok) 등이 이 리그를 후원하고 있다.

미슈스틴은 '나츠나야 하케이나야 리가(Ночная хоккейная лига)의 회원이자 전문 스포츠 선수들로 이루어진 러시아 하키 연맹의 이사이기도 하다. 금융과 비즈니스 영역의 리버럴 엘리트뿐 아니라 실로비키들과도 아이스하키 등을 통해 오랫동안 연관을 맺어왔다. 그래서 미슈스틴을 상당히 오랫동안 크렘린 내 실세들과 친분을 유지해온 범(汎)실로비키 세력으로 보는 견해들도 있다.

미슈스틴이 러시아 정치권의 주목을 받은 것과 관련해 부가 가치세 관련 업무 처리를 드는 사람들이 있다. 미슈스킨은 러시아의 세금 관련 스캔들과 연관해 국제적으로도 널리 알려졌고 크렘린 권력자들에게 가장 골치 아팠던 사건 중 하나인 마그니츠키(Sergey Magnitsky) 사건의 여파를 그의 재임 기간 중 처리했다. 마그니츠키(Sergey Magnitsky)는 러시아의 부가 가치세(VAT) 환급을 악용해 국가의 재산을 빼돌리는 방식의 부정을 폭로하려다 사망한 인물이다.

미슈스틴은 국세청장으로 근무하면서 러시아 부가 가치세 환급 시스템을 개선해 이의 악용 가능성을 원천적으로 차단했다. 이후 러시아에서 부가 가치세 환급의 비율이 획기적으로 낮아졌고 크렘린과 러시아 지도부는 이를 높이 평가했다. 이처럼 미슈스틴은 러시아의 일반 대중에게는 비교적 무명이지만 이미 푸틴 정권의 올드 엘리트들과 깊은 연관이 있는 인물인 것이다.

이 외에도 관심을 끄는 테크노크래트는 제1 부총리인 안드레이 벨루소프(Andrei Belousov)다. 그는 자유주의적 테크노크래트로 분류된다. 하지만 그는 푸틴과 오랫동안 크렘린 등에서 호흡을 맞춘 푸틴의 사람이다. 그는 푸틴이 의욕적으로 추진하는 연방 차원의 사회 경제 발전 전략 프로그램인 국가 프로그램들(государственные программы) 특히 국가 프로젝트들(национальные проекты)[7]의 진행을 총괄한다. 그는 미슈스틴에 이은 내각의 이인자이지만 정치적 영향력 면에서는 미슈스틴과 경쟁할 네트워크를 가지고 있다. 세력적으로는 금융 및 경제 쪽을 대변할 것이다.

새 부총리로 임명된 드미트리 체르니셴코(Dmitry Chernyshenko)도 푸틴의 페테르부르그 시절 친구 그룹 및 실로비키와 관련이 깊다. 체르니셴코 역시 아이스하키를 매개로 해 러시아 권력 엘리트와 인연을 맺어 왔다. 미슈스틴 총리

7 러시아는 직면한 사회 경제적 난제들을 극복하고자 2010년 정부령에 의해 장기적이고 전략적인 계획하에 국가 예산을 집중적으로 투자하는 국가프로그램(Государственная программа)을 만들어 시행하고 있다. 또 2018년 5월 푸틴 대통령이 발표한 2024년까지의 러시아의 사회 경제 발전 계획을 달성하고자 대통령령에 기초해 국가 프로그램과 별도로 연방 차원의 전략적 프로그램들을 국가프로젝트(Национальный проект)로 입안해 추진하고 있다.

<그림 25> 2020년 1월의 러시아 새 내각과 관련 업무

* 내각의 새로운 멤버

**총리**
*미하일 미슈스틴

**제1부총리**
*안드레이 벨루소프

**부총리**
*드미트리 체르센코

**부총리(환경)**
*빅토리야 아브람첸코

**부총리**
유리 보리소프

**부총리(건설)**
*마랏 후스눌린

**부총리(내각 사무국)**
콘스탄틴 추이첸코

**부총리(사회 정책, 보건, 교육, 인구)**
타티야나 골리코바

**부총리(유라시아 경제 연합)**
*알렉세이 오베르축

**부총리(극동)**
유리 트루트네프

**부총리(내각 사무국)**
*드미트리 그리고렌코

**교양부 장관**
*세르게이 크라프초프

**과학 고등교육 장관**
*발레리 팔코프

**극동개발부 장관**
알렉산드르 코즐로프

**자원환경부 장관**
드미트리 코빌킨

**체육부 장관**
*올렉 마티친

**내무부 장관**
블라디미르 콜로콜리체프

**법무부 장관**
*콘스탄틴 추이첸코

**주택건설부 장관**
블라디미르 야쿠셰프

**외무부 장관**
세르게이 라브로프

**에너지부 장관**
알렉산드르 노박

**문화부 장관**
*올가 류비모바

**비상사태부 장관**
예브게니 지니체프

**디지털 경제통신 대중소통부 장관**
*막수트 사다예프

**산업통상부 장관**
데니스 만투로프

**경제개발부 장관**
*막심 레셰트니코프

**농업부 장관**
드미트리 파트루셰프

**재무부 장관**
안톤 실루아노프

**보건부 장관**
*미하일 무라슈코

**노동 사회보장부 장관**
*안톤 코탸노프

**국방부 장관**
세르게이 쇼이구

**교통부 장관**
예브게니 디트리흐

자료 : 러시아 언론 보도를 종합해 저자 작성.

와도 앞에서 언급한 것처럼 이와 연관해 깊은 인연이 있다. 체르니셴코가 푸틴의 관심을 끌게 된 것은 그가 소치 올림픽 유치위원회 위원장을 맡으면서부터다. 그의 이력과 관련해 중요하게 부각된 것은 가즈프롬 미디어 사장을 맡았다는 것이다. 하지만 실제로 더 중요한 건 그가 푸틴의 오랜 친구인 겐나디 팀첸코(Gennady Timchenko)가 소유한 볼가 그룹(Volga Group)의 사장이었다는 사실이다.

막수트 샤다예프(Maksut Shadayev) 디지털 발전 및 통신부 장관도 테크노크래트로 알려져 있지만 세르게이 키리옌코 크렘린 제1 부실장과 인연이 깊다. 그는 키리옌코 부실장에게 SNS 등과 관련한 자문 역할을 맡았었다.

새로 임명된 것은 아니지만 농림부 장관으로 재임한 드미트리 파트루셰프도 이력으로만 분류하면 테크노크래트다. 하지만 그는 실로비키의 핵심 인물인 니콜라이 파트루셰프 국가안보위원회 서기의 아들이다.

푸틴은 이처럼 정부 및 주요 국가 기구에서의 세대교체를 단행하면서도 자신과 오랫동안 인연을 맺었던 측근들의 2세들 혹은 측근 그룹이 신뢰하는 사람들을 내각이나 관련 기관에 계속해서 중용하고 있다.

## 2-2 푸틴의 엘리트 세대교체 작업-준비 과정과 현재

그러면 푸틴은 언제부터 러시아 통치 엘리트 그룹의 개편에 관심을 두었을까?

푸틴이 새로운 엘리트에 갈증을 느낀 것은 2000년 그가 대통령에 취임한 때부터였다. 푸틴은 취임 직후부터 크렘린을 중심으로 러시아를 개혁하고 연방의 구심력을 강화하고자 했다. 하지만 이를 자신과 함께 추진할 인재가 부족했다. 옛날식 사고방식을 넘어서는 혁신적 사고의 인재는 더욱더 부족했다.

2000년 당시의 상황은 유능한 인재들이 정부보다는 민간에 관심을 갖는 시기였다. 보리스 옐친의 치하에서 진행된 급속한 사유화와 개방화의 물결은 엄청난 부를 쌓을 수 있는 기회를 주었다. 과거 같으면 국가와 지방 정부에 종사해야 했던 유능한 엘리트들이 이러한 부를 획득하고자 사적 경제 부문으로 이동했다.

1990년대에 양성됐던 엘리트들은 공적인 부문에 여전히 많이 있었지만 개혁과 개방의 물결의 흐름과 정부의 급격한 교체 등으로 신분의 불안을 느끼고 있었다. 정부를 모르는 젊은 개혁가들이 정치의 끈을 잡고 고위직에 올라 혁명적 제도 개혁을 추진하는 상황도 옛 노멘클라투라 시스템으로 양성된 관료 엘리트들에게는 견디기 어려운 상황이었다. 이 과정에서 많은 수가 퇴직하거나 민간으로 이직하고 남아있는 인재들도 신분 불안을 느끼고 있었다. 또 일부는 지쳐가고 있었다.

이러한 현상은 당시 분위기에서는 당연한 것이었다. 이는 앞에서도 언급했듯 당시의 대규모 사유화로 가장 큰 수혜를 입은 집단이 올리가르흐였기 때문이었다.[8]

이처럼 푸틴이 대통령이 된 2000년 초반 러시아는 국가를 운영하기 위한

8 'Pragmatic Paternalism: The Russian Public and the Private Sector', Carnegie Moscow Center. 18.01.2019.
https://carnegie.ru/commentary/78155

인재 풀에 있어 바닥을 드러내고 있었다. 푸틴은 심각한 위기감을 가졌다. 하지만 인재 양성에는 시간이 필요했다. 당장 해야 할 일이 산더미 같았다. 푸틴은 연방을 재건하고 강력한 러시아를 부활시키겠다고 했다. 하지만 이를 위해서는 그와 함께할 강력한 엘리트 집단이 필요했다. 일부는 충원한다 해도 집단적으로 이를 뒷받침할 세력을 양성하는 것은 별개의 문제였다.

당시의 문제점은 크게 두 가지였다. 첫째 엘리트 자체가 부족했다. 둘째 크렘린과 모스크바 등 일부 지역을 제외하고는 제대로 된 인재가 없었다. 특히 연방 정부 관할하에 있는 지방 파견 조직에 유능한 인재들이 거의 없었다. 이는 당시 연방의 권위가 약했기 때문이다.

2000년 초의 상황은 연방 정부의 기관 중 지방에 위치한 주요 기관뿐 아니라 지방 정부 및 지방 기관의 주요 자리가 그 지역의 주지사를 정점으로 한 지역 엘리트에 의해 완전히 장악되어 있었다. 주지사들이 장악하지 못한 예외적 자리는 과거 KGB(FSB) 엘리트들이 파견돼 담당하던 KGB 지역 책임자 자리뿐이었다.

이대로 두었다가는 러시아는 지방 분권을 넘어 또 한 번의 분열의 길로 갈 수도 있는 위험한 상황이었다. 옐친이 자신에 대한 지지를 얻기 위해 지방에 부여한 과도한 자율권은 러시아 지방 권력을 강화했고 국가는 점차 통합성이 약화된 일종의 준연합체로 바뀌는 상황이었다.

연방 구성의 성격만 그런 것이 아니었다. 다양한 법 집행 기관, 국영 기업, 또는 올리가르흐가 지배하는 사기업체에 이르기까지 다양한 조직들이 모두 다 자율권의 확대를 외치고 있었다. 힘 있는 조직들은 모두 국가 내의 국가처럼 행동하려 했던 상황이었다. 이런 상황에서 타타르스탄, 칼미크 자치 공화국 등은 연방에 원칙적으로 협력하면서도 자신들의 자율권과 이득을 최대한 얻어내려는 전략을 추구했고 체첸은 분리주의 독립의 길을 택해 러시아와 전쟁을 벌이고 있었다.

푸틴은 이런 경향을 되돌려야 했다. 치밀한 전략과 함께 이를 집행할 집단이 필요했다. 푸틴은 이런 작업을 초기에는 자신과 인연이 있던 인물들을 중심으로 진행했다. 이때 함께한 엘리트들은 자연스럽게 그가 근무했던 KGB 중심의 실로비키와 상트 페테르부르그에서 자신과 인연을 맺었던 개혁적 엘리트들이었다. 하지만 시간이 지날수록 이들만으로는 부족했다. 새로운 엘리트 집단 양성의 필요성을 느꼈다. 그러나 새로운 엘리트를 양성하는 데에는 많은 시간이 필요했다. 그래서 그는 우선적으로 두 가지 원칙과 방향을 가지고 러시아 연방을 재편해 나갔다.

첫 번째는 마치 독립 왕국처럼 행동하는 국영 기업 및 올리가르흐 치하의 민영 기업, 그리고 국가 기관 특히 치안 조직의 리더십을 원칙적으로 재편하는 것이었다. 이를 위해 그는 연방이 임명권을 가진 조직들부터 개편을 시작했다. 우선 연방 보안 조직들에 대한 대대적인 인사를 단행했다. 큰 원칙은 조직 외부에서 사람들을 충원하는 것이었다.

뒷장에서 자세히 언급되겠지만 국방부(Минобороны), 연방경호국(ФСО· Федеральная служба охраны), 연방 관세청(ФТС· Федеральная таможенная служба) 등에 대한 개혁이 이러한 원칙 아래에서 진행됐다.

일부 올리가르흐들에 대해서도 사정의 칼날을 휘둘렀다. 국영 석유 기업을 민영화해 막대한 부를 쌓은 후 국가 조직과 경쟁하려던 미하일 호도르콥스키, 경제 영역을 넘어서 정치 영역에 도전하려는 듯한 의심을 산 보리스 베레좁스키, 블라디미르 구신스키 등이 이런 개혁의 첫 번째 표적이 됐다.[9] 유코스의 개혁은 푸틴의 이런 원칙적인 러시아 연방 재건 프로젝트 차원에서 진행됐다.

두 번째는 이들 조직을 개혁해 분할하고 행정 및 재정 등의 자원을 약화시키는 것이었다. 가즈프롬 등이 개혁의 대상이 됐다. 가즈프롬의 막대한 자금력을 통제하기 위해 상트 페테르부르그에서부터 인연을 맺은 실세들을 파견했다. 뒤에서 상세히 언급하겠지만 알렉세이 밀러가 선임돼 가즈프롬 제국을 재편했다. 또 글로벌 유가가 고유가 상황으로 전환하는 분위기 속에서 석유 부문에 대한 국가의 영향력을 다시 확대하기 위해 국영 석유공사인 로스네프티의 권한을 강화했다.[10]

세 번째는 지방의 권한을 약화시키기 위해 연방 정부 부처의 장과 차관급의 공무원을 지역의 수장(주지사 등)으로 임명하는 것이었다.

이런 방식을 통해 그동안 주지사를 정점으로 지방 엘리트가 장악하거나 통제했던 기관과 기업체 등을 연방 정부의 통제로 이행했다. 하지만 이런 작업은 짧게는 몇 년이 걸렸고 그것도 모든 지역에서 같은 속도로 진행되지도 못했다.

9 김석환, '푸틴과 현대 러시아-올리가르흐, 가신 그리고 대통령', SM 미디어, 2004.

10 로스네프티의 권한 강화는 푸틴의 측근인 이고르 세친이 로스네프티 회장이 되면서 더욱 가속화한다. 이와 관련해서는 김석환, '러시아-이란-미국 관계와 중동의 새로운 구도', KIEP 전문가 간담회 발표자료, 2021.05.07. 및 김석환, '푸틴과 현대 러시아-올리가르흐, 가신 그리고 대통령', SM 미디어, 2004.을 참고했다.

그래서 푸틴은 이러한 작업과 동시에 연방 차원에서 지방 정부 장악의 속도를 높일 수 있는 추가적인 조치들을 강력히 추진했다. 최우선적으로 주지사의 영향력을 약화시키기 위해 인사 및 재정에 대한 견제를 실시했다.

크렘린의 전폭적 지원을 받는 대통령 전권대표(полпреды президента в регионе)를 지방 주지사 소재지에 상근직으로 파견하는 것이 최우선적으로 추진됐다. 그다음에는 지역에 파견된 연방 내무부의 대표 및 내무 관료(главы УВД/МВД), 검사, 판사 등을 다시 주지사의 영향력에서 자유로운 인물들로 교체해 연방이 이들을 강력히 통제했다.

이런 방법을 통해 푸틴은 연방 및 지방 엘리트들에게 확실한 메시지를 전했다. 인사권과 재정권이 연방에 있으며 특정 지방 정부 및 지역의 우두머리는 연방 정치 무대에서 지방 엘리트들을 대표하는 최고 책임자가 아니며 그 지역에서 연방의 권한을 행사하는 최고의 대표도 주지사가 아니라는 메시지를 전달한 것이다.

동시에 이에 저항하는 지방 엘리트에 대한 탄압도 강화됐다. 푸틴 정권에서 가장 강력하게 지방 엘리트에 대한 사정 작업이 진행된 것은 2012년을 전후해서다[11]. 당시는 '색깔 혁명'(color revolution)이 우크라이나, 조지아, 그리고 중동을 휩쓸던 시점이다. 이러한 와중에 러시아는 서방과의 격렬한 대립을 준비하기 위해 지방 정부 및 대안 엘리트들에 대한 강력한 통제력을 행사하고자 했다.

**11** Nikolai Petrov, 'Understanding Methods of Elite Repression in Russia', 4 JUNE 2019, Chatham House. https://www.chathamhouse.org/2019/06/understanding-methods-elite-repression-russia

2012년은 푸틴이 대통령 선거를 통해 다시 크렘린에 복귀한 때다. 푸틴은 새롭게 질서를 잡을 필요도 있었다. 그때 빼든 칼이 부패와의 전쟁이었다. 부패와의 전쟁은 엘리트를 위협하는 것을 포함하여 다양한 기능을 수행했다. 부패 척결의 이름으로 기업체 및 국가 기관의 관리 효율성 유지, 기업 리더십의 급진적 교체, 특정한 엘리트 그룹에서 다른 엘리트 그룹으로의 자산 재분배, 시민들의 요구에 답한다는 형식의 포퓰리즘의 이름으로 부패 척결 운동이 활용됐다.

이러한 작업은 2014년 점점 강도가 강해진다. 특정한 주지사, 기업인, 심지어 푸틴의 손발이라 일컬어지던 연방보안부(FSB)의 일부 간부들도 부패 척결의 이름으로 체포됐다. 2014년은 크림반도 병합과 일련의 사태로 인해 푸틴의 지지도가 높아지고 '지도자와 함께한다'는 브랜드의 힘이 강화되는 '전환점'을 찍은 해다.

2014년을 계기로 러시아 정치권의 문법도 달라졌다. 과거에는 선거를 위해서라도 민중의 의사와 지지를 확보하기 위한 노력들이 필요했다. 하지만 크림 병합과 연관된 사회적 분위기는 강력한 대통령과 대통령과 함께하는 세력에 대한 절대적인 지지를 결합시켰다. 선거는 더 이상 민중의 의견과 지지보다는 지도자(대통령)의 신임과 지원이 절대적인 의미를 갖는 것으로 바뀌게 된다.

이에 따라 2014년을 계기로 러시아 정치권에서 독립적인 엘리트는 실질적으로 사라진다. 푸틴과 통치 엘리트는 선거를 위해 표를 확보하기 위한 노력을 기울일 필요가 없었다. 푸틴의 높은 지지율은 선거의 정당성을 대체했고 외부의 위협은 러시아가 다시 부활하는 강국이 되려는 것을 시기하는 서방의 음모일 뿐이라는 생각이 확산했다.

크렘린의 보좌진들의 주요 임무는 미리 결정된 결과를 승인하고 모든 것을 가능한 한 신중하고 갈등 없이 수행하는 것이 최우선의 일이 되었다. 결과적으로 푸틴의 인기에 의해 통치가 진행되는 식으로 변모하면서 국가 조직이 강화되고 지역의 정치 조직 및 국영 기업들의 조직들이 약화된다. 이렇게 해서 모든 수준에서 독립성을 감소시키고, 위로부터의 엄격한 통제와 권위주의적 수직 체계를 강화했다.

2014년 말 부패 척결 작업이 일단락되어 가면서 이 시점을 전후해 일정 기간 연방과 지방 엘리트 간의 평화적 공존이 유지된다. 하지만 연방과 지방 엘리트들 간의 화해는 오래가지 못했다. 앞서 언급했듯 푸틴은 엘리트의 세대교체를 원하고 있었기 때문이다.

지역 엘리트들과 연방 엘리트들 간에 치열한 대립은 시간이 가면서 내연(內燃)했다. 연방은 반발하는 지역 엘리트들을 탄압했고 이들이 다스리던 지역에 대해서는 특별 관리라는 형식으로 직접 새로운 인물을 파견해 관리했다.

시장들이 가장 먼저 이런 작업의 희생자가 됐다. 과거에는 지방 수도의 시장이 거의 완전히 직선제로 선출됐지만 이제는 소수만이 직접 선출된다. 이는 지역 엘리트의 정치적 독립성을 저하시켰다. 동시에 예산의 집행을 과거와 달리 지역 엘리트들을 통해 하지 않고 직접 중앙의 재정 집행을 통해 실시했다. 이는 지역 엘리트의 재정 기반을 현격하게 약화시켰다. 2014년 이후 2020년 정도까지 북카프카스 공화국을 포함한 소수 민족 지역에 이러한 방식이 우선적으로 적용되었다.

크렘린은 또 지방 선거와 지역 자치라는 제도를 활용해 지역 엘리트들이 직접 선거에 의해 선출돼 지방 엘리트 세력이 재생산되지 못하도록 했다. 간접 선거 및 시장 임명, 주지사 임명 등의 방식으로 엘리트 생산 기반을 파괴하는 작업을 진행했다.

2018년 이런 원칙과 목표를 가진 크렘린에 의해 주지사들 및 지역 엘리트들에 대한 연방 차원의 대대적인 교체 작업이 이루어졌다. 연방 고위 공무원 15명과 지역 고위 공무원 40명에 대한 부패 관련 수사도 시작되었다. 이외에도 푸틴은 지방 정부에 대해서도 세대교체를 단행했다. 2017년 9월부터 10월 사이에 러시아 연방 11개 지역 주지사를 교체했다. 주지사 교체를 포함한 지방 엘리트 교체는 2017년 전체로 보면 한 해 동안 총 19명이나 된다. 이에 따라 각 주의 중하위급 엘리트들도 잇달아 교체가 진행 중이다. 그리고 이런 작업은 2021년 9월의 연방 하원의원 선거를 통해 더욱 가속화하고 있다. 연방에 의한 지방 엘리트의 대규모 숙청이라고도 할 수 있는 이와 같은 일들은 현재에도 진행 중이다.

엘리트에 대한 탄압 혹은 인위적 교체의 결과는 제도로서의 정치 엘리트에 대한 사회의 신뢰 약화, 사회 자본의 몰락, 엘리트의 분열로 나타났다. 그 결과 일반 시민들 및 시민 사회의 조직적 저항의 가능성뿐 아니라 대중들의 국가 정책 등에 대한 자발적 동원 및 참여의 가능성이 낮아졌다. 이런 상황이 악화하면 단지 재산과 같은 경제적·투기적 고려 때문이 아니라 정치적 변혁을 실제로 요구하게 되면서 반감이 생기게 된다.

대표적인 사례가 2018년 9월 지방선거에서 대규모로 반 지역 엘리트 탄압이 수행된 지역에서 푸틴과 통합 러시아당이 공천한 친정부 후보자의 패배라고 할 수 있다. 연해주, 하카시아, 하바로프스크, 블라디미르 지역 등에서 나타난 사건들은 이런 인위적 교체와 지방의 저항 등이 부딪히면서 나타난 결과다.

지방 정부 수장을 교체하는 것과 같은 작업의 일부는 현재까지도 계속 진행 중이다. 이 작업은 2020년 이후에도 계속 추진되었다. 또 2021년 9월의 하원 의원 선거에서 볼 수 있었듯 신규 엘리트 충원 및 지방 장악을 위한 다양한 메커니즘의 작동 작업은 여전히 지금도 추진되고 있다.

푸틴은 한편으로는 연방의 권위를 강화하기 위해 이러한 작업을 진행하면서 다른 한편으로는 국정을 안정시키고 통치 엘리트들을 결속시키기 위한 작업도 진행했다.

2024년 이후를 준비하는 새로운 시스템과 그 시스템 아래에서 활동할 새로운 엘리트의 양성이 그것이다.

2020년 1월의 개각과 2020년에 진행된 개헌은 2018년 이후부터 집권 세력 내에서 은밀한 화두(話頭)로 떠다니던 '포스트-푸틴' 체제에 대한 구상과 경쟁이 이제는 미래의 일이 아닌 현실의 일이라는 점을 분명히 했다.

과연 누가 후계자가 될 것인지? 푸틴은 2024년 이후의 포스트-푸틴 체제에 대해 어떤 그림을 그리고 있는 것인지를 알기 위해서는 그가 지난 2008년 이후 어떤 방식으로 러시아의 엘리트들을 충원하고 이들을 양성해 왔는지를 알아야 한다. 이제부터는 본격적으로 푸틴이 2000년 당선 후 시도한 엘리트 충원의 과정을 살펴보기로 하자.

## 2-3 푸틴의 엘리트 충원 시도-예비 인재 계획의 시작

푸틴이 시작한 엘리트 충원과 새로운 통치 엘리트 양성을 위한 본격적인 작업은 2008년 8월 인사 준비 프로젝트인 '예비 인재'(кадровый резерв) 계획부터라고 할 수 있다.[12]

'예비 인재'(кадровый резерв) 계획은 크렘린 행정실(우리로 치면 대통령 비서실)에서 관장했다. 크렘린 행정실은 일단 인재 풀을 늘리고자 했다. 그래서 다양한 기준을 정하고 이에 맞춰 50세 이하의 젊은 행정가들과 인재들을 선발했다. 그리고 처음에는 최종적으로는 1백 명을 추렸다. 그리고 이 명단을 대통

<그림 26> '예비 인재' 계획과 관련한 러시아 정부 사이트

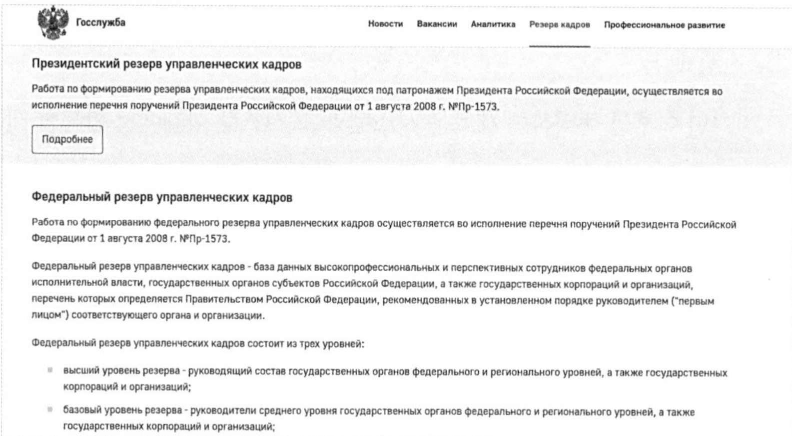


자료 : 러시아 정부 사이트 https://gossluzhba.gov.ru/rezerv

12 블라디미르 푸틴은 2008년 8월 1일 대통령령 Pr-1573호로 '예비 인재'(кадровый резерв) 계획의 추진을 지시한다. '예비 인재'(кадровый резерв) 계획 실행 이후 현재까지의 진행 상황은 러시아 대통령실 홈페이지(Президента России)의 위원회 및 자문회의(Сведения о комиссиях и советах) 항목(http://kremlin.ru/events/councils/by-council/3)에 자세하게 언급되어 있다.

령의 인사 예비 명단으로 관리했다.

시간이 지나면서 크렘린 행정실이 관리하는 명단은 숫자가 늘어났다. 지방 정부 및 국영 기업 등에도 이 '예비 인재'(кадровый резерв) 제도가 적용돼 젊은 새로운 인재 풀을 확보했다. 그리고 마지막에는 '통합 러시아당'(Единая Россия)도 이러한 인재 풀의 대상이 됐다. 2021년 1월 1일 현재를 기준으로 볼 때 이런 예비 인재들의 숫자는 9,222명에 이른다.

<그림 27> 러시아 연방 각 지역별 예비 인재 현황

자료 : 러시아 정부 사이트 https://gossluzhba.gov.ru/rezerv

'예비 인재'(кадровый резерв) 제도는 2008년 도입된 이후 현재까지 진행 중이다. 크렘린에서 매년 관련 위원회 회의도 열린다. 12년 이상 운영되고 있어 나름대로 성공했다는 평가를 받는다. 하지만 그렇다고 해서 이 '예비 인재'(кадровый резерв) 제도가 소기의 목적을 달성했다는 평가는 받지 못하고 있다.

무엇보다 여기에 뽑힌 인재들에게 제공하는 인센티브가 부족하다는 점이 지적되고 있다. 또한 '예비 인재'(кадровый резерв) 제도의 치명적인 약점으로 이들을 선발하는 데 집중했지 새로운 인재를 양성하는 교육에는 별다른 관심을 두지 않았다는 지적도 있다. 당연히 시간이 지나면서 지방과 국영 기업 등에서는 자신들의 우수한 인재들을 연방에 뺏기는 것을 싫어해 소극적이 되었다.

그렇다고 성과가 아예 없는 것은 아니다. '예비 인재' (кадровый резерв) 계획은 2000년 이후 국정 안정을 이룩한 러시아가 국가 차원에서 새롭게 인재들을 분류하고 양성하기 위한 기초적인 자료로서 역할을 했고 사회 분위기를 바꾸는 데에도 성공했다. 푸틴의 측근 그룹 중 리버럴 세력을 대표하는 게르만 그레프도 새로운 지식과 신념으로 양성된 엘리트의 필요성을 절감하고 있었다. 때문에 그는 크렘린의 예비 인재 양성 프로그램에 발맞춰 2012년 3월 러시아 기업 중 최초로 사내 대학 형태의 미래 인재 시스템을 자신이 담당하는 금융 그룹인 스베르방크(Сбербанка. 현재는 Сбер로 개명)에 개설했다. 스베르 그룹은 여기서 자신들의 종업원뿐 아니라 파트너 회사의 종업원들에게 디지털 시대에 맞는 지식과 기술 등을 전수하며 매니저 등 인재를 양성하고 있다.

하지만 전체적으로 평가할 때 '예비 인재'(кадровый резерв) 제도는 소기의 성과를 내지 못했다. 저자가 인터뷰한 러시아 내 전문가들은 이 '예비 인재'(кадровый резерв) 제도의 한계로 엘리트 충원 과정에 작용한 일종의 파벌정치(clan politics)적 특징을 들었다.

러시아에서 인재의 등용은 대체로 추천과 연고주의적 특징이 강하게 작용해 이루어진다. 일명 후견주의가 작동하는 것이다. 그런데 푸틴과 함께 2000

년 초 크렘린과 정부 주변에 입성한 푸틴의 사람들 및 그들과 연계된 통치 엘리트들은 자신들만의 파벌 네트워크(clan-network)를 형성하고 있었다. 이들은 자신들의 네트워크를 통해 인재를 충원했고 이들에 의해 충원된 신흥 엘리트들(실세들의 2세나 친인척 등)이 주요 자리를 차지하고 있었다. 때문에 크렘린 행정실이나 '통합 러시아당', 그리고 국영 기업 및 지방 정부의 추천이나 선택에 의해 인재풀에 발탁된 후 여기서 선택돼 주요 보직을 맡은 외부 엘리트들은 이들과 제대로 된 경쟁을 할 수가 없었다.

더군다나 푸틴과 그의 친구들 그리고 친구들과 연계된 통치 엘리트들은 시간이 흐르면서 자신들의 자식들을 주요 보직과 주요 국가 기관에 임명해 한편으로는 그들의 경력을 관리해주고 다른 한편으로는 그들로부터 보호를 받는 일종의 보험을 드는 경향이 생겼다. 때문에 이들을 후원하고 더 강력한 네트워크를 만들어주기 위해 열심이었다.

이 때문에 일부에서는 이들 실세 그룹의 2세들을 왕자들(принцы)로 부르기도 했다. 이들 2세 그룹들이 반드시 정부의 고위직을 맡는 것은 아니었다. 이들은 국영 기업이나 통치 엘리트 실세들이 영향을 미치는 기업들에 근무하다 다른 기관으로 이직하거나 정부에 발탁되기도 했다. 또 국영 기업이 사유화되거나 혹은 기업 인수 합병(M&A) 등을 통해 직을 그만두게 되면 일명 황금 낙하산(Золотые парашюты)[13] 이라고 불리는 특별 보너스를 받기도 했다. 이런

13 경제 위기 등을 겪으면서 이런 거액의 보너스 지불에 대한 국민들의 반발이 커지자 푸틴은 2013년 3월 러시아의 최고경영자들에 대한 거액의 보너스에 대한 상한을 설정하도록 했다. 이에 따라 노동법 개정을 통해 사기업의 최고경영진들에 대한 특별 보너스는 월급의 6개월 치를 그리고 국영기업의 최고 경

식으로 통치 엘리트 그룹의 결속력은 점점 공고해지면서 새로운 엘리트들을 광범위하게 충원하려는 계획은 제대로 작동되지 못했다.

### 2-4 푸틴의 엘리트 세대교체 계획과 새로운 동력-예비 인재 계획의 시작

2012년 대통령으로 복귀한 푸틴은 21세기에 맞는 새로운 인재가 없다면 러시아의 미래가 암울할 것임을 절감하고 있었다. 자신의 세대가 가진 권력과 국가에 대한 헌신, 그리고 글로벌 사회에서의 대처 능력 등을 새롭게 부상하는 푸틴 세대에게 전수해야만 했다. 그러기 위해서는 새로운 세대를 통치 엘리트 그룹에 입문시키고 훈련을 해야만 했다.

하지만 그렇다고 해서 지난 2000년 이래 러시아를 안정시키고 자신과 함께 현재의 시스템을 구축한 통치 엘리트 그룹 자체를 소외시킬 수도 없는 진퇴양난의 상황에 빠졌다. 그래서 푸틴은 부분적으로 성공한 '예비 인재'(кадровый резерв) 프로젝트를 지속적으로 추진하면서 이 프로젝트의 성공을 저해하는 요소로 지적된 통치 엘리트 세력들의 파벌 네트워크의 영향력을 약화시키기 위해 새로운 조치를 단행했다.

그가 택한 조치는 강력한 영향력과 경험을 가진 인물을 엘리트 세대교체

영진에 대한 특별 보너스는 3개월 치를 상한으로 정하게 된다. 이와 관련해서는 다양한 보도들과 자료들이 있다.

Коммерсантъ,'Золотые парашюты" достигли потолка'-Размер компенсаций руководителям госкорпораций предложено ограничить годовым окладом, № 83 стр. 1, 20.05.2013, https://www.kommersant.ru/doc/2192472

ТАСС.'Суд признал законным "золотой парашют" экс-главы "Ростелекома" Провоторова в 200 млн руб.', 29 окт 2014.https://tass.ru/ekonomika/1539543

및 인재 양성 프로그램의 책임자로 임명한 것이었다. 중책을 맡은 인물은 옐친 시절 총리를 지내고 크렘린 행정실장을 역임한 후 국영 원자력 공사인 '로스아톰'(Росатом) 회장을 맡고 있던 세르게이 키리옌코(Сергей Кириенко)였다.

푸틴은 2016년 10월 키리옌코를 국내 정치 및 인사와 인재 양성을 책임지는 크렘린 부실장으로 임명했다.[14] 인재 양성이 필연적으로 기존 엘리트들 그리고 국내 정치 환경과 연결된다는 점을 감안한 인사인 것이다. 그의 전임자인 뱌체슬라프 볼로딘은 '통합 러시아당'으로 돌아가 하원의장을 맡았다.

키리옌코는 옐친 대통령 시절 최고로 영향력이 강했고 푸틴의 통치 기간 내내 부침을 거듭했지만 푸틴 시대에도 살아남아 영향력을 과시하고 있는 인물이다. 그는 아래의 <그림 28>에서도 알 수 있듯 2020년 1월에 네자미시마야 가제타 신문이 발표한 순위에서도 5위에 위치했다.

<그림 28> 2020년 1월 러시아 '네자비시마야 가제타'에서 발표한 러시아 엘리트들의 영향력 순위

| 정치인 | 순위 | 평균 점수 |
|---|---|---|
| [매우 강한 영향력] | | |
| 블라디미르 푸틴 | 1 | 9.85 |
| 드미트리 메드베데프 | 2 | 7.60 |
| 세르게이 쇼이구 | 3 | 7.08 |
| 안톤 바이노 | 4 | 7.05 |

14 Президента России, 'Сергей Кириенко назначен первым заместителем Руководителя Администрации Президента', 5 октября 2016 года. http://www.kremlin.ru/events/administration/53029

| | | |
|---|---|---|
| 세르게이 키리옌코 | 5 | 6.65 |
| 안톤 실루아노프 | 6 | 6.62 |
| 이고르 세친 | 7 | 6.58 |
| 알렉산드르 보르트니코프 | 8 | 6.21 |
| 세르게이 라브로프 | 9 | 6.14 |
| 세르게이 체메조프 | 10 | 6.03 |
| 드미트리 페스코프 | 11 | 6.02 |
| 알렉산드르 바스트리킨 | 12 | 5.98 |
| 뱌체슬라브 볼로딘 | 13 | 5.93 |
| 니콜라이 파트루셰프 | 14 | 5.90 |
| 세르게이 소뱌닌 | 15 | 5.59 |
| 엘비라 나비울리나 | 16 | 5.51 |
| 알렉세이 밀러 | 17 | 5.48 |
| 유리 코발축 | 18 | 5.40 |
| 알렉세이 그로모프 | 19 | 5.39 |
| 게르만 그레프 | 20 | 5.37 |
| [강한 영향력] | | |
| 타티야나 골리코바 | 21 | 5.28 |
| 드미트리 코작 | 22 | 5.16 |
| 아르카디 로텐버그 | 23 | 5.14 |
| 발렌티나 마트비옌코 | 24 | 5.04 |
| 안드레이 벨루소프 | 25 | 5.01 |
| 빅토르 졸로토프 | 26 | 4.99 |
| 킬리 대주교 | 27 | 4.93 |

| 유리 차이카 | 28 | 4.86 |
|---|---|---|
| 세르게이 나르쉬킨 | 29 | 4.80 |
| 올가 골로데츠 | 30 | 4.79 |
| 겐나디 팀첸코 | 31 | 4.78 |
| 블라디미르 콜로콜트체프 | 32 | 4.77 |

자료 : Независимая газета 2020년 1월 13일.
https://www.ng.ru/ideas/2020-01-13/7_7766_people.html

러시아에서 실세 엘리트(정치 및 비즈니스)들의 순위를 매년 발표하는 '네자비시마야 가제타' 신문의 리스트를 보면 2000~2019년의 기간 중 단 한 번이라도 상위 20위 혹은 그 이상의 순위에 오른 엘리트들은 60명뿐이다.

키리옌코는 여기에 소속될 정도로 처세에 능했고 영향력도 막강했다. 키리옌코는 과거에만 막강했던 것이 아니고 2021년 현재에도 강력한 정치적 권한을 행사하고 있다. 그는 2020년의 헌법 개정에 따라 정치적 비중이 강화된 국무위원회(State Council)에도 영향력을 미친다.

국무위원회(Государственный Совет, State Council) 혹은 국가 평의회로 번역되는 이 기관은 제국 러시아 시절부터 있었던 기관이다. 2000년에 푸틴은 국무위원회를 국정 자문 기관으로 활용해 주지사와의 정책 협의에 이 기구를 활용한 바 있다.[15] 그런데 이번에 이를 격상해 헌법에 명확히 규정해 헌법기관화했다. 부의장은 메드베데프 전임 총리가 맡았다. 크렘린에서 이를 관장하는

15 푸틴은 2000년 9월 1일 국무위원회 관련한 대통령령을 발표한다. 또한, 2020년 12월 8일 국무위원회의 성격을 새롭게 규정한 법령에 서명한다.

것은 키리옌코다. 그만큼 키리옌코의 정치적 파워가 강력함을 짐작케한다.

그런데 2021년 10월 말 현재 국무위원회는 헌법 개정 후 정치적 비중이 강화돼 사실상 정부 속의 정부(government in government)가 될 것이라는 당초의 예측과 달리 과거와 크게 다르지 않게 운영되고 있다. 국가안보위원회(Security Council)와 경쟁할 것이라는 예측과도 달리 형식적인 기구로 운영되고 있다. 이는 아직 푸틴이 대통령으로서 크렘린을 장악하고 있기 때문인지도 모른다. 푸틴은 1년에 두세 차례 정도 국무위원회에 참석하고 있는 반면 국가안보위원회 회의는 매주 정례적으로 진행하고 있다.

국무위원회 서기(사무총장에 해당)인 이고르 레비틴(Igor Levitin)은 국가안보위원회 서기인 니콜라이 파투르셰프와 정치적 위상과 권력적 위상이 경쟁이 되지 않을 정도로 약할 뿐 아니라 보고 라인도 대체로 푸틴보다는 크렘린에서 국내 정치를 담당하는 세르게이 키리옌코 제 1부실장에게 보고한다. 그는 정치적 인물이라기보다는 테크노크래트에 더 가깝다.

이런 키리옌코가 인재 영입과 양성을 책임지게 된 것이다. 총리부터 대통령 비서실장을 거쳐 국영 기업체 회장 등 다양한 국정 경험이 있는 데다 정치적으로 네트워크도 강력하고, 재계(올리가르흐)와의 관계도 좋은 키리옌코는 푸틴의 신임을 바탕으로 일단은 지방의 엘리트들과 크렘린과의 화해를 모색했다. 일단 시간이 필요하다고 본 것이다.

하지만 옐친 시절 개혁파 총리를 지내면서 인재 부족과 세대교체의 필요성을 절감했던 키리옌코는 국내 정치 및 행정 조직에 새로운 인재들을 발탁해 통치 엘리트들의 세대교체를 진행해야 한다는 푸틴의 생각에 크게 공감하고 있었다.

2018년 5월 마침내 키리옌코는 새로운 엘리트 양성과 세대교체를 위해 약

<그림 29> '러시아의 리더들'(Лидеры России) 프로그램

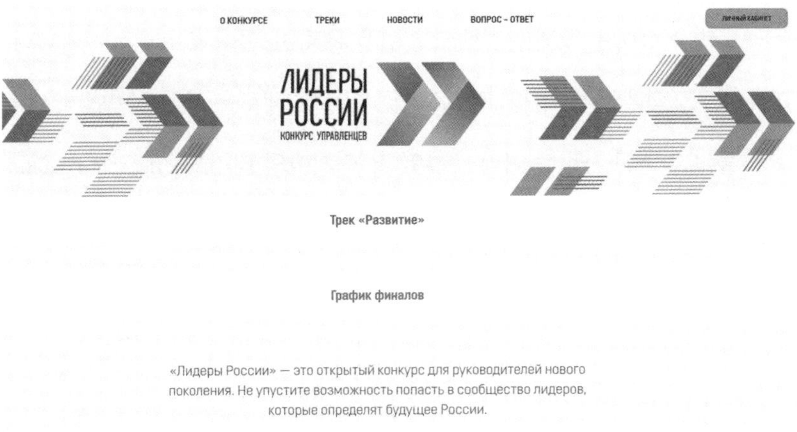


자료 : '러시아의 리더들'(Лидеры России) 프로그램 홈페이지.
https://xn--d1achcanypala0j.xn--p1ai/

20만 명이 참여하는 대규모 인재 양성 프로젝트인 '러시아의 리더들'(Лидеры России) 프로그램을 시작했다.

이 프로젝트는 단순히 대규모 새로운 인재를 규합하는 수준에서 벗어나 경선 등을 통해 선발된 인재들에게 체계적인 훈련과 멘토링 등이 결합한 본격적인 엘리트 양성 시스템이었다. 공직 관련 멘토들로는 현직 주지사를 비롯한 유명인들도 참여했다. 2021년의 경우에는 12명의 지방 정부 수장들이 멘토로 참여했다.[16]

16 Лидеры России, 'Губернаторы России рассказали, каких участников ждут в треке «Государственное управление» четвертого конкурса «Лидеры России»',

'러시아의 리더들'(Лидеры России) 프로그램은 푸틴이 추진하는 새로운 국가 혁신 프로그램인 '러시아-기회의 국가'(Россия—страна возможностей) 프로젝트의 하부 프로그램으로 작동했다. 2018년 시작된 프로그램에는 3년 동안 6백 60만 명 이상이 등록해 참여했고 경연을 통해 313명이 우승자로 선발됐다. 또 이 프로그램을 통해 약 3백 명 정도의 인재들이 새로운 직위를 얻었다.

이들이 임명된 자리는 여러 종류였다. '러시아의 리더들'(Лидеры России) 프로그램 실시 첫해인 2018년에 2명이 주지사가 됐고 4명이 시장이 됐다. 이후 3년 동안 연방 정부의 차관급 자리에 6명이 임명됐고, 주지사, 제 1부지사, 시장, 연방 공무원 등 정부 관련 자리만이 아니라 대학 총장 및 부총장, 국영 기업체 간부 등으로 임명됐다.[17]

이들은 대체로 40대로 특정한 정치적 이념이 없다. 이들은 푸틴에 충성하는 관료로서 테크노크래트적 성향이 짙다.

'러시아의 리더들'(Лидеры России) 프로그램에 의해 양성된 인재들은 크렘린의 지원과 문제 해결 능력 등을 발휘해 현장에 적응해 나갔다. 그들은 지방 정부, 국영 기업 등에 파견돼 근무하면서 성과를 내 젊은 테크노크래트들로 불렸다. 물론 그들은 '러시아의 리더들'(Лидеры России) 프로그램에 선발되기

---

13.04.2021.
https://xn--d1achcanypala0j.xn--p1ai/tpost/i4u92nl6o1-gubernatori-rossii-rasskazali-kakih-ucha

17 Известия, 'Суперфиналист «Лидеров России 2020» стал первым заместителем губернатора', 20 апреля 2021.
https://iz.ru/1154118/2021-04-20/superfinalist-liderov-rossii-2020-stal-pervym-zamestitelem-gubernatora

이전부터 자신이 근무하던 조직(국영기업 및 지방 정부 등)에서 실력을 인정받은 인재들이었다.

이런 인재들이 크렘린으로부터 발탁돼 특별 교육을 받은 후 지방 정부와 원래 자신이 소속했던 조직에 돌아가 크렘린과 일체감을 강화하는 것은 연방 정부와 크렘린의 통합 기능을 강조하는 데 기여했다.

이 때문에 이런 점을 강조해 이들을 과거 스탈린 시대에 농업 집단화 작업을 추진하면서 공산당이 지방에 파견한 이념으로 무장한 젊은 노동자 집단 파견 프로그램인 '2만 5천 명들'(двадцатипятитысячники)과 비슷하다는 평가도 나왔다.[18]

### 2-5 푸틴 집권 4기와 신구 엘리트 혼합 체세의 출현

이처럼 푸틴은 2018년 집권 4기를 시작함과 동시에 자신이 준비한 미래 엘리트들을 본격적으로 중용하며 엘리트 교체를 시도했다. 하지만 그렇다고 해도 기존 엘리트들의 반발과 충성심을 한꺼번에 대체할 수는 없었다.

이 때문에 그는 일단 기존 엘리트와 신규 엘리트들을 혼합하는 방식으로 국정을 운용했다. 2018년부터 2021년 현재까지 관찰된 푸틴의 엘리트 운용의 특징은 대체로 다음과 같다.

첫째는 일단 과거 검증된 엘리트들을 재발탁하거나 중용한다는 것이다. 2018년 5월 집권 4기의 초대 총리로 드미트리 메드베데프 총리를 재임명한 것

18 당시 소련 공산당은 집단 농장 운동의 어려움을 농촌의 공산주의 간부 부족 및 조직 능력을 갖춘 인재들의 부족으로 진단하고 이를 독려하기 위해 2만 5천 명의 훈련된 산업 인력을 농촌에 파견했다.

은 이러한 원칙의 대표적 예다. 푸틴은 메드베데프를 중용하면서 검증된 기존 엘리트의 재발탁 및 중용의 원칙을 강조하면서 충성심을 담보하고 그들의 이탈을 방지하고자 한다.

둘째는 주요 보직 및 주요 국영 기업체 등에 새로운 엘리트의 충원과 세대교체 작업을 진행한다는 것이다. 이런 경향을 보여주는 대표적인 것이 신흥 엘리트 양성을 위해 대통령 직속 '국가 경제 및 공직(公職) 아카데미' 등에 주지사 등 고위 공직자 후보군을 위한 특별 교육과정을 개설한 것이다. 물론 이는 2017년 8월부터 시작했지만 푸틴 정부 4기 들어 본격화하고 있다.

어떻게 보면 충돌하는 것과 같은 이러한 두 원칙은 크렘린을 중심으로 한 신흥 엘리트 그룹의 발탁과 내각을 중심으로 한 검증된 엘리트와 신흥 엘리트 및 관료 집단의 혼합 운용이라는 모습으로 나타난다.

푸틴은 자신이 근무하는 크렘린에도 이런 원칙을 적용했다. 하지만 신흥 엘리트들을 보다 더 많이 충원했다. 대표적인 것이 안톤 바이노 행정실장 등 젊은 세력의 힘을 더 강화한 것이다. 바이노 행정실장 외에도 크렘린 행정실 내에서 푸틴과 가까운 젊은 측근 그룹들은 기존의 실로비키, 리버럴 그룹, 그리고 행정 관료 출신들인 테크노크래트 그룹과 다른 모습을 보여주고 있다.

대표적인 측근 그룹 멤버들은 드미트리 코츠네프(Dmitri Kochnev) 연방 보호국(Federal Protective Service)국장, 알렉세이 루베즈노이(Alexey Rubezhnoy) 대통령 경호실장(Presidential Security Service), 안톤 바이노(Anton Vaino) 크렘린 행정실장(대통령 비서실장), 드미트리 페스코프(Dmitry Peskov) 크렘린 공보수석 등이다.

이 그룹은 오로지 대통령을 위해 일하는 그룹이다. 대통령의 심리적 편안함을 충족시키는 노력도 중요한 역할이다. 뒤에서도 자세히 언급하겠지만 2019년 6월 비리를 폭로하는 연속적인 시리즈 기사를 쓴 이반 골루노프(Ivan Golunov) 기자를 연방 수사 기관이 마약 혐의로 체포한 사건이 있었다.

당시 이 사건은 상트 페테르부르크 국제 경제 포럼 기간에 이루어졌다. 대규모 시위가 벌어졌고 상트 페테르부르크 국제 경제 포럼 관련 기사들은 관심에서 멀어지기 시작했다. 크렘린 행정실 내 측근 그룹들은 실로비키의 일원인 내무부 실세들에게 골루노프 석방을 압박했다[19]. 당시 그들은 언론의 자유에 관심이 없었다. 푸틴도 마찬가지였다. 단지 방해가 되고 성가신 문제로부터 푸틴을 보호하려는 열망에만 관심이 있었을 뿐이다.

COVID-19 팬데믹 발생 초기 지방 주지사 등에게 대응 책임을 떠넘기며 이 사태에 대해 별로 관심이 없는 듯하던 푸틴의 초기 대응[20]도 가장 낙관적인 관점을 유지하며 푸틴을 보호하려 했던 크렘린 내 측근 그룹들의 성향과 관계가 있다. 이들은 문제보다는 성과에 집중하게 되고 이를 주로 보고한다.

크렘린 내 측근 그룹은 공개적으로 등장하는 경우가 거의 없다. 대통령 공보수석인 드미트리 페스코프를 제외하고는 안톤 바이노 행정실장(비서질장)도 거의 모습을 드러내지 않는다.

---

19 Проект, 'Кремль хочет прекратить преследование Голунова до «Прямой линии» Путина', 10 июня 2019.
https://www.proekt.media/article/kreml-za-golunova/

20 Президента России, 'Указ о мерах по обеспечению санитарно-эпидемиологического благополучия населения в связи с распространением коронавирусной инфекции', 2 апреля 2020 года.
http://kremlin.ru/acts/news/63134

그렇지만 푸틴은 집권 4기 이후 분명히 이들과 더 많은 시간을 보내고 점점 더 대중으로부터 숨는 경우가 많다. 공적인 역할을 담당한 주요 정치인들 및 과거 그의 측근으로 불리던 실로비키 및 자유주의적 리버럴 그룹들과의 회동을 줄이고 있다.

그러다 보니 세간의 평가와 달리 실로비키 및 자유주의적 리버럴 그룹의 실세들이 중요한 정치적 결정이나 대통령의 의중에 대해 측근 그룹이나 푸틴의 오랜 개인적인 친구들보다 잘 모르는 경우가 발생하고 있다.

예를 들어, 푸틴의 연설문 작성자(한국의 청와대 연설 비서관에 해당)인 드미트리 칼리물린(Dmitry Kalimulin)은 이미 2020년 1월 중순에 개헌이 시행된다는 사실을 알고 있었다. 하지만 당시 총리였던 자유주의 리버럴 그룹의 대표 격인 드미트리 메드베데프는 이를 눈치채지 못해 개헌이 발표되자 완전히 놀랐다. 칼리물린은 1997년부터 크렘린 행정실에서 일한 게 그의 이력의 전체일 뿐 전통적인 실로비키나 자유주의 리버럴 그룹, 테크노크래트 그룹 어디에도 속해 있지 않다.

푸틴이 메드베데프의 결정을 가끔씩 불신하게 된 것은 2011년 무렵이다. 푸틴과 메드베데프는 특히 리비아 사태를 놓고 공개적으로 충돌하기도 했다. '아랍의 봄'이 색깔 혁명으로 확산하는 과정에서 푸틴은 메드베데프의 정책적 결정에 대해 강력한 불만을 가지고 있었다[21].

특히 그는 이를 2003~2005년 옛 소련권 공화국들에서 일어났던 반정부 시

**21** 이와 관련해서는 다양한 자료가 존재한다. 여기서는 이러한 갈등이 러시아 내부가 아니라 외부에서도 관찰됐다는 점을 강조하기 위해 CNN, 'Putin and Medvedev spar over Libya.', March 23, 2011 http://edition.cnn.com/2011/WORLD/europe/03/21/russia.leaders.libya/index.html 을 인용한다.

위와 비슷하게 판단하고 이를 러시아에 대한 음모적 행동의 하나로 간주했다. 2011년 당시 버락 오바마 미국 대통령 정부는 리비아에 대한 개입의 강도를 높여가면서 우선 유엔 결의안을 통해 비행 금지 구역 등을 설정하고 이를 통해 가다피를 압박하고자 했다. 푸틴은 이러한 미국의 행동이 국제법적 근거가 없다며 이를 강력히 반대했지만 메드베데프는 미국의 정책에 유화적이었다. 이 사건은 당시 대통령이었던 메드베데프와 총리였던 푸틴 간에 균열이 나타난 결정적 장면이었다. 이 사건 이후 푸틴과 러시아의 민족주의적 엘리트 그룹, 특히 실로비키들[22]은 메드베데프를 불신하게 됐고 2012년 대통령 선거에 푸틴이 다시 출마를 결심하게 되는 결정적 계기가 됐다는 것이 소식통들의 전언이다.

때문에 '포스크-푸틴 체제'의 향방이 결정되는 2024년 이후의 상황을 염두에 둘 경우 2020년 개헌과 내각 개편 과정에서 푸틴이 메드베데프를 소외시킨 것은 그리 놀라운 일이 아니다. 이처럼 푸틴이 오래된 엘리트들을 결정 과정에서 소외시킨 경우는 처음이 아니다.

또 다른 사례는 2019년 9월 있었던 우크라이나와의 포로 교환이다. 당시 이를 주도한 인물은 크렘린 행정실장인 안톤 바이노(Vaino)였다. 바이노는 드미트리 코작(Dmitry Kozak) 부총리와 함께 포로 교환 작업을 책임졌다[23]. 당

22 이들을 흔히 정통파 체키스트들(orthodox Chekists)이라고도 부른다. 이들은 푸틴처럼 KGB출신으로 러시아가 상대적으로 안정적인 풍요를 누리던 브레즈네프 시절 사회적 경력을 키워 나갔다. 이 부류에 속하는 대표적인 인물들로는 로스네프티 회장 이고르 세친(Igor Sechin), 상트 페테르부르그 주지사 게오르기 폴타브첸코(Georgy Poltavchenko) 등을 들 수 있다.

23 Интерфакс, 'Помощник Козака подтвердил его участие в переговорах об обмене с Украиной', 10 сентября 2019 https://www.interfax.ru/world/675887

시 러시아 외무부와 우크라이나 담당 특별 보좌관인 블라디슬라프 수르코프(Vladislav Surkov)는 모두 이 작업에서 배제됐다.

이처럼 최근 크렘린 내 실무 책임자들인 대통령 측근들의 영향력이 두드러지게 나타나고 있다. 이들은 정치적, 경제적 영향력이 강하고 관련 이해 당사자들과 강력하게 연계된 실로비키나 대부분의 자유주의 리버럴 그룹들과 달리 자신의 위상을 알고 조용하게 행동하며 대통령에 순종적이며 자기희생적인 경향이 강하다.

푸틴도 때문에 이들에 대해 풍족한 보상을 내린다. 대표적인 것이 푸틴의 경호를 담당했던 알렉세이 듀민(Alexei Dyumin)과 드미트리 미로노프(Dmitry Mironov)가 주지사 교체의 과정에서 각각 튜멘(Tyumen)주와 야로슬라블(Yaroslavl) 주지사가 된 것, 크렘린에 근무했던 또 다른 측근인 예브게니 지니체프(Yevgeny Zinichev)[24]가 비상사태부 장관이 된 것 등이다.

## 2-6 신구 엘리트 혼합 체제와 2020년 1월의 개각

푸틴을 비롯해 크렘린을 장악하고 있는 통치 엘리트 그룹은 기존 엘리트 그룹의 고령화와 엘리트의 관료화 등의 위험을 이해하고 있다. 이 때문에 특히 2014년부터 군대 등 보안 기관 및 각 주(州) 등 지역, 그리고 국영 기업을 포함

24 지니체프는 2018년 비상사태부 장관이 된 후 실로비키의 대표적인 실세로 간주되어 왔다. 하지만 그는 2021년 9월 8일 북극지방 노릴스크에서 서쪽으로 165km 떨어진 푸토라나(Putorana) 자연보호지역 내 키타보 오론(Kitabo Oron)폭포 근처에서 계곡에 떨어진 영화감독 알렉산드르 멜닉(Alexander Melnik)을 구하려다 사망했다.

한 전방위적 차원에서 엘리트들을 새롭게 충원하고 교육하고 있다.

하지만 푸틴과 측근 엘리트 그룹은 이중적인 태도를 보인다. 한편으로는 새로운 통치 엘리트의 양성과 충원이 필요함을 강조하지만 다른 한편으로는 러시아가 직면한 대내외적 환경의 위협을 강조하면서 서방과 대립하는 현 단계 러시아에서 흔들림 없는 통합성을 강조한다.

그러다 보니 엘리트 운용에 있어서도 개혁을 강조하면서도 여전히 중앙집권적이고 권위주의적이며 자신들의 파벌을 중시하는 경향성을 강조한다. 이러한 이중성은 지방의 전통적 엘리트 그룹의 재생산 기능을 심각히 훼손하면서 갈등을 빚고 있다.

이 때문에 새롭게 연방 프로그램에 의해 양성된 엘리트들은 자신들과 연고성이 없는 지방에서 오로지 임시적 문제 해결사의 역할로 보임되는 경향이 높아지고 있다.

이런 상황에서 푸틴은 2020년 1월 15일 러시아 엘리트 사회에 새로운 충격파를 던졌다. 헌법 개정과 개각을 발표한 것이다. 당시 푸틴은 연례적으로 진행한 연방회의(Federal Assembly)에 보내는 연설을 통해 헌법 개정의 필요성을 강조하고 내각 개편을 단행했다[25]. 이 연설과 함께 드미트리 메드베데프 총리는 사임 의사를 밝히고 물러났고 2020년 1월 개각을 통해 새로운 엘리트들이 크렘린과 정부 주변에 포진했다.

25 당시 연설은 연방회의에 보내는 내용이었지만 장소는 크렘린 앞 전시장 '마네즈(Манеж)'에서 열렸다. 연설 전문은 크렘린 홈페이지에서 찾아볼 수 있다. 'Послание Президента Федеральному Собранию', 15 января 2020 года.
http://kremlin.ru/events/president/news/62582

<그림 30> 푸틴이 헌법 개정 의사를 밝힌 2020년 1월 연방의회에서의 연설을 위해 크렘린 광장 앞에 위치한 전시장 마네즈(Манеж)에 마련된 연단을 들어오는 모습.

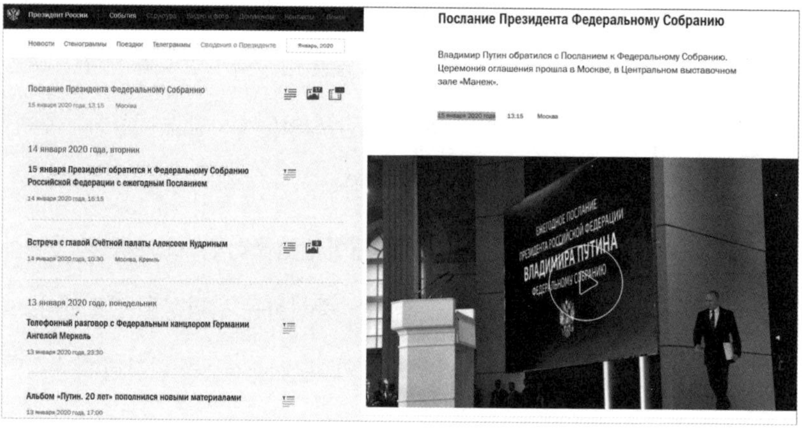


자료 : Президента России, http://kremlin.ru/events/president/news/62582

당시 푸틴의 엘리트 교체와 관련해 가장 관심을 끈 것은 헌법 개정 사실을 메드베데프 총리가 연설 전에 알고 있었느냐와 메드베데프 후임에 국세청장을 지낸 미하일 미슈스틴을 임명한 것이었다.

실로비키와 함께 러시아의 지난 20여 년을 주도했던 통치 엘리트 그룹의 또 다른 한 축은 드미트리 메드베데프로 대변되는 리버럴 그룹이었다. 그런데 푸틴은 그의 후계 문제가 초미의 관심이 되는 시기에 새로운 총리로 테크노크래트형 인물을 발탁한 것이다. 더군다나 미슈스틴은 푸틴에게 천거된 4명의 총리 후보 명단에 아예 포함되지 않았던 인물[26]이었다. 또 개헌에 대해서도 메드베데프가 사전에 언질을 받지 못했다는 것이 관측통들의 전언이다. 때문에

26 Коммерсантъ, 'Мишустина не было среди предложенных Путину кандидатов в премьеры', 20.02.2020.https://www.kommersant.ru/doc/4260987

더욱 푸틴의 의중에 더욱 관심이 쏠렸다.

푸틴 스스로 그 누구도 천거하지 않은 미슈스틴을 발탁했다는 사실은 향후 크렘린 내 권력 향배에 많은 의미를 갖고 있다. 즉 지난 20여 년간 막강한 그들만의 네트워크를 구축한 기존의 실로비키나 리버럴 외에도 오로지 푸틴과 인연이 깊은 테크노크라트 그룹도 푸틴의 후계자 경쟁에 뛰어들 수 있음을 시사한 것이다. 이는 푸틴이 섭정을 계획한다면 가능한 시나리오다.

2020년 1월의 개각은 헌법 개정 이후 러시아의 국가 시스템이 어떤 형태로 변모할 것인지에 대해 많은 궁금증을 안겨주는 동시에 힌트도 주고 있다. 새 헌법은 푸틴에게 2036년까지 그가 희망한다면 대통령직에 앉을 수 있도록 했다. 국정 시스템의 방향에 대해서도 힌트가 있다. 새 헌법에는 대통령과 정부 그리고 새롭게 역할이 증대된 국무위원회(State Council) 등 국정 자문 기구들의 역할이 명문 규정으로 새롭게 삽입되어 있다. 이런 상황에서 현재 강력한 도전자가 존재하지 않는 집권 여당인 '통합 러시아당'을 푸틴이 통제한다면 러시아의 권력 시스템은 지난 20여 년과 다른 형태를 보일 수도 있다.

즉 총리와 주요 각료에 대한 지명권을 하원(국가 두마)이 보유한 상황에서 집권 여당의 총재와 국무 위원회(State Council) 의장 등을 푸틴이 맡으면 사실상 섭정이 가능해지는 것이다.

일각에서는 미슈스틴의 총리 발탁은 1990년대 말 과거 푸틴이 옐친에 의해 발탁돼 크렘린 내 실세들의 견제를 상대적으로 덜 받으면서 결국에는 후계자가 됐던 과거의 역사와 유사한 시나리오가 아니냐고 말한다.

물론 이런 가능성은 희박하다. 현재 상황은 1990년대 말과는 상당한 차이가 있다. 병약한 옐친과 달리 최고 통치권자인 푸틴은 건재하며 국정 장악력도 막강하다. 푸틴이 의지만 있다면 새롭게 대통령에 출마하는 데에도 아무런 헌법적 제약이 없다. 또 푸틴의 권위에 도전할 자본가 그룹도 과거의 올리가르흐 그룹처럼 존재하지 않는다. 하지만 2020년 1월의 인사로 푸틴 후계 체제에 대한 시나리오가 갑작스럽게 복잡해졌다.

### 2-7 '포스트-크림' 현상의 쇠퇴와 러시아 엘리트들의 대응

2021년 이후의 상황은 2014년 이후 형성됐던 흐름과는 완전히 다르다. '포스트-크림' 현상으로 형성됐던 높은 지지율과 강력한 애국주의 경향은 이제 시들해지고 있다. 하지만 그렇다고 푸틴에 도전할 수 있는 구조가 엘리트 내부 혹은 외부에 존재하는 것도 아니다.

사실상 대항적 엘리트 혹은 정치인이 존재하지 않는 상황은 통치 엘리트 내부의 경쟁을 격화시킨다. 물론 일부 지역(하바롭스크, 블라디보스톡) 등의 시장 및 주지사 선거에서 크렘린에 저항했지만 결과적으로 이들 또한 대체됐다.

그 결과 일상생활에서 안보의 중요성은 높아지고 경제 및 외교의 이슈는 부차적이 되는 상황이 발생하고 있다. 실로비키의 힘이 분명히 강하게 보이지만 그렇다고 해서 이들이 러시아가 직면한 난제들을 해결할 수 있는 능력을 보유하고 있다는 확신을 아무도 갖지 못하고 있다.

푸틴은 점점 일상적인 결정 과정에서 사라지고 책임을 총리나 내각 장관들, 주지사 등 지방정부 수장들에게 묻는 방식을 택하고 있다. 대표적인 상황이 연금 개혁 문제가 불거졌던 2018년과 2020년 이후 러시아와 전 세계를 강타한 COVID-19 팬데믹에 대한 대처 과정이다.

푸틴은 이 문제들을 처리하면서 본인이 전면에 나서기보다는 주지사나 지방정부의 수장들에게 책임을 부과하는 방식으로 대처하는 모습을 보였다. 이러다 보니 때로는 푸틴이 실로비키나 리버럴 그룹의 상징적 인물들이 진행한 정책의 결과에 대해 질책하거나 이견을 보이는 모습이 나타나기도 한다.

골루노프 기자 사건, 마이클 캘비 사건 등이 대표적이다. 이러다 보니 푸틴의 진짜 속마음을 누가 더 잘 읽고 행동하는지에 대한 의문이 제기되고 그 과정에서 전통적인 실로비키나 리버럴 그룹이 아닌 그야말로 크렘린 행정실 내의 측근 그룹이 더 정확하게 내용을 알고 영향력을 미치는 경우가 나타나고 있다.

이런 상황은 러시아의 집권 엘리트 내부에 '포스트-푸틴 체제'에 대한 논의를 달구고 있다. 이제 이 문제가 서서히 현안으로 등장하면서 '포스트-푸틴' 체제의 향방을 놓고 치열한 논쟁이 벌어지고 있다.

이는 1998년 푸틴이 옐친에 의해 발탁된 후 2000년 대통령에 이르기까지의 여정의 시작을 연상시킨다. 때문에 그 당시와는 다르지만 현재 러시아에서 새로운 엘리트의 충원과 양성의 과정을 넘어 그들 간에 경쟁이 시작된 것은 분명해 보인다.

뒤에서 자세히 언급하겠지만 러시아에서 엘리트 간 세대교체와 세력 교체가 이루어진 대표적인 시기가 1990년대 말이다. 특히 옐친이 대통령에 재선된 지 2년이 지난 1998년부터는 그 논쟁이 세력 간 이합집산을 보이며 직접적인 분열과 갈등을 일으켰다.

실제로 보리스 옐친이 사임하기 2년 전부터 러시아에서는 옐친의 후계 문제를 놓고 격렬한 내부 논쟁과 투쟁이 벌어졌다. 당시 일명 '세미야'로 불리는 옐친의 가족 및 왕당파 측근 그룹과 옐친의 재선을 적극적으로 지지했던 자본가 그룹인 올리가르흐들은 후계자 선정을 위한 연대와 암투를 벌였다. 이들의 1차 투쟁 목표는 자신들에게 충직할 총리를 임명하는 것이었다.

"왜 총리직이 중요했는가?"는 당시의 헌법 규정 때문이었다. 당시 헌법에 의하면 대통령 유고 시 제1 승계권자는 총리였다. 당시는 옐친의 건강이 극도로 나빴던 상황이었다. 때문에 언제든지 대통령 권한 대행 혹은 후계자가 될 수 있는 총리 자리는 초미의 관심을 끌었다.

총리가 누가 되느냐에 따라 러시아는 강경한 반서방주의로 회귀할 수도 있었고 반대로 친서방주의자가 총리가 되면 옐친 초창기와 같은 유화적인 노선을 지속할 수도 있는 상황이었다. 그런데 당시 총리는 관료 출신이면서도 국영 기업으로 전환한 가즈프롬 회장 출신이었다. 가즈프롬은 옛 소련 가스산업부가 기업 형태로 바뀐 것이었고 총리직을 맡고 있던 빅토르 체르노미르딘은 가스 업계의 전통 엘리트 출신이었다.

이런 상황에서 총리 교체설과 옐친 후계자로의 권력 이양 시나리오에 대해 물꼬를 튼 인물은 올리가르흐의 리더 격인 보리스 베레좁스키였다. 베레좁스키는 1998년 3월 21일 당시 엘리트들에게 큰 인기를 끌던 NTV 방송의 시사 프로그램 이토기(Itogi)에 출연해 총리 교체를 둘러싼 엘리트 갈등의 서막을 열었다.

당시 그는 "옐친이 이미 후계자 선정 작업을 하고 있으며 현재 거론되는 인물들은 그 누구도 유력하지 않다"고 말하면서 아주 모호하게 "전혀 의외의 인물이 총리가 될 가능성이 아주 높다"고 밝혔다. 당시는 토요일이었다.

베레좁스키의 인터뷰는 하루가 지나 방송됐고 그 다음날 옐친 대통령은 세계 최대 에너지 기업인 가즈프롬 출신의 빅토르 체르노미르딘 총리를 해임했다. 그리고 후임엔 아무도 예상치 못했던 블라디미르 푸틴이 발탁됐다.

2020년 1월 15일 푸틴이 미슈스틴을 총리로 선택한 날, 푸틴은 개각의 필요성과 함께 헌법 개정의 필요성을 강조했다. 그런데 러시아의 많은 소식통들에 따르면 당시 메드베데프는 푸틴의 연설 직전까지 헌법 개정 필요성이 연설 내용에 포함되는지를 몰랐다고 한다. 이는 메드베데프가 대통령 후계자 권력 쟁탈전에서 멀어졌음을 의미하는 것이며 러시아 권력의 지도가 또 한 번 바뀌는 순간을 상징하는 것이었다.

메드베데프는 큰 충격 속에서 사임 의사를 표명했다. 푸틴은 미슈스틴을 총리로 발탁한 이유로 그가 국세청장으로 재임하면서 보여준 세무 행정의 개혁과 디지털 전환 등과 관련한 능력을 꼽았다. 미슈스틴은 국세청장으로 재임하는 동안 세무 행정에 디지털을 도입해 납세의 편의성을 증진하고 납세액을 두 배로 증대시켰다. 그의 행정 능력을 높이 산 것이다[27].

미슈스틴 총리와 새 내각 구성원들을 보면 테크노크래트 성격(Techno cratism)이 강해졌고 실로비키나 리버럴 그룹과 상관없는 비정치적 인물들

27 물론 미슈스틴은 평생을 세무 행정 분야에서 근무해 대부분 그를 테크노크래트로 분류한다. 하지만 그가 러시아 아이스하키 연맹을 통해, 그리고 스포츠 클럽인 CSKA 클럽을 통해 실로비키의 핵심인 이고르 세친과 연계되며 푸틴과 정례적으로 아이스하키를 하는 그룹의 일원이라는 점에서 범(凡)실로비키 세력으로 분류하기도 한다.

(depoliticisation)이 많아졌다. 또 푸틴과의 인연의 끈도 상대적으로 과거 내각 구성원들보다 약하다. 크렘린 경제 보좌관이었던 벨루소프가 제1 부총리로 임명된 것을 제외하면 푸틴과 오랜 인연을 이어온 새로운 인물들이 없다.

러시아와 같은 권위주의 국가에서 엘리트의 변화는 정책의 변화와 결정 과정에 절대적인 영향력을 행사한다. 이는 지난 2000년 푸틴이 대통령에 당선된 후 그와 함께 러시아를 통치해 온 신흥 엘리트 그룹의 행동과 방향성에서도 알 수 있다. 이들은 푸틴과 함께 집권하자마자 보리스 옐친 시대와는 완전히 다른 정책 선회를 했다. '강한 러시아의 부활'을 모토로 외교 안보 전략뿐 아니라 경제 산업 전략의 방향을 대대적으로 수정했다.

특히 대외적으로 중요한 의미를 갖는 국가 안보 개념(National Security Concept), 군사 독트린(Military Doctrine), 외교 정책 개념(Foreign Policy Concept), 정보 안보 독트린 등을 잇달아 채택하면서 전임 옐친 정부와는 세계관과 정책 방향이 다를 것임을 분명히 했다[28].

특히 러시아 대외안보 전략의 전략적 선회를 의미하는 이러한 전략 문건이 채택된 속도가 외부의 관측통들에게 큰 충격을 주었다. 국가안보개념

---

28 이와 관련해서는 다양한 문건과 논문이 존재한다. 여기서는 Jyotsna Bakshi, 'Russia's National Security Concepts and Military Doctrines: Continuity and Change', October 2000. Strategic Analysis of the IDSA. Vol. XXIV No. 7 https://ciaotest.cc.columbia.edu/olj/sa/sa_oct00baj01.html 및 푸틴이 2000년 6월 8일 정식으로 승인한 'THE FOREIGN POLICY CONCEPT OF THE RUSSIAN FEDERATION'의 내용을 참고했다. 이 문건은 2000년 1월 10일 러시아 대통령령 24호(Decree No. 24 of the President of the Russian Federation)에 의해 공표된 국가안보개념을 반영한 후 작성된 것이다. 전문(영어본)은 다음에서 확인할 수 있다. https://fas.org/nuke/guide/russia/doctrine/econcept.htm

(National Security Concept)은 푸틴이 대통령 권한대행이 된 직후인 2000년 1월 10일 발표됐고, 군사 독트린(Military Doctrine)은 대통령에 당선된 지 한 달도 안 돼 역시 대통령령으로 발표됐다.

이로써 서방은 러시아가 이제 과거 옐친 시대의 러시아가 아닌 전혀 새로운 세대와 세계관을 가진 러시아라는 사실을 인지하게 됐고 그 후 20여 년의 세월은 이를 분명하게 보여주었다[29].

물론 지난 20여 년간 푸틴과 함께 러시아를 통치해온 엘리트 그룹도 그들 내에서는 다양한 성향을 보인다. 대표적인 것으로는 실로비키(Siloviki)와 실로비키에 대항하는 리버럴 그룹 등이 있고 전문 집단 출신들도 있다. 또 이들과 밀접하게 엮인 올리가르흐들도 있다.

이 가운데 옛 KGB, 군부, 내무부 등 무력기관 출신들을 일컫는 실로비키들과 리버럴 그룹을 상징하는 세력 간의 역학관계와 갈등 구조는 푸틴의 집권 초기부터 현재까지 때로는 은밀하게, 때로는 요란하게 크렘린과 그 주변에서

29 물론 러시아가 이렇게 새로운 국가안보 개념을 서둘러 채택한 배경에는 옐친 퇴임 이전부터 러시아의 외교안보 및 군사 전문가들 사이에서 미국과 서방이 보여주는 전략적 도전을 더 이상 묵과할 수 없다는 인식이 이미 공통적으로 자리 잡고 있었기 때문에 가능했던 것이다.
러시아의 입장에서 볼 때 코소보(Kosovo) 사태를 다루는 미국과 유럽의 반국제법적 행태와 북대서양조약기구의 확장, 전략 무기 감축 협정 문제 그리고 체첸 전쟁 등의 상황은 지금까지와는 다른 시급한 대응이 요구되는 전략적 상황의 변화를 의미하는 것이었다. 그리고 이는 러시아에게 1997년 채택된 국가안보 개념을 근본적으로 바꿀 것을 요구하고 있었다. 이 때문에 이미 옐친이 물러나기 전인 1999년 10월 국가안보 개념의 초안이 채택됐었고 당시 대부분의 내용이 여기에 반영되어 있었다. 때문에 새로운 국가안보 개념의 채택이 옐친의 사임과 연관된 러시아의 강경한 입장 선회라기보다는 러시아 군부 및 외교안보 엘리트들의 공통된 상황인식이라고 보는 것이 타당하다. 하지만 당시 푸틴은 이미 러시아의 총리였고 이러한 인식을 기반으로 작성된 국가 안보 개념에 푸틴이 전적으로 의견을 같이했으며 이후 대통령에 당선된 후 실제 정책으로 이러한 방향을 관철시켰다는 점이 중요하다고 할 수 있다.

울려 퍼졌다. 그리고 그 중간에는 항상 정치와 권력에 줄을 대려는 올리가르흐가 있었다.

<그림 31> 푸틴 집권 4기 이후 러시아 정치 및 권력층의 영향력 구도

**블라디미르 푸틴**
푸틴의 최측근 인물들

| 세친 | 체메조프 | 미슈스틴 | 팀첸코 | Y. 코발축 | 소뱌닌 | 쇼이구 | 볼로딘 | 메드 베데프 |
|---|---|---|---|---|---|---|---|---|

푸틴 및 푸틴의 최측근 그룹과 각 부문별로 연결된 대표 인물들

| 실로비키 | 올리가르히 | 정치권 및 관계 | 관료 및 테크노크라트 |
|---|---|---|---|
| 보르트니코프<br>세르듀코프<br>콜로콜트세프<br>바스트리킨<br>A. 이바노프<br>졸로토프<br>무로프<br>쉬콜로프<br>파트루셰프 | 아브라모비치,<br>밀러, 로텐버그<br>그레프, 포타닌<br>데리파스카, 프리드만<br>우스마노프, 벡셀베르크<br>알렉페로프, 모르다쇼프<br>예브투첸코프<br>야쿠닌 | 볼로쉰, 추바이스<br>나리쉬킨, 쿠드린<br>총대주교 키릴<br>마트비옌코<br><br>**야당 세력**<br>지리놉스키, 주가노프<br>미로노프, 프로호로프,<br>나발니 | 바이노, 벨루소프,<br>슈발로프, 코진<br>흘로포닌, 수르코프<br>코작, 라브로프<br>나비울리나,<br>페스코프 |

지방 행정부 수장

| 폴타브첸코 | 쇼이구(2018년 이전) | 민니하노프 | 카디로프 |
|---|---|---|---|

자료 : 러시아 언론 및 취재를 종합해 저자 작성

옐친에서 푸틴으로 전환하는 과정에서 새롭게 형성된 엘리트 통치 그룹의 변화가 러시아의 전략적 선택과 국가 정책에 대한 근본적인 변화를 가져온 데에서도 알 수 있듯 통치 엘리트들의 세계관과 특정 사안에 대한 정향성 파악은 매우 중요하다.

때문에 2024년 이후의 러시아의 행보를 예측하려면 현재 푸틴 집권 4기 기간 동안 진행되고 있고 진행될 엘리트 변동의 이면과 함의를 제대로 추적 관찰할 필요가 있다.

2020년 1월의 개각은 이런 점에서 푸틴과 러시아의 통치 엘리트 그룹의 국정 운영 방향을 설명하는 데 새로운 시각을 요구한다. 과연 '포스트-푸틴' 체제는 어떤 식으로 그리고 누가 중심이 돼 운영될 것인가?

제3장

# 푸틴 체제를 설명하는 다양한 모델들과 '포스트-푸틴' 체제에 대한 전망

### 3-1 푸틴 체제의 통치 엘리트 시스템을 설명하는 모델들

'포스트-푸틴' 체제는 과연 어떤 모습일까? 2021년 현재 러시아가 강력한 권위주의적 성격을 보이는 것은 분명하다. 하지만 러시아의 통치 엘리트 그룹은 다양한 성격의 세력의 연합체적인 특성을 보이고 있다. 옛 KGB의 후신인 FSB 등을 중심으로 군부, 내무부 등 실로비키가 마치 '국가 속의 국가'(Deep State)와 같은 영향력을 행사하는 것처럼 보이지만 동시에 게르만 그레프 스베르 회장이나 알렉세이 쿠드린 회계감사원장 등 리버럴 그룹들, 세르게이 라브로프 외무장관과 같은 테크노크래트의 목소리와 정책적 영향력도 비중 있게 느껴진다. 때문에 러시아와 러시아의 통치 엘리트 시스템을 설명할 때 너무 한 가지 색깔을 강조하는 것은 전체 그림을 설명하는 데 제약 요인이 될 수 있다. '포스트-푸틴' 체제를 예측하고 설명하는 것도 마찬가지다. 복합적인 관점이 필요하다. 이런 점을 감안해 그동안 러시아의 통치 엘리트 시스템을 설명하는 다양한 형태의 설명 모델들을 점검해 볼 필요가 있다.

2000년 이후 푸틴과 러시아 통치 엘리트를 설명하는 모델들은 크렘린을 중심으로 한 '이너 서클'(inner circle) 및 출신 배경(상트 페테르부르그, KGB, 동독 드레스덴 등)을 중심으로 한 설명 모델들이 주류다. 하지만 이러한 모델들도 시기에 따라 조금씩 강조점을 달리하는 등 변화해 왔다.

예를 들어 1990년대 말과 2000년대 초에는 주로 푸틴 1인을 정점으로 놓고 통치 엘리트들과 푸틴의 관계를 설명하면서 이들이 푸틴의 의중에 맞춰 러시아의 주요한 결정을 내리는 핵심 역할을 하는 것으로 설명했다. 즉 크렘린을 장악한 푸틴이 모든 권력의 중심이었고 통치 엘리트들의 실력은 푸틴과의 친소관계에 달려 있다는 분석이었다.

이 설명 모델은 자연스럽게 푸틴의 이력에 따라 그가 1990년대 상트 페테르부르그에서 근무할 때 맺은 인연의 인물들 및 독일에서 같이 근무한 이력과 겹치는 인물들을 중심으로 이들이 러시아의 통치 시스템과 정책 결정 과정에서 중요한 역할을 하는 것으로 당시의 러시아를 설명했다.

이후 이 설명 모델만으로는 푸틴 체제를 분석하는 데 한계가 있다는 비판들이 나오면서 이 설명 모델은 조금 진화한다. 새롭게 진화한 모델은 크렘린의 중요성과 푸틴을 강조하는 것은 같지만 푸틴 1인의 절대 파워가 아닌 '협력 파워'로서의 푸틴을 강조한다. 즉 푸틴이 크렘린에 입성한 후 그가 모스크바에서 새롭게 관계를 형성한 보리스 옐친계 인물들과 파트너십(partnership)을 맺은 것을 강조한다. 이 모델은 푸틴 1인이 아닌 이들 후원 세력과 푸틴과의 역학 관계의 변화에 중심을 둔다. 일종의 변형된 후원주의 이론을 덧붙인 것이다.

이 설명 모델에 따르면 푸틴과 푸틴의 파트너들, 그리고 그들의 주니어 파트너들 및 그들을 보좌하는 충복(가신) 그룹의 역학 관계가 당시 크렘린을 중심으로 러시아가 통치되는 핵심 결정 시스템이었다.

때문에 이 모델은 크렘린 내에서 일어나는 변화를 예측하고 분석하는 데 있어 푸틴과 이들 시니어 및 주니어 파트너들 그리고 이들을 보좌하는 가신 그룹 간의 역학 관계의 변화를 추적하는 데 주안점을 둔다.

이 설명 모델은 상당히 오랫동안 설득력을 가졌다. 푸틴과 이들 3개의 그룹이 그리는 역학 관계의 변화가 러시아 직면한 상황을 설명하는 데 나름대로 논리적인 설명을 제공할 수 있었기 때문이다. 또 푸틴과 측근 그룹으로 알려진 인물들의 권력 장악력과 재임 기간의 장기화 등이 이러한 설명에 더욱 설득력을 강화했다. 실제로 이들 3개의 그룹은 상황에 따라 보직이나 역할을 순회하면서 맡거나 연대하면서 다양한 역학 관계를 보여주었다. 동시에 외부에서 러시아를 관찰하는데 이 설명 모델은 그럴듯한 그림을 그리는 데 유용한 분석의 틀을 제공하기도 했다.

하지만 이 모델은 메드베데프가 대통령에 취임한 이후 푸틴과의 역학관계를 제대로 설명하지 못했다. 크렘린이 아니라 푸틴이 근무하는 정부 청사(백악관)와 그 주변의 인물들의 영향력이 증가했기 때문이다. 그래서 이 설명 모델은 대체로 2000년대 중반 무렵까지 득세했다.

이후 푸틴이 2012년 크렘린에 복귀하면서 새로운 설명 모델이 나왔다. 소련 시절의 공산당 정치국 모델을 차용한 '푸틴의 정치국 모델'이 대표적이다. 정치 분석가 민첸코가 강조한 이 '푸틴의 정치국 모델'은 푸틴 체제가 집권 3기를 넘어가면서 득세했다. 이 모델의 장점은 푸틴 1인보다는 통치 엘리트들과 그들의 리더 그룹의 역할에 대해 의미 부여를 하고 있다는 점이다. 이는 푸틴의 권력 장악이 오랫동안 지속되면서 그와 함께 공고해지는 푸틴과 통치 엘리트들의 결속력 및 엘리트 그룹의 리더들 상호 간의 관계를 설명하는 데 도움을 줬다. 또 국가 시스템 및 푸틴, 그리고 통치 엘리트 그룹과의 관계를 논리적으로 설명해 준다는 평가를 받았다.

이 모델은 러시아는 푸틴 1인이 아닌 과거 소련식 집단 합의체 형식으로 통치된다고 설명한다. 즉 통치 엘리트들의 리더 그룹(약 10여 명)과 푸틴이 과거 소련 시절의 공산당 정치국원과 서기장처럼 러시아를 통치한다는 설명 모델이었다. 또 주요 관계자들은 과거 공산당 중앙위원회를 구성하던 숫자 정도의 관계자들 혹은 영향권하의 집단들이다.

하지만 이 모델은 너무 도식적이라는 비판이 나왔다. 그래서 이 모델과 함께 비슷한 시기에 '푸틴의 정치국 모델'과 경합하는 다른 모델이 나왔다. 바로 '크렘린 주식회사 모델(Kremlin Corporation)' 혹은 '러시아 주식회사 모델'이다.

'러시아 주식회사 모델'은 '공산당 정치국 모델'이 21세기 러시아를 옛 소련식 모델로 설명하는 것이 적절치 않다는 비판에 착안한 것이다. 이 모델도 러시아가 푸틴 및 핵심 엘리트 그룹의 리더들 중 일부가 강력한 영향력과 결정권을 가지고 합의제 형태로 운영되는 모델이라는 점을 강조한다. 하지만 이들을 정치국원과 서기장 형태가 아닌 주주(소소의 엘리트 리더들)와 대주주이면서 동시에 이사회 의장(푸틴)의 역할을 담당하는 관계로 설명하는 모델이다.

이 모델은 주식회사의 모든 중대한 결정은 '이너 서클'이라 할 수 있는 주주들이 하지만 주주들이 회사의 주요 직책을 반드시 차지하지 않듯이 정부의 직책을 굳이 차지하지 않는다고 설명한다. 다만 특별한 의미를 갖는 자리(국가직)는 주주가 임명될 수도 있다. 그러나 평상시에는 대주주이자 CEO 역할을 하는 회장(푸틴)에 의해 이루어진다는 설명 모델이다.

이는 옛 소련 시절 '소련 정치의 2중 구조성'에 대한 설명과 비슷한 논리라고 할 수 있다. 즉 소련이 공산당의 일당 지배에 의해 강력하게 통치되지만 동시에 이들과 함께 정부 구조가 병렬적으로 존재하면서 정부의 영역을 장악한 관료 엘리트 그룹의 역할이 중요한 결정의 동인이라는 설명을 이어받는 모델이라고 할 수 있다.

즉 정치국원이 반드시 국가의 장관 등의 역할을 담당하지 않고 중요한 집행 역할은 테크노크래트를 중심으로 한 기능적 보완 조직이 담당하고 이들은 자신들의 전문 영역에서는 일정한 정도의 영향력과 배타성을 가진다는 설명과 맥을 같이한다. 그리고 이들 정치국원과 테크노크래트들 간의 상호 작용이 중요하다는 설명 모델이다.

그런데 2014년 이후 득세했던 위의 '공산당 정치국 모델', '러시아 주식회사 모델' 등이 최근에는 조금 변형되고 있다. 일종의 신봉건주의적 설명 모델이다. 즉 푸틴이 근무하는 크렘린을 황제와 근위대로 놓고 그 아래에 황제로부터 권한을 위임받아 영지를 다스리는 과거의 귀족(공후)들처럼 통치 엘리트 그룹을 분류하는 것이다.

이는 러시아의 대표적인 국영 기업들을 통치 엘리트의 리더 그룹이 회장 자리 등을 통해 장악한 후 이 영역을 자신들의 권한에 의해 배타적으로 장악하면서 독자적인 영향력을 구축하고 그들과 가까운 통치 엘리트들을 통해 이익을 관철한다는 설명 모델이다. 물론 이 모델에서 가장 강조하는 것은 푸틴과의 친소 관계, 푸틴의 신임이다.

그런데 이러한 설명 모델들만으로는 러시아와 푸틴의 통치 엘리트들을 전부 설명할 수 없다. 그 이유는 러시아는 엘리트와 푸틴이라는 두 요소에 의해서만 움직이는 것이 아니기 때문이다.

### 3-2 다양한 설명 모델이 존재하는 이유

푸틴이 2000년 대통령이 된 후 지금까지 러시아의 통치 시스템 및 엘리트 시스템을 설명하는 설명 모델은 위에 언급한 것처럼 다양하게 변화해 왔다. 그리고 또 새롭게 변화할 것이다. 이는 러시아 통치 엘리트의 구조와 구성 그리고 권력 행사의 모습이 정권의 존립 기간이 길어지면서 자연스럽게 변화한 데 따른 것이다.

이러한 변화는 푸틴이 직면한 환경들이 시간의 흐름에 따라 변화했고 이러한 변화된 환경에 대응하기 위해서는 자신의 측근 그룹을 크렘린과 정부, 주요 국영 기업 등에 충원하는 방식을 변화시킬 수밖에 없었기 때문이다.

'포스트-푸틴 체제'를 설명하는 모델은 위에 언급한 모델들만 가지고는 설명할 수 없다. 근원적인 이유는 21세기에 러시아가 직면한 대내외 환경의 변화가 지금까지와 본질적으로 다르기 때문이다.

21세기 러시아는 헌법에 의해 움직인다. '통합 러시아당'이 이번 2021년 9월의 하원 선거를 통해 여전히 제1당으로서 막강한 영향력을 행사하게 됐지만 그들은 지방 정치와 연방 정치에서 소수 정당들의 도전에 직면해 있고 끊임없이 변화의 압박을 받고 있다.

나발니 구속에 대한 항의 시위에서 보듯 21세기 러시아에서 시민 사회의 권한과 역할도 커졌다. 또한 국영 기업과 함께 국유 재산 사유화를 통해 막강한 부를 거머쥔 민간 기업가들인 올리가르흐들의 영향력도 만만치가 않다. 특히 이들은 글로벌 경제와 매우 밀접하게 연계되어 있다.

때문에 푸틴 이후의 21세기 새로운 러시아의 미래를 점치려면 '러시아의 엘리트 그룹과 권력의 상호 관계'뿐 아니라 '자본과 권력 엘리트 간의 상호 관계'에도 관심을 가져야 한다.

이는 푸틴과 푸틴의 파트너들 및 가신 그룹 간의 상호 역학 관계에 집중하는 관점에서 벗어나야 한다는 것을 의미한다. 실제로 과거 1996년 보리스 옐친의 재선 과정에서 영향력을 행사했던 올리가르흐들은 러시아 정치 및 권력의 향방에 상당한 영향을 미쳤다. 이들 가운데 보리스 베레좁스키 등 일부는 또 1998년 이후 푸틴을 옐친의 후계자로 선정하는 과정에서 당시 크렘린 실세들과의 거래 등을 통해 영향력을 행사했다. 이러한 사실들은 당시 대중에게 잘 드러나지 않았지만 자본이 러시아의 정치와 권력에 일정한 영향을 미쳤다는 사실을 분명히 보여준다. 이처럼 올리가르흐들과 정치와의 역학 관계는 소련 해체 후 러시아에서 중요한 관찰 변수 중 하나다.

러시아뿐 아니라 포스트 소비에트 공간의 지도자들은 이제 자연적인 수명을 다하고 있다. 러시아에서는 이미 소련 해체 이후의 주역으로 활동하던 1세대 지도자들이 은퇴하고 이제 2세대 지도자들도 푸틴과 함께 일선 후퇴를 준비 중이다.

유라시아 공간에서는 1세대가 아직 통치하는 국가들도 남아 있지만 1세대들은 대부분 일선에서 후퇴했다. 이러한 세대교체는 유라시아 지역 공간의 정치와 경제를 역동적으로 바꾸고 있다. 투르크메니스탄과 아제르바이잔, 우즈베키스탄 그리고 최근의 카자흐스탄에서 알 수 있듯 리더의 교체는 엘리트 및 자본과의 상호 관계의 변화를 가져온다. '포스트-푸틴' 체제에서도 리더십의 교체는 단지 정치 엘리트들만의 문제는 아닐 것이다.

때문에 푸틴과 러시아의 통치 엘리트의 변화와 이들과의 상호 역학 관계를 설명하기 위해서는 하나의 모델이 아닌 다양한 모델들의 장점을 활용하면서도 동시에 내부의 역동성을 잘 읽어낼 수 있는 면밀한 관찰에 기초해야 한다. 그리고 이는 꾸준한 관찰과 오랜 기간의 자료 축적에 의해서만 뒷받침되고 가능하다.

제4장

# '포스트-푸틴' 체제의 데자뷰(Déjà Vu)?

## -푸틴 집권 초기 러시아 엘리트의 특징과 엘리트 집단

### 4-1 푸틴과 푸틴의 통치 엘리트-세력 구분과 형성 과정

지난 20여 년 동안 '푸틴 체제'의 통치 엘리트들은 국가 기관, 국영 기업, 민영화된 올리가르흐 소유의 대기업 등에 자리를 잡고 경쟁하는 다른 집단을 압도했다. 하지만 '푸틴 체제'는 이제 '포스트-푸틴(Post Putin)' 체제를 위한 준비 작업을 시작하고 있다. 크렘린과 내각에는 이미 안톤 바이노 행정실장 등 젊은 엘리트들이 포진했다. 2021년 9월의 국가 두마 선거를 통해 의회 등 정치권에도 새로운 세대들이 진출했다. FSB(연방보안국) 등 실로비키(siloviki)들이 장악한 기관들에도 세대교체가 진행됐다. 헌법도 개정돼 푸틴은 3선 연임 제한에서 자유로워졌다. 푸틴과 통치 엘리트 입장에서는 그만큼 선택의 폭이 넓어졌다.

'포스트-푸틴' 체제는 어떤 모습을 보일 것인가? '푸딘 체제'와 '포스트-푸틴' 체제는 어떻게 달라질 것인가?

러시아 초대 대통령이었던 옐친과 당시의 통치 엘리트 그룹은 옐친의 인기가 급락하는 상황 속에서도 충성스러운 후계자 푸틴을 발탁해 후계 체제를 성공적으로 창출했다. 이 과정에서 옐친의 왕당파 그룹은 세력 분화를 겪었고 푸틴을 발탁한 '세미야 그룹'은 2021년 현재까지도 장막 뒤에서 여전히 부(富)와 영향력을 행사하고 있다.

푸틴이 옐친의 후계자로 발탁된 후 대통령으로 선출된 과거의 경험을 통해 예측해 보면 '포스트-푸틴(Post Putin)' 체제도 결국은 푸틴과 현재의 통치 엘리트 그룹 간 합의와 경쟁 그리고 갈등의 결과물이 될 가능성이 크다.

'포스트-푸틴(Post Putin)' 체제에 대한 예측을 위해서는 지난 20여 년 동안 푸틴 체제를 지탱해 온 통치 엘리트들에 대한 이해의 폭을 넓힐 필요가 있다. 푸틴 시대의 통치 엘리트 그룹은 크게 3그룹으로 나눌 수 있다.

첫 번째는 옛 소련 시절 정보기관인 국가보안위원회(KGB)와 군, 내무부(경찰 등 치안 유지 기관) 출신들인 실로비키(Siloviki) 세력이다. 이들은 러시아 연방의 권위가 흔들리고 분리주의 세력이 득세하면서 러시아 연방의 분열에 대한 위기감이 고조됐을 때 힘을 바탕으로 연방의 통합성과 안보(security)를 수호해 온 집단이다.

두 번째는 리버럴 성향의 지식인 그룹과 소련의 전통적 관료 출신 집단이다. 이들은 전문 지식으로 무장한 채 크렘린 실세들의 정치적 목표 달성을 돕고 새로운 제도와 아이디어들을 창안해 이를 현실에 적용했다.

세 번째는 러시아판 재벌인 올리가르흐(oligarch)[1] 집단이다. 이들은 소련 해체를 전후해 단행된 개혁과 민영화의 결과물이다. 이들은 민영화에 참여하거나 산업체에 대한 국가 보조금 지급의 혜택을 보거나 국가 재정 집행의 과정에 크렘린 실세들과 연관을 맺고 참여해 부를 축적한 세력들이다.

이들은 옐친 시기, 푸틴 집권 초기, 푸틴 집권 후반기 등을 거치면서 부침을 거듭했다. 보리스 베레좁스키(로고바즈 회장), 미하일 호도르콥스키(유코스 회장), 블라디미르 구신스키(모스트 그룹 회장)처럼 일부는 역사의 뒷마당으로 물러났다. 또 일부는 블라디미르 포타닌(인터로스 그룹 회장), 올렉 데리파스카(En+ 회장)처럼 현재까지도 통치 엘리트 그룹의 한 축을 담당하고 있다.

---

1 러시아어로 과두재벌을 의미하는 올리가르흐는 단수 명사다. 이들을 집단적으로 가리킬 때는 복수로 올리가르히라고 한다.

한편 푸틴의 측근들 중 대표적인 실로비키는 이고리 세친(크렘린 부실장 역임, 현재는 로스네프티 회장), 세르게이 이바노프(크렘린 행정실장 및 국방장관 역임), 니콜라이 파트루셰프(현 국가안보위원회 서기, 전 FSB 국장) 등이다.

또 지식인·전문가 집단들로 구성된 '리버럴 세력'의 대표적인 인물들은 드미트리 메드베데프(전 총리, 전 대통령), 알렉세이 쿠드린(현 회계 감사원장, 전 재무장관), 게르만 그레프(현 금융그룹 스베르 회장, 전 경제개발통상부 장관) 등이다.

<그림 32> 블라디미르 푸틴과 통치 엘리트 집단 구조

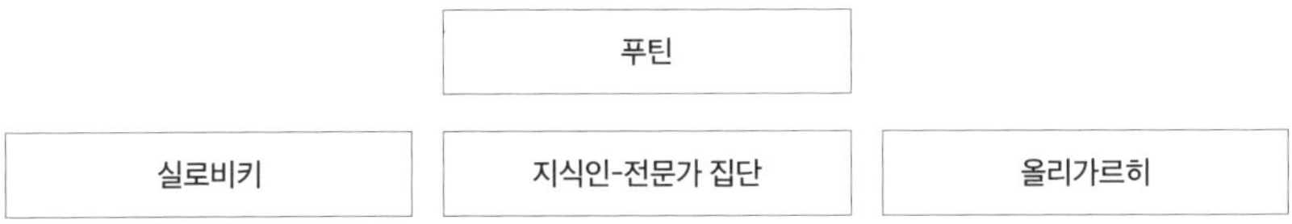


자료 : 저자 작성

이들 세 그룹을 출신 배경, 직업, 개인적 인연을 중심으로 조금 더 세분해 보자. 먼저 푸틴의 과거 직업을 중심으로 이들 세 그룹을 모두 섞어서 분류해 보자.

푸틴은 지금까지 크게 세 종류의 직장에서 근무했다. KGB, 페테르부르그 시(市) 정부, 그리고 크렘린이다. 레닌그라드대 법대를 졸업한 후 푸틴이 선택한 첫 직장은 KGB였다. 이후 동독에서 근무하다 소련이 해체되면서 귀국해 상트 페테르부르그 시 정부를 거쳐 크렘린에 들어간다.

이런 푸틴의 이력에 근거해 지난 20여 년 동안의 통치 엘리트 세 그룹(실로비키, 리버럴, 올리가르흐)을 구분하면 크게 옛 KGB 출신들(실로비키), 상트 페테르부르그 시정부 출신들(소위 스몰니·Smolny 그룹), 레닌그라드 대학 법대 출신들(자유주의 지식인 그룹 및 모든 파벌의 일부)로 나눌 수 있다.

이들을 직업의 특성과 성향에 따라 구분한 것이 실로비키(KGB 출신들 및 보안기관 출신들)와 리버럴(시빌리키·자유주의 성향의 법률가들, 경제학자들 등) 그룹이다. 그런데 푸틴이 페테르부르그 출신이다 보니 푸틴과 인연이 깊은 실로비키와 리버럴 그룹에 소속한 인물들 대부분은 상트 페테르부르그 출신들이다. 그리고 이들 대부분은 푸틴이 1990년대 초반 상트 페테르부르그 시(市)정부에서 부시장으로 일할 때부터 인연을 맺었다.

푸틴의 측근 엘리트 그룹을 스몰니(Smolny)[2] 그룹 혹은 '페테르부르그 마피아(러시아식 발음으로 피테르 마피아)'로 부르기도 한다. 이는 위에서 설명한 것처럼 푸틴과 상트 페테르부르그에서 인연을 맺은 후 푸틴과 함께 지난 20여 년 동안 러시아 정부 및 관변의 주요 요직을 담당하면서 통치해 온 엘리트 세 그룹을 좀 더 큰 단위로 부르는 이름이다.

그런데 '페테르부르그 마피아' 그룹에 속하면서도 푸틴과 KGB나, 상트 페테르부르그 시정부에서 같이 근무한 적이 없는 독특한 그룹도 있다. 바로 푸틴의 개인적인 친구들이다. 이들은 푸틴과 같은 동네에 살았거나 집안과 인연이 있는 인물들이다. 이들은 푸틴과 함께 소련 말기 민간 합영기업(코페라티브) 오제로(OZERO) 등을 설립한 인물들이다. 이들 가운데에는 후일 올리가르흐로

2 상트 페테르부르그 시에 위치한 옛 짜르 시절의 귀족 기숙 여학교 건물. 소련 시절 레닌을 위시한 공산당의 당사 역할을 했고 소련 해체 이후에는 상트 페테르부르그 시청사 건물 일부가 위치해 있다.

<그림 33> 푸틴 집권 초기 통치 엘리트 그룹

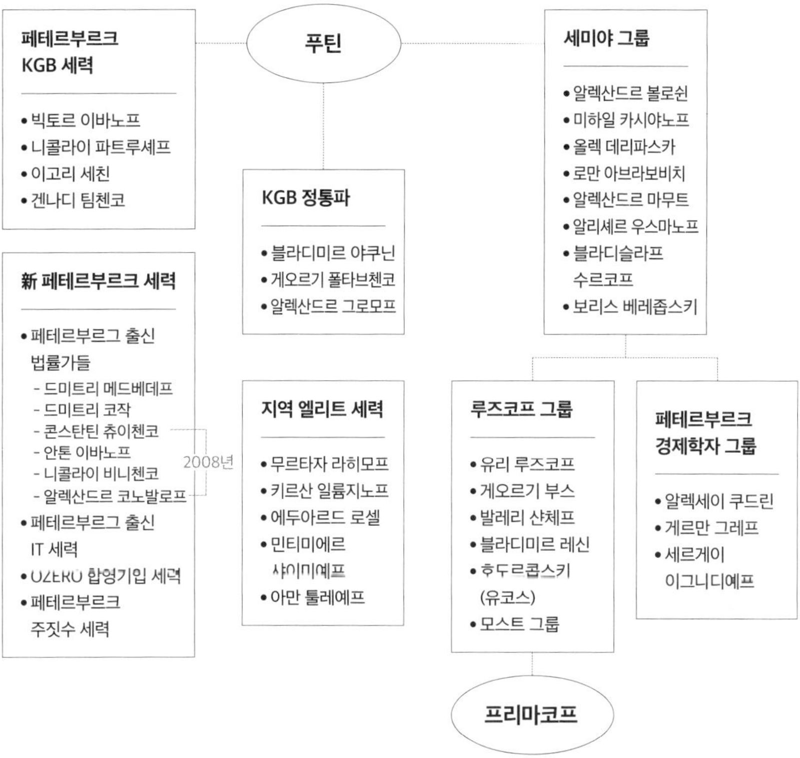


자료 : 러시아 언론 및 인터뷰 등을 종합해 저자 작성

변신한 겐나디 팀첸코(석유 중개업체인 군보르 회장, 볼가 그룹 회장), 세르게이 롤두긴 등이 있다. 롤두긴은 트럼프 미 대통령이 당선된 미국 대선 선거 과정에서 사이버 여론 조작을 시도했다고 미국으로부터 의심받는 인물이다. 이들 또한 푸틴에 대한 개인적 영향력이 막강하며 푸틴 체제의 핵심 실세 및 지지 그룹 중 하나라고 할 수 있다.

### 4-2 '포스트 옐친' 체제에서 '푸틴 체제'로의 이행-통치 엘리트 집단의 역할

푸틴은 크렘린을 장악한 2000년 이후 이들 통치 엘리트 세 그룹(실로비키, 리버럴, 올리가르흐) 중 실로비키와 리버럴 세력을 크렘린과 정부, 국가 조직, 그리고 국영기업에 집중적으로 등용했다. 이들은 행정 개혁, 민영화, 방위 산업, 가스 및 석유 등 전략 산업체의 재편 및 재국유화 등의 과정에서 핵심적인 역할을 했다. 그리고 이 과정에서 이들과 직·간접적으로 연결된 올리가르흐들과 관련 인물들 및 세력들의 영향력과 경제력이 확장됐다.

이미 옐친 시절부터 민영화 과정에서 막대한 재산을 축적한 올리가르흐

<그림 34> 푸틴 체제에서 에너지 영역을 장악한 이고리 세친 그룹과 영향력 지도

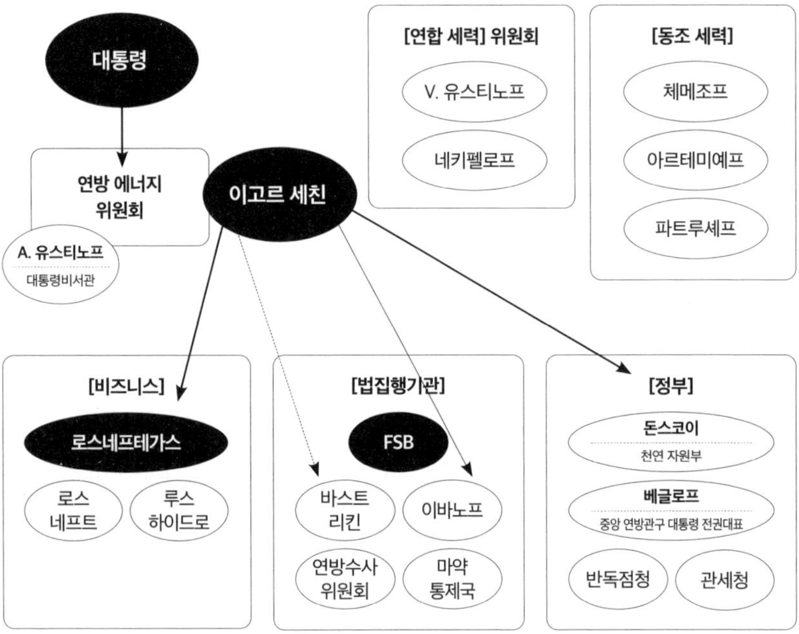


자료 : 민첸코 컨설팅 및 러시아 언론 등을 종합해 저자 작성

<그림 35> 푸틴 체제에서 금융을 중심으로 영향력을 행사한 코발축 형제 그룹과 영향력도

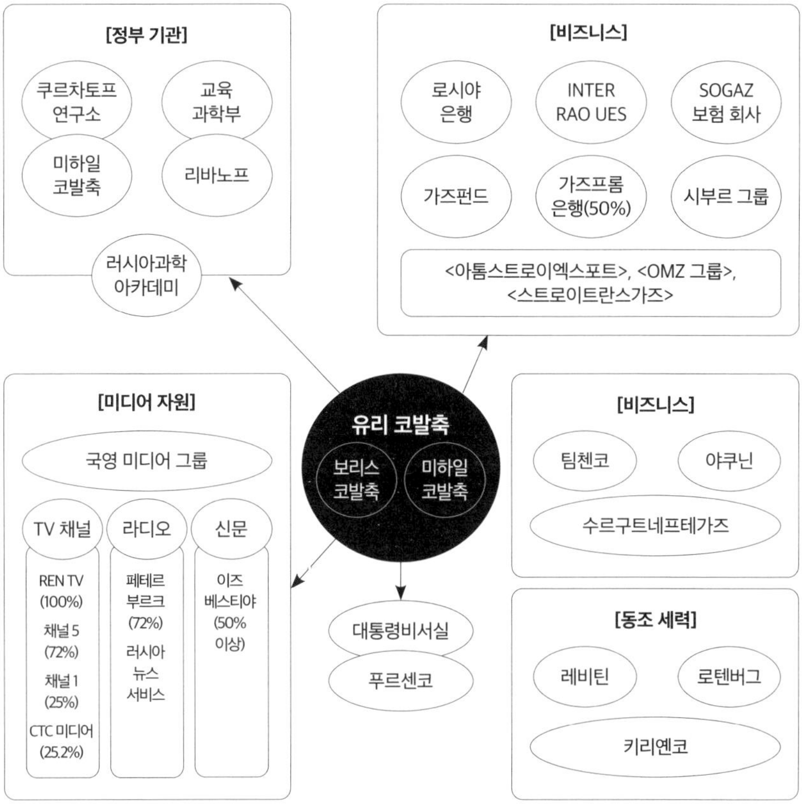


자료 : 민첸코 컨설팅 및 러시아 언론 등을 종합해 저자 작성

그룹은 '포스트-옐친' 체제에서도 자신들의 부를 형성할 기회를 놓치지 않았다. 이들은 과거 국유 재산이었던 공장, 은행, 언론, 토지 등 다양한 형태의 국유 자산들의 민영화 과정에 개입했고 실로비키와 리버럴 세력의 일부도 국가 기업과 그 산업 영역을 배타적으로 지배하는 일종의 국가 올리가르흐(oligarch)가 됐다. 이고리 세친 로스네프티 회장, 빅토르 체메조프 로스테크 회장, 유리

코발축 방크 로시야 회장 등이 대표적이다. 이들은 각각 에너지 산업과 기술 및 군산 복합체(제조업), 금융업을 중심으로 한 산업 영역을 배타적으로 지배했다.

푸틴과 함께 크렘린을 장악한 통치 엘리트들은 지난 20여 년 동안 다양한 형태로 국영 기업을 지배했다. 러시아의 국영 기업 시스템은 매우 복잡한 형태로 운영됐다. 광대한 영토만큼이나 이해관계가 첨예하게 대립하는 지역 집단과 산업 집단 및 각 분야별 엘리트들이 군웅할거의 형태를 띄고 있었다.

때문에 푸틴과 새로운 엘리트들은 이러한 이해관계를 조정하면서도 자신들의 지배권을 확립하기 위해 국영 기업체를 새로운 형태로 정비했다. 이 과정에서 가즈프롬(Gazprom), 스베르방크(Sberbank), 러시아 철도(Russian Railways), 트란스네프티(Transneft) 등은 주식회사가 됐다. 이들이 주식회사라고 해도 크렘린과 정권 실세들은 이들 기업을 민간에 내줄 생각이 전혀 없었다. 이들은 국영기업을 주식회사 형태로 재편했지만 여전히 정부가 지배 주주인 국영기업(Joint Stock Companies)으로 이들 기업을 운영했다. 그리고 푸틴이 신뢰하는 새로운 통치 엘리트들을 이들 기업에 파견해 과거 엘리트 그룹과 연결된 경영진을 물갈이했다. 이렇게 크렘린의 권력을 등에 업은 이들 신실세들은 장기간 민영화한 국영기업을 지배했다. 러시아의 '렌트 체제'(Rent system)를 푸틴과 통치 엘리트들이 강력하게 장악한 것이다.

러시아의 국영 기업에는 위에 언급한 것 같은 완전히 주식회사가 된 형태 이외에도 로스오보론엑스포르드(Rosoboronexport), 러시아 우체국(Post of Russia), 로스스피트프롬(Rosspirtprom)처럼 주식회사가 됐지만 이들을 민영 기업으로 구분하지 않고 국가나 지방 정부가 여전히 자신들의 소속 기업으로 관리하는 기업들(Unitary Enterprises)도 있었다. 또 전략 산업 영역으로 간주해 아예 국가 소유 기업(State Corporations)으로 못 박은 브네슈에코놈방크(Vnesheconombank), 로스나노테크(Rosnanotekh), 로스테크놀로기(Rostekhnologii), 로스아톰(Rosatom) 같은 기업들도 있었다.

이런 다양한 형태의 국영 기업들을 실로비키와 리버럴 그룹 출신들 중 일부가 장기간 장악하면서 사실상의 올리가르흐가 된 것이다. 이들은 연방 정부의 재정 배분에 영향력을 행사하고 자신들이 소유한 기업이나 산업에 대한 조세 감면 등 세무 집행과정에 대한 특혜 및 예외 등을 활용해 이익을 확대했다. 또 국가가 추진한 각종 경제개발 프로그램의 수혜를 입었다. 2000년 이후 공고히 유지되어온 푸틴 체제는 이러한 세력들의 지지를 기반으로 움직여왔다.

푸틴의 2기 임기가 끝날 무렵인 2007년 이들 국영 기업들(국가가 1백% 지분을 갖거나 혹은 국가와 민간의 지분이 혼합된 형태까지 포함해)이 러시아 경제에서 차지하는 비중은 제조업의 경우 19.2%, 연료(Fuel) 생산의 15.3%, 금속 생산(Metallurgy)의 11.6%, 화학(Chemical industry)의 25.7%, 금융(Banking industry)의 45%나 됐다.[3]

하지만 이러한 세력 외에도 푸틴 체제를 뒷받침한 또 다른 세력들이 있었다. 이들의 도움이 없었다면 푸틴은 지난 20여 년 동안 러시아의 권력을 장악

3 Carsten Sprenger, 'State-Owned Enterprises in Russia', Presentation at the OECD Roundtable on Corporate Governance of SOEs. Moscow, October 27, 2008. https://www.oecd.org/corporate/ca/corporategovernanceprinciples/42576825.pdf

하는 데 큰 어려움을 겪었을 것이다. 바로 옛 소련 공산당 당료 출신들 및 정부 그리고 연방 정부 관련 기관에서 근무해 온 전문 관료 집단이다. 푸틴의 크렘린 입성과 러시아 연방을 지배하는 지배력은 이들의 도움으로부터 상당 부분 나왔다.

러시아 연방을 통치하기 위해서는 다양한 세력 및 지방 엘리트들의 지지가 필수적이다. 정권의 존속 기간이 길어질수록 이들을 집권 세력에 편입해야 할 필요성도 커진다. 푸틴도 마찬가지였다. 그의 통치 기간이 길어질수록 그와 함께하는 소위 '푸틴 세력'의 규모도 점점 커졌다.

푸틴의 최측근 핵심으로 부상한 상트 페데르부르그 세력들은 푸틴이 대통령에 당선되기 이전까지 연방 차원의 러시아를 통치해 본 경험이 없었다. 일부를 제외하고는 기껏해야 페테르부르그 시정부와 페테르부르그를 중심으로 러시아 지방 정부와 지식계의 한 축을 담당했을 뿐이다. 때문에 페테르부르그 출신 엘리트들의 힘은 한계가 분명했다. 푸틴은 크렘린과 러시아 연방 전역에 강력한 통치력을 행사하기 위해 다른 세력들의 도움이 절실했다.

러시아의 특징 중 하나는 광활한 영토다. 광활한 영토를 통치하기 위해 연방은 크렘린이 신임하는 인물들을 지방 정부의 수장과 주요 산업체의 장으로 임명한다. 지방 권력자들이 자리를 보전하기 위해서는 크렘린의 신임은 절대적으로 필요하다. 하지만 반대로 광활한 영토는 크렘린에서 지방 권력자가 근무하는 지역과의 지리적 공간적 거리를 멀게 한다. 이는 지방 권력자들이 크렘린의 통제를 매일같이 받지 않아도 됨을 의미한다.

연방의 통합성을 유지하려면 크렘린은 지방 권력자들의 충성심이 절대적으로 필요하다. 평상시에는 지방 권력자들이 크렘린의 지지와 협력을 구하기 위해 크렘린에 충성을 다한다. 연방의 구심력이 강하게 작동하는 것이다. 하지만 소련 해체를 전후한 혼란기처럼 연방의 장악력이 약해지는 시기에는 지방이 자신들의 이익을 더 크게 보장받고자 크렘린으로부터 멀어지려는 원심력이 더 강해진다.

그런데 연방을 통합시키는 힘 가운데 군사력, 정보력, 치안 유지력 등을 제외한 경제적 힘의 상당 부분은 각 지방에서 나온다. 각 지방을 중심으로 형성된 산업 콤비나트, 군산복합체가 러시아 국가 예산 수입에서 핵심적 역할을 한다.

여기다 러시아는 다민족 국가다. 그러다 보니 각 연방 구성 지역의 문화적·인종적 특수성 등이 지방의 이해에 얽혀있다. 예를 들어 세계 최대 다이아몬드 생산지 중 하나인 극동의 야쿠츠크(사하) 지역은 야쿠트족 중심의 소수민족 거주지가 통치의 기본 단위다. 이들의 이익과 관심을 무시한 채 연방 차원에서 오로지 연방을 위한 무조건적인 자본 추출과 이익 독점은 불가능하다. 러시아 연방 재원의 핵심적 역할을 하는 에너지(석유, 가스), 철강 및 알루미늄과 같은 금속 자원 등은 대부분 모스크바에서 멀리 떨어진 시베리아나 지방의 오지(奧地)에 있다. 연방과 지방의 이익을 조화시킬 필요가 있는 것이다. 즉 연방 엘리트와 지방 엘리트의 이익의 접점을 찾아야 한다.

바로 이런 이유로 러시아 연방 전체의 통합성을 유지하기 위해 크렘린의 주도로 군 및 정보 엘리트들이 전략적으로 주요 지역에 배치됐다. 이처럼 실로비키(siloviki)의 역할은 국내 정치경제에서도 복합적이며 중요하게 작용한다.

이런 이유들로 인해 러시아에서는 연방의 권력은 물론이고 지방의 권력도 특정 도시 출신, 특정 세력 등이 독점적으로 행사하기가 어렵다. 연방 정부 경험이 사실상 전무한 소수 엘리트들이 크렘린의 권력을 장악했다 해서 한순간에 러시아 연방 전역을 장악하거나 복잡한 지방과 연방의 이해관계를 파악하기가 어렵다.

뒤에서 언급할 가즈프롬의 예에서도 알 수 있듯 매우 복잡하고 한편으로는 매우 정교한 이해관계가 수십 년에 걸쳐 얽혀있다. 하지만 그러한 이해관계는 대부분 겉으로 드러나지 않는다. 이를 제대로 이해하기 위해서는 소련 시절부터 존재한 러시아식 '렌트 구조'(Rent System)의 특수성을 이해해야 한다. 렌트 구조에 대해서는 뒤에서 조금 더 자세히 언급하도록 하자.

러시아 연방의 초대 대통령이었던 보리스 옐친은 고르바초프 소련방 대통령과의 경쟁에서 지방의 지지를 획득하기 위해 연방의 권력을 지방에 많이 할양했다. 소련 해체 이후에도 마찬가지였다. 옐친은 지방 지도자들의 자발적 지지와 그들이 동원할 수 있는 인맥과 세력의 지원이 없이는 러시아의 지도자가 되기도 어렵고, 지도자가 된 이후에도 러시아를 효율적으로 통치하기가 어렵다는 것을 잘 알고 있었다.

그래서 옐친은 이들에게 많은 양보를 했다. 지나친 양보로 러시아 연방마저 재분열할 수도 있다는 경고도 나왔지만 옐친은 지방공화국 및 지방 정부 엘리트들에게 과감한 양보를 했다. 이렇게 해서 옐친은 지방에 대한 연방 권한의 과감한 이양으로 자신에 대한 지지를 확보하는 데 성공한다. 하지만 소련이 해체된 이후에는 자신이 이양한 권한을 바탕으로 자신에 대항하는 지방을 달래는 데 애를 먹었고, 그 결과 러시아 연방의 통합성을 유지하는 데 엄청난 고초를 겪었다.

이러한 과정에서 옐친은 러시아 연방의 해체를 막고 자신의 권력을 공고히 하기 위해 지방 공화국 지도자들, 군산 복합체 등 산업 콤비나트 실력자들에게 더 많은 양보를 했다. 핵심 자원과 핵심 산업체가 지방에 위치해 있는 데다 연방 재정 수입의 상당 부분이 지방에서 나오는 상황에서 이들의 지지와 합의를 이끌어 내려면 어쩔 수가 없었던 것이다.

옐친의 후계자인 푸틴도 이런 점을 잘 알고 있었다. 그렇다고 무한정 지방에게 양보만 할 수도 없는 상황이었다. 그는 이 문제를 해결하고자 했다. 그런데 러시아에는 연방과 지방 관계의 미묘함, 그들 간의 힘의 역학관계 등을 제대로 알고 이들을 움직일 수 있는 능력을 가진 집단이 전통적으로 있었다. 이 집단은 연방과 지방 간에 타협을 이룩할 수 있는 관리 능력과 정보 등을 보유하고 있었다. 바로 노멘클라투라 시스템에 의해 선발되고 훈련된 후 모스크바를 중심으로 형성되어 온 연방 관료들이다. 여기다 비록 소련이 해체됐지만 옛 공산당 중앙위원회를 중심으로 형성된 공산당 당료 집단 출신들도 있었다.

이들은 소련 해체기에 세력이 많이 약화됐다. 하지만 러시아 연방의 새로운 지도부는 여전히 국가를 통치하기 위해 이들의 집단적이고 축적된 실력이 필요했다. 푸틴은 이들을 활용해 연방의 구심력을 강화하고자 했다.

그런데 푸틴이 크렘린에 발탁되던 시점을 전후해, 그리고 나중에 대통령으로 당선된 2000년을 전후해 이러한 관료 집단 등을 활용해 실질적으로 러시아를 통치해 본 경험이 있었던 집단은 보리스 옐친 전 대통령의 측근 그룹(일명 '세미야' 그룹, 영어식으로는 family)뿐이었다.

'세미야' 그룹은 관료들을 활용하는 방법과 경험뿐 아니라 체제 이행기 러시아에 절대적으로 필요한 서방의 지지를 획득하는 방법도 잘 알고 있었다. 당시 서방 지도자들은 러시아의 보리스 옐친 초대 대통령 정부를 친서방적이며 러시아 민주주의 세력의 적통이자 핵심 세력으로 간주하고 이를 지지하고 유지하고자 했다.

바로 이런 점에서 푸틴이 크렘린에 입성하면서 이들 '세미야' 그룹에 발탁

**<그림 36> 세미야 그룹의 구성 집단 및 푸틴과의 관계**

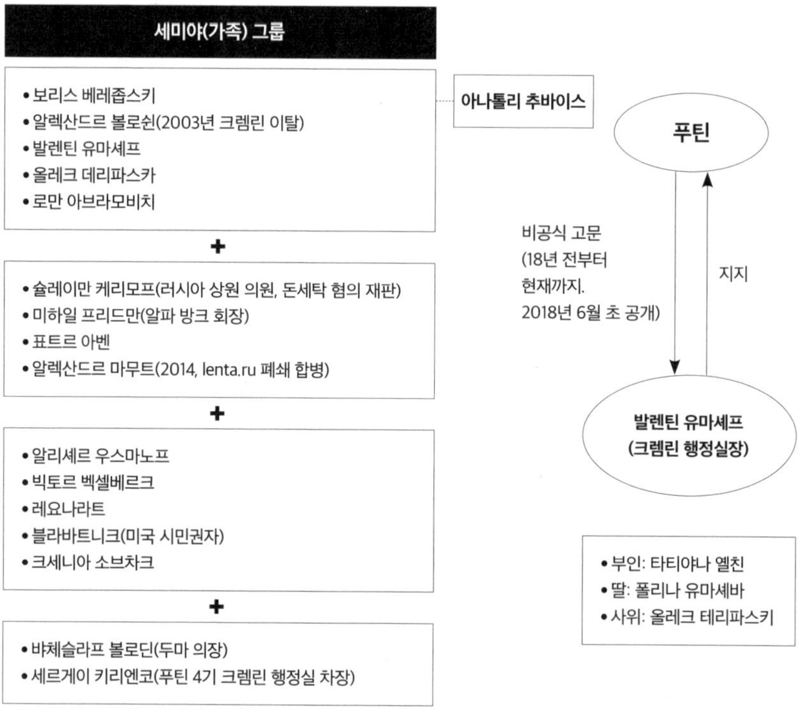


자료 : 러시아 언론 및 인터뷰 등을 종합해 저자 작성

된 것은 행운이었다. 푸틴은 '세미야' 그룹에 의해 발탁되면서 '세미아' 그룹의 핵심 구성원들로부터 자연스럽게 전문적인 지원을 받게 됐다. 그리고 이들을 통해 '푸틴 체제'의 형성과 운영의 과정에서 자신을 지지하는 강력한 지지 집단의 하나가 된 관료 및 당료 출신들을 확보하게 된다.

'세미야' 그룹은 옐친을 정점으로 형성된 가신과 측근 그리고 혈연으로 연결된 왕당파 그룹이다. 그런데 '세미야' 그룹에는 보리스 베레좁스키와 같은 올리가르흐들도 있었다.

올리가르흐는 과거 소련 시절에는 존재하지 않았던 전혀 새로운 집단이다. 이들은 민영화된 기업체를 기반으로 막대한 부와 서방과의 접점을 형성해 러시아 경제와 사회에 영향력을 행사하는 경제 엘리트 그룹이다. 이들은 현대 러시아, 특히 푸틴 체제의 형성과 러시아의 미래를 연구하는 데에서 빠질 수 없는 중요한 행위자이다.

올리가르흐들은 '소련에서 새로운 러시아'로 이행하는 기간 탄생했다. 이들은 사유화 정책과 크렘린 내 파벌 정치의 산물이자 매개였다. 사유화 프로그램을 입안하고 집행했던 권력자들은 자신과 인연이 있던 산업 전문가들이 경제적 혜택을 입도록 도왔고 이 과정에서 정치와 권력에 연줄이 강력한 산업가들이 황금알을 낳는 주요 국영 기업체를 불하받아 올리가르흐가 됐다.

푸틴과 올리가르흐와의 인연은 그의 모스크바 입성과 때를 같이한다. 푸틴은 상트 페테르부르그 시장 선거에서 소브착 시장이 패퇴한 후 실업자가 됐다. 그때 모스크바로 올라온 푸틴을 챙겨준 인물들은 페테르부르그 출신들로 크렘린 주변에 위치한 인물들이었다. 그중 한 명이 후일 푸틴과 올리가르흐들과의 인연을 맺게 해준다. 바로 아나톨리 추바이스였다. 당시 추바이스는 옐친 시대 개혁파들의 후원자이자 올리가르흐들의 아버지라는 소리를 들을 정도로 친기업적인 인물이었다. 서방과의 관계도 좋았다. 그는 푸틴과 상트 페테르부르그 시절부터 인연이 있었다.

이런 인연을 배경으로 푸틴은 소련 해체를 전후해 막대한 재산을 형성한 새로운 신흥 그룹인 올리가르흐들과도 관계를 맺을 수 있었다. 올리가르흐들은 그들의 재산과 영향력을 활용해 정치에 영향력을 행사할 수 있었다. 올리가르흐들은 이미 이러한 그들의 힘을 1996년 보리스 옐친의 재선 과정에서 과시한 바 있다. 그리고 이들은 푸틴이 옐친의 후계자로 선정되고 옐친을 뒤이어 새로운 대통령으로 당선되는 과정에서도 막강한 영향력을 행사했다. 그때의 주역 중 한 명이 보리스 베레좁스키다. 하지만 보리스 베레좁스키는 푸틴 집권 후 푸틴 세력과 갈등을 빚다 영국으로 망명했고 그곳에서 생을 마감했다. 베레좁스키의 죽음과 관련해서는 많은 추측들이 있다. 그의 사업과 이해관계가 얽힌 다양한 사람들의 증언과 자서전, 서적 등이 잇달아 출간되고 있고 연관된 재판도 아직 끝나지 않은 것들도 있다. 베레좁스키만큼 러시아의 올리가르흐와 국제적 비즈니스, 그리고 정치의 복잡한 이해관계를 상징하는 사람도 없을 것이다. 하지만 이 이야기는 다음 기회에 하기로 한다.

### 4-3 푸틴 체제의 공고화와 올리가르흐 집단과의 새로운 관계

푸틴은 집권 초기 실로비키, 지식인-전문가 집단, 그리고 올리가르흐 등 세 가지 세력의 도움을 얻었다. 그러나 이들 중 올리가르흐 그룹은 실로비키나 리버럴 개혁파 지식인 그룹과 달리 푸틴과의 개인적인 친분이 약했다. 인연도 오래되지 않았다. 모스크바를 중심으로 한 연방 관료집단들도 푸틴과의 인연이 길지 않았다. 그러나 이들 관료 집단은 지도자가 결정하면 이를 의문을 품지 않고 수행해 냈다.

하지만 올리가르흐 집단은 관료 집단과 달리 푸틴과 이해관계가 항상 일치하는 것은 아니었다. 올리가르흐들의 이해관계, 특히 서방과의 관계는 크렘린 내 실세들이나 특히 실로비키보다 훨씬 복잡했다. 이런 복잡함은 러시아 경제가 점점 세계화되고 국제 경제 시스템에 통합되면서 발생했다. 올리가르흐 집단이 소유한 기업체들이 글로벌 밸류체인에 점점 긴밀하게 엮이면서 서방과의 관계 설정과 관련해서도 올리가르흐들의 이해관계는 때때로 실로비키들과 충돌했다.

푸틴은 2012년 대통령에 복귀한 후 실로비키들과 함께 대내외적 도전 과제들에 강경하게 대응했다. 2014년 크림반도를 합병했고, 2015년엔 시리아 내전에 개입했으며, 2016년엔 미국 대선 과정에서의 불법 영향력 행사와 관련한 의혹을 받았다. 2014년 크림반도 병합과 뒤이어 발생한 동부 우크라이나(돈바스) 지역의 분리주의 운동과 이에 대한 러시아의 지지는 서방의 제재를 초래했다.

푸틴의 러시아는 물러서지 않고 제재에 대응하기 위해 역(逆) 제재를 발동했다. 미국과 서방 그리고 러시아 내에서 이러한 강경 대치의 지속을 우려하는 목소리들도 나왔다. 출구를 찾기 위한 다양한 방안이 모색됐지만 해법을 찾기가 쉽지 않았다.

이러한 상황에서 미국 재무부는 2018년 4월 크렘린과 친근한 러시아 기업인과 그들의 기업을 포함하는 새로운 제재 리스트를 발표했다. 그런데 미국이 주도한 러시아 기업 및 기업인에 대해 제재가 예기치 않게 글로벌 가치 사슬을 흔드는 상황이 발생했다. 올렉 데리파스카(Oleg Deripaska) 'En+' 그룹 회장 사건이 바로 그것이다. 미국은 글로벌 밸류 체인의 안정을 위해 자신들의 제재를 조건부로 해제할 수밖에 없었다. 이 사건은 실로비키와 올리가르흐의 이익이 충돌할 수도 있고 러시아와 서방이 냉전 시절과는 완전히 다른 상황에 놓여 있음을 보여주는 상징적 사건이 됐다.

이를 좀 더 자세히 알아보기로 하자. 2018년 4월 미국 재무부는 '루살'(Rusal)과 'En+' 그룹 및 이 그룹의 소유자인 올렉 데리파스카가 지분을 가지고 있는 몇 개의 기업에 대해 미국 대선에 대한 불법 개입을 문제 삼아 제재했다.[4]

당시 미국 재무부는 올렉 데리파스카(Oleg Deripaska)뿐 아니라 총 37명의 올리가르흐를 제재 리스트에 올렸다. 그런데 이들에 대한 제재 중 '루살'(Rusal)에 대한 제재가 파장을 일으켰다. '루살'(Rusal)은 세계 2위의 알루미늄 생산 업체로 유럽의 첨단 항공기 제조업 및 BMW와 같은 제조업체들이 이

4 Meduza, 'США ввели санкции против семи российских олигархов и 17 чиновников из «кремлевского списка»', 6 апреля 2018.
https://meduza.io/news/2018/04/06/ssha-vveli-sanktsii-protiv-36-rossiyskih-biznesmenov
United States Department of the Treasury. "Ukraine-/Russia-related Designations and Identification Update". 6 April 2018.
https://home.treasury.gov/policy-issues/financial-sanctions/recent-actions

회사에서 알루미늄을 공급받고 있었다.

'루살'(Rusal)에 대한 제재는 공급 사슬을 형성했던 유럽기업들의 밸류 체인을 흔들었고 생산 차질을 발생시켰다. 유럽 기업들은 아우성을 쳤고 독일, 프랑스, 영국, 이탈리아 등의 정상들이 미국과의 교섭에 나섰다.[5] 이들은 트럼프 대통령에게 제재 유예 및 러시아와의 관계 정상화를 위한 외교적 노력에 나서라고 압박을 가했다. '루살'(Rusal)에 대한 제재가 장기화할 경우 유럽 첨단 산업 생산의 가치 사슬에 영향을 미쳐 장기적으로 유럽의 경쟁력에 악영향을 미친다는 이유에서였다.

<그림 37> '루살'(Rusal)에 대한 미국의 제재가 초래하는 글로벌 영향

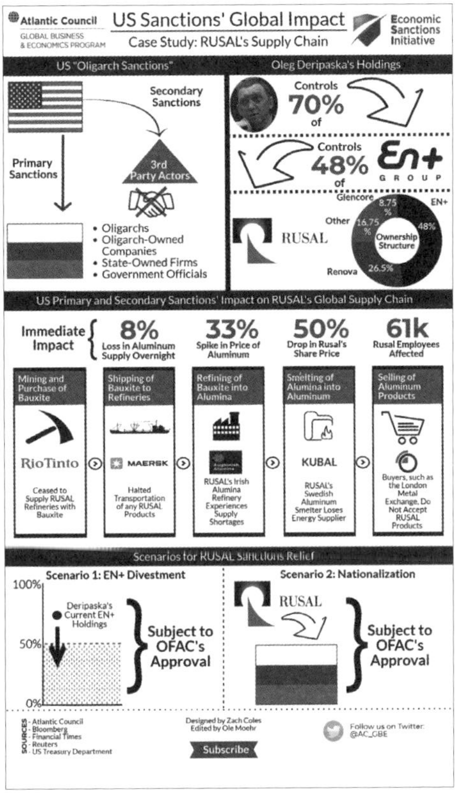


자료 : Atlantic Council 'US Sanctions' Global Impact - A Case Study of RUSAL's Supply Chain', MAY 18, 2018. https://www.atlanticcouncil.org/blogs/econographics/us-sanctions-global-impact/

5 Reuters. 'Commentary: U.S. sanctions on Rusal shatter aluminium's supply chain', APRIL 26, 2018. https://www.reuters.com/article/uk-aluminium-sanctions-idUKKBN1HX1KT

2018년 12월 19일 미국 재무부는 루살(Rusal) 및 일부 기업에 대한 조건부 제재 해제를 예고했다. 그리고 약 한 달이 지난 2019년 1월 17일 미국 하원은 러시아의 올리가르흐 올렉 데리파스카가 소유하고 있는 루살(Rusal) 및 관련 기업에 대한 제재 해제에 반대하는 결의안을 채택했다. 표결 결과는 찬성 362표, 반대 53표였다. 이처럼 압도적인 표차가 벌어진 것은 하원을 주도하는 민주당의 입장에 130명이 넘는 공화당 의원들이 동조한 때문이다.

미 하원의 반대 결의안으로 루살(Rusal) 제재 해제가 물 건너간 것처럼 보였다. 하지만 이것은 그냥 정치적 의미를 갖는 단순히 상징적인 것이었다. 실제로 미 공화당 주도의 상원에서는 이미 하루 전 제재 해제안에 대한 반대 결의안이 투표를 통해 부결됐다. 미 하원의 결의안은 정부가 루살(Rusal) 관련 제재 해제를 정식으로 시작하는 법적인 시점에 맞춰 미국 내에 존재하는 반대 의견을 표시하는 것으로 해석됐다. 미국법에 따르면 정부의 제재 해제 예고 후 1달 동안 재검토를 한 후 정식으로 제재를 해제하도록 되어 있기 때문이다. 이로써 루살(Rusal)에 대한 제재는 해제가 됐다.

그러면 미국과 러시아 혹은 미국 재무부와 러시아 올리가르흐는 루살(Rusal)에 대한 제재를 어떻게 해제시켰을까? 이를 이해하기 위해서는 왜 미국 재무부가 러시아 올리가르흐와 그들 소유 기업을 제재했는지를 자세히 알아야 한다.

2014년 크림반도를 러시아가 합병한 후 미국과 유럽은 러시아를 제재했다. 영국에서 전직 정보 요원 스크리팔에 대한 독극물 테러 사건이 발생하자 미국과 유럽은 러시아에 대해 추가 제재를 가했다. 하지만 효과가 그렇게 크지 않았다. 그러자 더 강력한 제재를 가해야 한다는 압력이 대러 강경파들을 중심으로 득세했다. 이러한 분위기 속에서 러시아 정부 인사들뿐 아니라 크렘린과 친밀한 일부 기업인들과 그들이 지배하는 특정 기업들도 제재를 받게 됐다. 크렘린에 직간접적으로 연결된 돈줄을 차단해 압박을 가하겠다는 의미였다.

대표적인 친크렘린 올리가르흐이자 루살(Rusal)의 소유주인 올렉 데리파스카가 2018년 4월 미국 재무부의 제재 리스트(일명 OFAC 리스트)에 포함됐다. 데리파스카는 러시아의 대표적 친푸틴 재벌로 한국이 추진하는 동북아 에너지 전력망 사업에도 관련이 있는 'En+' 그룹의 소유자다.

그런데 이 과정에서 미국이 간과했던 문제가 발생했다. 루살(Rusal)의 알루미늄 제품은 전 세계 기업들 특히 유럽 기업들의 항공기 제조, 차세대 자동차 소재 등으로 유럽의 첨단 산업에 활용된다는 사실이었다. 루살(Rusal)에 대한 제재의 여파가 첨단 산업 제품의 밸류체인 상에 엮인 수많은 국가의 기업들에게 연속적인 파장을 낳게 된 것이다.

특히 유럽 기업들이 강력히 반발했다. 루살(Rusal)이 제재를 받게 되면 소재 공급이 끊기고 이는 유럽 회사들의 경쟁력에도 영향을 미치게 되기 때문이다. 유럽은 미국에 제재 유예 및 협의, 그리고 후속 대책을 요구했다.

데리파스카도 회사가 파산할 수도 있는 상황을 탈피하고자 미국 재무부와 공개 및 비밀 접촉을 했다. 협상의 과정에서 흘러나온 내용들은 복잡했다. 미국 재무부는 사안의 심각성을 인지하고 이 문제를 해결하고자 했지만 그렇다고 없던 것으로 그냥 돌릴 수는 없었다. 양자 간의 협상 끝에 대략 다음과 같은 원칙이 마련됐다. 이하의 내용은 저자가 당시의 상황을 정리해 '러시아 유라시아 포커스'(Russia-Eurasia Focus)지에 기고한 내용[6]을 재인용해 설명하고자 한다.

큰 원칙은 세 가지였다.

1. 데리파스카가 루살(Rusal)에 대한 지배권을 포기한 후 소액 주주로 남는다.

2. 루살(Rusal)의 이사회 멤버들을 독립적인 인물들로 과반수 이상 임명한다.

3. 이들 이사회 멤버들은 영국 시민이거나 미국 시민이어야 하며 기업 경험이 있어야 한다. 이 경우 루살(Rusal)에 대한 제재를 풀겠다는 것이었다.

한동안 밀고 당기기가 벌여졌다. 모스크바와 런던, 워싱턴에서 간간이 협상의 진전과 조건에 대한 내용들이 흘러나왔다. 약 8개월이 흐른 지난 2018년 12월 중순 미국 재무부는 조건을 달아 루살(Rusal)에 대한 제재를 해제할 수 있다는 공식 입장을 밝혔다. 당시 미 재무부의 발표는 당초 알려진 것보다 조금 더 광범위한 요구였다. 데리파스카가 지주회사 격인 'En+' 홀딩(루살 등의 대주주)에 대한 지배권을 포기하고 이사회 임원들을 독립적인 인물들로 구성할 경우 루살(Rusal)과 에너지 회사인 'En+' 그리고 제재 리스트에 올랐던 데리파스카 소유의 또 다른 회사인 유로시브에네르고(Eurosibenergo)에 대한 제재를 해제하겠다고 밝힌 것이다.

데리파스카는 'En+' 홀딩의 주식 66%를 소유하고 있으며 이를 통해 루살

---

6 김석환, '동맹, 시장, 그리고 국익', 'Russia-Eurasia Focus', 한국외대 러시아 연구소, 제513호, 2019. 01. 28.
http://www.rus.or.kr/publish/periodical03_view.asp?BID=cisfocus&key=&searchstr=&cdis=n&cate=&page=14&BoardSeqNo=3984

과 '유로시브에네르고'를 지배하고 있다. 'En+' 홀딩은 루살과 '유로시브에네르고'에 각각 48.13%의 주식을 확보하고 있다. 미국의 요구를 수용하면 데리파스카는 루살에 대한 지배권을 잃게 된다. 또 러시아 정부 입장에서도 루살(Rusal)에 대한 미국의 요구를 수용하게 되면 미국의 내정간섭에 굴복한다는 신호를 줄 수도 있다. 이 때문에 협상 기간 내내 '결국 마지막 결정은 데리파스카가 아니라 크렘린의 결정이다'는 의견들이 나왔다.

2018년 12월의 어느 날 데리파스카는 루살(Rusal)의 이사들에게 서한을 보내 이사회 소집을 요구했다. 미 재무부의 요구를 받아들이기로 결심한 것이다. 그리고 지난 2018년 12월 28일 홍콩 증권 거래소에서는 루살(Rusal)이 최고 경영자를 새롭게 교체했다는 공시를 했다.

이 뉴스는 곧바로 세계 언론의 관심을 샀고 러시아와 미국 등 자원 비즈니스 종사자들에게도 큰 관심을 불러일으켰다. 미국이 이제 30일 정도 후면 루살(Rysal) 및 올렉 데리파스카에 대한 제재를 해제할 것임을 의미하고 이는 루살(Rusal)이 알루미늄 시장에서 중요한 행위자로 다시 활동한다는 것을 의미했기 때문이다. 그 이후의 경과는 앞서 언급한 것과 같다.

하지만 루살이 어떤 조건으로 미 재무부와 합의했는지에 대한 자세한 내용이 흘러나오는 데에는 더 많은 시간이 필요했다. 최종적으로 확인된 바에 따르면 다음과 같다.

데리파스카는 'En+' 홀딩에 갖고 있던 66%의 지분을 과반수 이하인 48.13%로 줄이고 글렌코어(Glencore)와 VTB(러시아 대외경제은행)가 경영에 참여한다. 데리파스카는 자신이 포기한 지분을 러시아 국가은행인 VTB에 양도한다. 또 스위스의 세계적 자원 중개 회사인 글렌코어(Glencore)가 루살에 확보하고 있는 지분 8.75%를 'En+' 홀딩의 주식 10.5%로 교환한다. 이런 일련의 거래는 모두 미 재무부 해외자산관리국(OFAC)의 승인을 받아야 한다.

이런 일련의 거래로 인해 데리파스카는 루살(Rusal)에 대한 직접 지배권이 0.01%로 줄어들게 됐다. 데리파스카는 'En+' 홀딩의 투표권도 35%만 보장받는다. 나머지 투표권은 독립적으로 선출된 데리카스카와 연관이 없는 인물들로 구성된 이사회 구성원들에게 넘겨진다. 데리파스카는 총원 12명인 'En+' 홀딩의 임원 중 4명만을 선임할 수 있게 된다. 그리고 임원 전체 숫자에서 절반에 해당하는 6명은 경제 관련 경험이 있는 영국 혹은 미국인이어야 한다는 단서가 덧붙여졌다. 여기다 이사진 전체 명단은 미 재무부의 허가를 받아야 한다는 내용도 포함됐다.

미 재무부는 제재 해제의 조건을 'En+' 홀딩뿐 아니라 루살(Rusal)에도 강요해 루살(Rusal)의 최고경영책임자(독일인)를 해임하고 총 14명의 이사진 중 8명을 데리파스카와 상관없는 인물들로 구성하라고 명령했다. 이 모든 일을 이행해도 회사에 대한 제재는 해제되더라도 데리파스카 본인에 대한 제재는 해제되지 않는다. 또 그가 대주주로 있는 '러시아 머신'사와 가즈(GAZ) 그룹에 대한 제재도 계속된다.

데리파스카가 이런 조건을 받아들인 이유는 루살(Rusal)의 주요 원자재 상당수가 러시아 밖, 주로 서방 기업 소유의 기업들로부터 조달되고 루살(Rusal) 제품의 상당수가 역시 서방 기업들에게 수출되기 때문이다. 이 때문에 미국과 러시아 정부가 비밀 합의를 했고 유럽이 중재를 했으며 그 합의에 따라 데리파스크가 이를 받아들였다는 추측들이 나돌고 있다.

러시아 정부는 일체의 언급을 하지 않고 있다. 루살에 대한 압박을 무시할 수도 없고 그렇다고 러시아 정부가 주도적으로 이런 굴욕적인 협상을 주도했다는 인상을 줄 수도 없을 것이기 때문이라는 추측들이 있다. 루살과 관련해서는 안톤 실루아노프 당시 재무부 장관 겸 부총리가 "루살과 미국 재부무, 양쪽 모두 합의의 준수를 통해 제재 해제가 이루어지기를 바란다." "러시아 정부가 미국 정부와 제재 관련해 많은 협의를 하고 있으며 사기업인 루살의 제재 해제를 위한 노력을 알고 있고 협의도 했다"는 언급이 있었다.[7]

물론 모스크바에서 떠도는 소문은 데리파스카의 개인 지분으로 되어 있던 주식 상당수가 이미 VTB로 양도하는 것으로 계획되었던 것이고, 이 양도와 관련한 공개되지 않은 조건이 있으며, 글렌코어의 지분 교환은 데리파스카와 글렌코어 그룹 간에 2018년 4월 이전에 이미 합의가 되었던 것이기 때문에 사실상 데리파스카가 손해 본 것이 없다는 것이다. 하지만 이런 내용들이 사실인지 아니면 단순한 소문인지의 여부를 알기까지는 또 많은 시간이 필요할 것이다.

7 RBC.ru, 'Силуанов сообщил о контактах с Минфином США по санкциям', 25 дек 2018
https://www.rbc.ru/economics/25/12/2018/5c2160ab9a7947f57ce84578
Reuters, 'Russia finance minister says hopes commitments between Rusal, U.S. Treasury fulfilled', DECEMBER 25, 2018.
https://www.reuters.com/article/uk-usa-russia-sanctions-rusal/russia-finance-minister-says-hopes-commitments-between-rusal-us-treasury-fulfilled-idUKKCN1OO09B?edition-redirect=uk

루살(Rusal)의 새 CEO로는 프랑스의 장-피에르 토마(Jean-Pierre Thoma)가 선임됐다. 전임 CEO였던 독일인 마티아스 바르니흐(Mathias Warnig)의 뒤를 이어 루살(Rusal)을 책임지게 됐다. 그는 사르코지가 프랑스 대통령으로 있을 때 프랑스와 러시아의 관계 증진을 위한 특별 보좌관을 지낸 인물이다. 마티아스 바르니흐(Mathias Warnig)는 2012년 10월부터 2018년 12월 26일까지 재직했다.

루살(Rusal)에 대한 제재와 그 해제의 과정은 러시아에서 올리가르흐와 정부의 정책을 결정하는 정책 결정권자의 관계를 생각하는 데 새로운 시사점을 준다. 올리가르흐가 지배하고 있는 주요 기업들이 과거보다 더 글로벌 가치 사슬에 얽혀있다는 것을 보여준다. 이는 올리가르흐가 러시아 정부뿐 아니라 상호 의존적인 산업 구조하에서 자신들 보유의 기업에 대한 압력을 국제 사회서도 느끼게 되며 반대로 국제 사회도 러시아 기업에 대한 상호 의존성이 단순히 에너지가 아니라 다른 분야에서도 더 깊어졌다는 것을 의미한다.

올리가르흐 집단은 사안별로, 그리고 시기별로 푸틴과 유착하기도 했지만 때로는 '부패와의 전쟁' 등의 이름으로 푸틴에 의해 단죄를 당하는 등 어려움을 겪기도 했다. 하지만 푸틴의 통치 기간 내내 이들은 주연에 가까운 조연으로 기능했다. 푸틴의 통치 기간이 길어지면서 올리가르흐 집단은 분화를 거듭해 일부는 쇠락하고 일부는 더욱 번성하는 모습을 보였다.

2008년 조지아와의 전쟁과 남오세티야 합병, 2014년의 크림반도 병합, 2020년 미국 대선 개입 의혹과 같은 일들은 서방의 제재를 가져왔고 이는 올리가르흐들의 고민을 더 깊게 만든다. 러시아 정부의 주요한 결정이 자신들의 이익에 직접적인 영향을 미치기 때문이다. 이러한 상황의 지속은 올리가르흐 집단과 실로비키를 비롯한 강경 민족주의 그룹의 역학 관계를 미묘하게 흔들 수도 있다. '포스트-푸틴'을 준비하는 2024년까지의 과정에서 올리가르흐들과 통치 엘리트들 그리고 푸틴은 이런 새로운 상황에 대한 해법을 찾아야만 한다. '포스트-푸틴' 체제에서 러시아의 운명은 푸틴의 사람들과 올리가르흐들의 이해관계가 교차하는 지점에서 갈릴 수도 있다.

### 4-4 '포스트-옐친' 체제 준비 과정과 '포스트-푸틴' 체제 준비 과정의 차이

2020년에 접어들면서 푸틴은 개헌과 새로운 내각 구성을 단행했다. 이를 계기로 엘리트 내의 세대교체의 흐름이 분명해졌다. '포스트-푸틴' 체제에 대한 논의도 점점 뜨거워지고 있다. 옐친 초기부터 감안할 경우 약 30년 동안 러시아를 통치해 온 통치 엘리트들은 이러한 상황에서 어떤 생각을 하는 것일까?

'포스트-푸틴' 체제는 러시아를 이끌어왔던 세력의 집단적 교체를 의미한다. 과거 옐친 세력, 특히 '세미야' 그룹은 자신들의 주도로 푸틴을 발탁해 후계 체제를 성공적으로 만들었다. 하지만 옐친을 계승한 푸틴은 크렘린을 장악한 후 '옐친 체제'와 주도 세력과 통치 스타일에서 완전히 다른 새로운 '푸틴 체제'를 만들었다.

'포스트-푸틴' 체제는 푸틴의 주도하에 '푸틴 체제'의 실세들에 의해 준비되고 만들어질 것이다. 이들이 후계 체제를 형성하는 데 절대적인 영향력을 행사할 것이다. 때문에 푸틴과 이들 통치 엘리트들 간에 합의되고 선택된 시스템이 어떤 형태일 것이냐가 매우 중요하다.

그런 점에서 2020년에 개정된 헌법은 많은 시사점을 준다. 새로운 헌법 체제에서 푸틴은 새롭게 대통령에 출마할 수도 있다. 또 자신의 막강한 카리스마와 집권당에 대한 장악력을 활용해 의회나 국가 자문기구의 의장 역할을 맡아 섭정을 할 수도 있다. 푸틴과 푸틴 체제의 통치 엘리트들이 어떤 선택을 할 것인지는 푸틴의 헌법상 4기 임기가 끝나는 2024년을 전후한 국내외 상황을 면밀히 검토한 후에 결정될 것이다.

그러나 푸틴이 2024년 이후 권좌에 남아있느냐의 여부와 상관없이 통치 엘리트 집단의 세대교체와 '포스트-푸틴' 체제 형성을 위한 준비는 착실히 진행될 것이다. 러시아가 직면한 새로운 도전과 통치 엘리트 그룹의 노쇠화는 새로운 세대와 새로운 시스템을 요구하고 있기 때문이다. 현재의 통치 엘리트 그룹이 영향력을 행사한다는 점에서 '포스트-푸틴' 체제가 만들어져 가는 모습은 '포스트-옐친' 체제가 만들어지는 과정과 유사한 궤적을 그릴 것이다. 하지만 본질적으로 다른 점도 있다. 바로 푸틴 스스로가 '포스트-푸틴' 체제를 준비한다는 사실이다.

우리는 앞 장에서 '포트스-푸틴' 체제를 뒷받침할 신흥 엘리트들이 푸틴과 크렘린의 실세들에 의해 선발되고 양성 중이라는 사실들을 알 수 있었다. 그리고 이러한 작업은 그 누구도 아닌 푸틴이 주도하고 있다는 것도 알 수 있었다. 바로 이런 점이 '포스트 옐친' 체제를 형성하려던 1990년대 말과 '포스트-푸틴' 체제를 형성하려는 2024년의 본질적인 차이다.

특히 대통령의 리더십과 그를 뒷받침하는 엘리트 세력의 단합력에 있어

'포스트-옐친' 체제와 '포스트-푸틴' 체제를 준비하는 상황은 근본적으로 다르다. 2021년의 푸틴의 리더십과 통치 엘리트들의 단합력은, 옐친의 건강이 극도로 악화되고 크렘린의 리더십이 도전받던 1990년대 말과는 비교가 불가능할 정도로 강하다.

또 다른 측면에서의 결정적 차이는 대외 관계다. 서방과의 관계에서 1990년대의 옐친과 왕당파들은 비교적 우호적인 관계를 유지하고 있었다. 비록 코소보 사태 이후 날카로운 대립의 모습을 보였지만 미국과 서방은 옐친을 민주주의 지도자로 간주했고 러시아 민주주의의 운명은 옐친 정권의 운명에 달려 있다는 생각이 강했다. 당연히 옐친 정권의 핵심 엘리트들이 선택한 후계자는 친서방 세력이라는 인식이 강했다.

하지만 2014년 이후 푸틴 정권과 서방과의 관계는 좋지 않다. 특히 미국과의 관계는 최악이다. 서방은 푸틴을 민주주의 지도자로 보지 않는다. 크림반도 병합과 시리아 사태의 개입 등을 통해 자신에 대한 지지 기반을 강화하고, 러시아의 이익을 수호한다고 생각하는 현재의 통치 엘리트와 푸틴이 집권하고 있는 상황에서는 '미-러' 관계 개선의 전기가 어떤 식으로 만들어질지 예측마저도 어려운 상황이다.

미국의 힘이 1990년대와 2020년대에 본질적인 차이가 있고, 체제 측면에서 미국이 느끼는 제1의 경쟁자가 러시아가 아니라 중국이라는 점도 '포스트-옐친' 체제와 '포스트-푸틴' 체제를 준비하는 상황을 근본적으로 다르게 느끼게 한다.

1990년대의 미국은 유일 초강대국이었다. 하지만 미국의 힘은 2001년

9·11테러로 인해 완전히 달라진다. 러시아가 혼란과 재정비의 시간을 오가던 지난 30여 년 동안 급성장한 중국은 이제 미국의 글로벌 경쟁자다. 미국은 러시아를 억제해야 하지만 그보다는 인도-태평양에서 중국을 더 강력하게 억제해야 한다.

여기다 테러와의 전쟁이 시작된 지 20년이 지난 상황에서 갑작스럽게 악화된 중동과 중앙 유라시아 지역의 지정학적 상황도 1990년대 말과는 완전히 다른 상황이다. 2021년 8월 15일 탈레반의 아프가니스탄 재점령과 탈레반 정부 통치의 시작은 미국에게 작게는 중앙 유라시아 크게는 글로벌 공간에서 새로운 협상과 파트너십의 구축을 요구한다.

이러한 변화된 상황은 1990년대 '포스트-옐친' 체제를 준비하던 러시아의 엘리트들의 고민보다는 '포스트-푸틴' 체제를 준비하는 현재의 러시아 지도자와 러시아의 통치 엘리트들에게 서방과의 관계에서 더 많은 선택의 옵션을 제공한다.

'COVID-19'라는 팬데믹도 '포스트-옐친' 체제와 '포스트-푸틴' 체제를 준비하는 상황을 근본적으로 다르게 느끼게 한다. 'COVID-19' 사태는 강력한 리더십과 국가의 시민 사회에 대한 개입에 거부감을 약화시킨다. 오히려 시민의 삶을 책임지고 경제에 대한 개입을 강화하라는 요구가 더 강한 상황이다.

푸틴은 이런 상황에서 자신이 생각한 구도대로 '포스트-푸틴' 체제를 준비 중이다. '포스트-푸틴' 체제의 엘리트들은 지난 20여 년 동안 푸틴과 그의 측근들이 지켜왔던 핵심 가치와 이익을 수호하고자 할 것이다. 그리고 핵심 이익과 이익 수호를 위한 방법론을 놓고 그들 내부에서 치열한 갈등을 보일 것이다.

2018년 집권 4기를 개시한 후 푸틴이 보여준 행동은 그가 '포스트- 푸틴' 체제를 이끌고 갈 신흥 엘리트 형성을 위해 새로운 계획을 입안하고 진행 중임을 예측하게 한다.

이 기간 러시아 국내 정치의 향방 및 후계 체제와 관련해 푸틴이 진행한 가장 중요하고 상징적인 것은 러시아 국가 구조의 변화를 초래하는 헌법 개정을 성사시킨 것이다. 헌법의 개정으로 인해 푸틴은 3선 연임 제한 규정에서 자유로워졌다. 이제 푸틴은 2036년까지 권좌에 앉을 수도 있다. 아니면 새로운 헌법에 의해 강화된 의회와 국가 자문 기구 등을 활용해 섭정을 할 수도 있다. 그가 어떤 선택을 하든 러시아 경제와 사회 체제가 2024년까지로 예정된 그의 집권 4기 내에 재편될 것이다

이런 점에서 푸틴이 '포스트-옐친'의 후계자로 낙점을 받기까지 그의 선택을 둘러싼 크렘린 내 실세들의 이해 충돌과 세력 간 조율이 어떤 방식으로 결정되었는지, 본질적인 이슈는 무엇이었는지를 다시 현재의 시각을 갖고 세밀하게 살펴볼 필요가 있다.

제5장

# ‘포스트-푸틴’ 체제에 대한 예측

## 5-1 '포스트-푸틴' 체제 예측을 위한 '포스트-옐친' 시대의 결정적 국면들

2024년 이후 푸틴 4기 이후의 러시아 엘리트 구조가 어떻게 변화할 것인지를 예측하기는 쉽지 않다. 하지만 현재의 '푸틴 체제'는 체제가 공고해지기까지 수차례에 걸쳐 결정적 국면을 맞았었다. 그리고 이러한 고비마다 푸틴과 그를 보좌한 그룹들이 '푸틴 체제'를 지켜냈다. 지난 20여 년의 기간 동안 푸틴과 푸틴 체제의 엘리트 그룹이 어떤 원칙을 가지고 그들이 이익을 지키면서 이합집산을 했는지 자세히 살펴보면 '포스트-푸틴' 체제를 예측하는 힌트가 나올 수도 있다.

푸틴과 '포스트-옐친' 체제의 통치 엘리트의 형성 과정을 이해하기 위해서는 반드시 기억해야 할 두 가지 결정적 국면이 있다. 하나는 푸틴이 옐친의 후계자로 선정돼 크렘린의 주인이 되는 1999년 말에서 2000년 5월까지의 상황이다. 또 다른 하나는 2000년 5월 대통령에 오른 그가 자신의 측근 그룹을 시켜 러시아의 권력을 뒷받침해 온 '렌트'(Rent) 구조(주로 에너지와 군산 복합체 부문)를 재편한 2001년부터 2003년을 전후한 상황이다.

푸틴은 이 기간 옐친 체제의 핵심 세력들의 신임을 샀고, 짧은 기간 동안 무명의 인물에서 러시아 대통령의 자리에까지 올랐다. 옐친의 왕당파 세력 중 '세미야'(가족. family) 그룹은 '포스트 옐친' 체제의 러시아에서 자신들을 지켜주고 러시아의 민주화를 계속 이어갈 후계자로 푸틴을 점찍었다. 그리고 그를 대통령의 자리에 당선시켜 권력을 재창출하는 데 성공했다.

대통령에 당선되기까지 푸틴은 이들 '세미야' 그룹의 신임을 잃지 않기 위해 노력했다. 하지만 대통령이 된 2001년 이후엔 러시아 렌트 체제의 핵심 산업인 석유 가스 산업과 핵심 기업인 '가즈프롬' 그룹을 정리했다. 또 정치에 관여하던 올리가르흐 세력도 굴복시켰다. 가즈프롬엔 자신의 측근 세력인 상트페테르부르그 출신의 전문 경영인 알렉세이 밀레르 등을 보내 재편하고 장악했다.

이 두 결정적 국면을 겪으면서 푸틴은 자신을 정점으로 하는 수직적 위계구조를 확립하는 데 성공했다. 또 이 과정을 거쳐 새로운 권력 엘리트 그룹이 푸틴과 함께 러시아의 주요 기관과 렌트 시스템을 장악하게 됐다. 이들 신흥 엘리트 그룹은 2000년 이후 현재까지 러시아를 지배하는 '실로비키', '상트 페테르부르그 파벌', '푸티니스트' 등으로 불리는 세력이다.

이들은 현재 다시 한번 결정적 국면을 맞고 있다. 2024년 이후엔 '푸틴 체제'가 다시 새로운 후계자를 선정하고 통치 엘리트의 교체를 진행해야 하기 때문이다. 때문에 2018년 푸틴이 대통령에 다시 선출된 이후에 진행되고 있는 현재의 통치 기간은 과거 엘리트 세력의 교체기와 앞으로 러시아를 이끌 '포스트-푸틴' 체제의 신엘리트 형성기라고 부를 수 있다.

### 5-2 '포스트-옐친' 체제 형성과 세미야 그룹이 푸틴을 선택한 이유

1990년대 말 러시아는 '포스트-옐친' 체제에 대한 논의가 활발했다. 크렘린을 중심으로 한 대통령의 리더십이 크게 흔들리면서 크렘린과 워싱턴을 중심으로 한 서방에서는 어떻게 해서든 공산당이 주도하는 과거로의 회귀를 막아야 한다는 절박감이 강하던 시점이었다. 서방은 '포스트- 옐친' 체제가 반서방 정권이 되는 것을 두려워했다. 또 러시아 내부에서도 민영화를 통해 사유재산을 불리는 데 성공한 중산층과 막대한 부를 형성한 올리그르흐 그룹은 '포스트-옐친' 체제는 자신들의 재산을 합법적으로 보장하는 정권이어야 했다.

푸틴은 이러한 과정에서 '포스트-옐친' 체제의 가장 큰 목표인 공산당 세력의 부활과 통제 경제로의 회귀를 막을 수 있는 유일한 대안이 됐다. 이때 푸틴을 발탁하고 지지하고 마지막에는 보리스 옐친 초대 대통령의 후계자가 되도록 한 핵심 세력은 일명 '세미야'(러시아어로 가족이라는 뜻)로 불리는 옛 옐친 패밀리 세력이었다.

또 이들과 함께 옐친 체제하에서 급격하게 부를 축적한 친옐친 올리가르흐들도 푸틴을 지지했다. 올리가르흐들은 보리스 옐친의 재임 기간 민영화를 통해 급격하게 크렘린과 유착했고 이를 기반으로 정치에 영향력을 행사하는 세력들이었다.

<그림 38> 옐친 시기 통치 엘리트―세미야 그룹을 중심으로

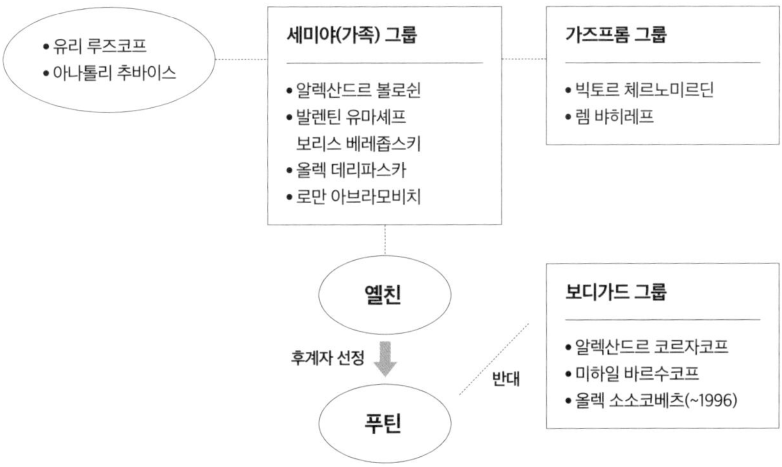


자료 : 러 언론 및 저자의 개인 취재를 바탕으로 저자 작성.

1990년대 중반 이후 옐친을 옹립하던 엘리트 그룹은 '포스트—옐친 체제'를 놓고 두 번의 대립을 했다. 한 번은 1996년 보리스 옐친 대통령의 재선 당시다. 또 다른 한 번은 옐친의 임기가 끝나가는 1999년 말의 상황이었다.

이들의 대립 중 첫 번째 대립은 조정하는 데 큰 어려움이 없었다. 비록 옐친의 인기가 급격히 하락하고는 있었지만 "옐친의 운명이 자신들의 운명"이라는 데 대해 합의가 쉽게 이루어졌기 때문이다. 또 당시 미국을 비롯한 서방 국가들도 옐친의 재선이 공산주의로의 회귀를 막는 유일한 길이라며 적극적으로 옐친의 재선을 지지하고 나섰다.

이런 분위기에서 당시 통치 엘리트 그룹은 옐친 재선 운동을 시작했다. 하지만 과정은 매우 복잡했다. 1996년 선거를 앞두고 당시 러시아 경제를 좌지우지하던 올리가르흐들이 자신들의 역할에 맞는 보장을 강력하게 요구한 것이다. 특히 이들 올리가르흐 중 '7명의 은행가'로 불리는 세미방크로슈치나(семибанкирщина, Semibankirschina)[1]들은 그들이 가진 힘을 아주 거칠게 과시했다.

1 '7인의 은행가(семибанкирщина)'라는 이름은 러시아 역사에서 혼돈의 시기 무능한 황제를 폐위시키고 권력을 찬탈한 7명의 귀족들을 연상시킨다. 1610년 7월 17일 당시 러시아의 황제 바실리 슈이스키(Tsar Vasily Shuisky)는 7명의 귀족들(Семибоярщина)에게 권력을 찬탈당하는데 옐친의 재선을 위해 막후에서 영향력을 행사한 '7명의 은행가'를 언론에서는 과거 권력을 장악했던 7명의 귀족들과 비슷하다는 의미로 7명의 은행가로 불렀다. 7명의 은행가 이름은 당시 이들의 리더 격이었던 올리가르흐 보리스 베레좁스키가 언론 인터뷰에서 처음으로 언급했다. 이들 7명의 이름과 당시 이들이 소유했던 은행 및 주요 기업체는 다음과 같다.

1. Boris Berezovsky - United Bank, Sibneft, ORT, 2. Mikhail Khodorkovsky - Bank Menatep, Yukos, 3. Mikhail Fridman - Alfa Group, 4. Petr Aven - Alfa Group, 5. Vladimir Gusinsky - Most Group, NTV, 6. Vladimir Potanin - UNEXIM Bank 7. Alexander Smolensky - Bank Stolichny

측근 엘리트 그룹과 올리가르흐들은 옐친을 재선시키는 데 성공한다. 하지만 러시아의 정치와 경제는 더 깊숙하게 결합하는 결과가 됐다. 옐친을 재선시키는 데 절대적인 공헌을 한 7명의 은행가 중 블라디미르 포타닌 당시 오넥심 방크 그룹 회장은 경제를 책임지는 재무장관 겸 부총리로, 보리스 베레좁스키는 안보를 담당하는 국가안전 보장위원회(Security Council)의 권력 서열 2위인 부서기로 임명됐다.

'포스트-옐친' 체제를 본격적으로 준비해야 하는 두 번째 대립은 첫 번째보다 조정이 쉽지 않았다. 통치 엘리트 그룹 내에는 다양한 분파들이 있었다. 그중 가장 큰 대립은 옐친이 헌법을 개정해서라도 3연임을 시도해야 한다는 세력과 헌법을 파괴하지 말고 옐친의 후계자를 선정해 개혁을 지속해야 한다는 세력 간의 내립이있다.

첫 번째 세력은 옐친의 경호실장을 담당했던 알렉산드르 코르자코프를 비롯한 강경파들이었고 두 번째 세력은 옐친의 딸인 타티야나 디야첸코를 비롯해 알렉산드르 볼로쉰 크렘린 행정실장 등 주로 민간인 출신들이었다. 코르자코프 경호실장을 중심으로 한 오늘날의 실로비키와 같은 군부 및 보안 세력들은 옐친의 3선을 주장했다. 하지만 옐친과 그의 부인 나이나 여사는 대통령 자리를 더 추구하지 않겠다는 뜻이 확고했다.

이 과정에서 푸틴은 헌법을 파괴하기보다는 후계자 선정을 통해 러시아의 친서방 개혁을 지속해야 한다는 세력의 선택을 받았다. 이들 그룹엔 옐친의 딸이자 크렘린 실세인 타티야나 디야첸코, 그의 남편인 발레틴 유마셰프(크렘린 행정실장), 그의 멘토이자 크렘린 행정실장을 지낸 알렉산드르 볼로신 등이 있었다. 그리고 이들과 밀접하면서 페테르부르그 출신인 아나톨리 추바이스도 있었다. 아나톨리 추바이스는 모스크바 세력 및 서방 국가들과도 긴밀하고 동시에 러시아 경제를 새롭게 장악한 올리가르흐 세력과도 아주 가까웠다. 푸틴이 이들의 선택을 받았다는 사실은 바로 이들을 지지하거나 이들과 가까운 세력들이 푸틴을 지지할 것이라는 의미였다.

그러면 이들은 왜 푸틴을 '포스트-옐친' 체제의 적임자로 선택했을까? 푸틴이 이들의 선택을 받게 되는 상황을 제대로 이해하기 위해서는 1996년 옐친의 재선 당시의 사회 분위기와 옐친을 재선시키는 데 결정적인 역할을 한 일단의 사건들을 되짚어볼 필요가 있다. 특히 올리가르흐의 역할에 대한 이해는 필수적이다.

### 5-3 '포스트-옐친' 체제로의 이행과 올리가르흐 집단

푸틴이 '포스트-옐친' 체제의 후계자로 발탁되는 과정과 옐친의 재선 이후의 러시아 크렘린 내 권력 투쟁의 과정에서 올리가르흐들은 정치인들보다 상대적으로 주목을 덜 받아왔다. 하지만 당시 모스크바 외신기자들 사이에서는 올리가르흐들이 결정적으로 중요한 역할을 했다는 의견들이 많았다.

올리가르흐들은 민영화 과정에서 막대한 부를 축적했고 이러한 부를 활용해 정치에도 깊숙하게 개입해 왔다. 특히 언론을 장악한 이들은 이미 러시아 정치에서 자신들의 뜻을 관철한 전력이 있었다. 또 자신들의 부를 유지하고 확대하기 위해서는 러시아의 렌트 구조에 편승하는 것이 절대적으로 유리하다는 것을 잘 알고 있었다. 이는 러시아 경제가 여전히 천연자원 산업에 대한 의

존과 산업별로 독과점 구조를 가진 국영기업들에 의존하는 비율이 높다는 현실에서 비롯된 것이었는데 올리가르흐들은 이를 정확하게 파악하고 있었다.

때문에 올리가르흐들은 러시아 렌트 체제를 좌우하는 크렘린에 대한 그들의 영향력을 행사하는 데 주저할 이유가 없었다. 더군다나 올리가르흐들은 푸틴을 '포스트-옐친 체제'의 후계자로 선정하기 이전부터 이미 정치에 개입했고 옐친의 재선을 성공시킨 것과 같은 성공 스토리도 있었다.

앞서도 언급했듯 1996년 선거를 앞두고 크렘린의 리더십은 크게 흔들리고 있었다.

옐친의 당선이 명확하지 않은 상황에서 올리가르흐들은 자신들의 비즈니스에 유리한 환경은 과거로의 회기가 아닌 러시아의 개방 경제 지속과 서방과의 협력이라는 사실을 분명하게 인식하고 있었다.

때문에 이들은 당시 리더십이 흔들리며 당선이 불확실하던 옐친과, 기세를 올리며 정권을 재탈환할 것 같던 공산당의 겐나디 쥬가노프 당수에게 선거가 아닌 타협으로 권력을 결정하라며 '호소'를 빙자한 '통첩'을 발송한다.

일명 '13인의 편지(Письмо тринадцати)'로 알려진 이 통첩은 1996년 4월 27일 자 '네자비시마야 가제타' 신문에 게재되는데 당시 러시아 사회에 대한 올리가르흐의 영향력을 과시하는 하나의 상징적인 사례로 기록된다.[2]

2 러시아의 비즈니스 엘리트 등 13명이 옐친과 주가노프 당시 공산당 서기장을 대상으로 작성해 네자비시마야 가제타를 통해 공개적으로 게재한 이 서한의 제목은 '막다른 골목에서 벗어나자!'(Выйти из тупика!)였다. 당시 공개 편지에 서명한 13인은 다음과 같다.
1. 보리스 베레좁스키 로고바즈(ЛогоВАЗ)그룹 회장 2. 빅토르 고로딜로프 시베리아 석유 회사(Сибирской нефтяной компании) 이사회 회장 3. 블라디미르 구신스키 모스트 그룹(Мост)회장

올리가르흐들의 이러한 행동은 러시아 사회의 격렬한 비난의 대상이 됐고 반감이 거세졌다. 공산당 지도자이자 대통령 후보였던 겐나디 쥬가노프는 이들의 요구를 거절한다. ‘13인의 편지(Письмо тринадцати)’로 알려진 이 통첩은 목적 달성에 실패한다. 그리고 정치에 대한 올리가르흐들의 개입 시도에 대한 거부감이 확산한다. 하지만 이런 상황에서도 이 서한에 이름을 올렸던 올리가르흐들 중 일부는 여전히 ‘포스트-옐친’ 체제에 대해 자신들의 영향력을 행사하려 했다.

이들은 쥬가노프를 이기기 위해서는 결국 옐친밖에 없다는 사실에 대해 크렘린 내 옐친 지지자들과 이해를 같이 하고 이들과 연합해 옐친의 재선 운동을 적극화하기로 한다. 우여곡절 끝에 1996년 6월 16일 옐친은 대통령 선거에 출마한다. 선거는 피말리는 접전이었다. 1차에서 과반수 득표에 실패한 옐친은 겐나디 쥬가노프와 결선 투표까지 가는 접전을 벌여 54.4%의 득표율로 당선된다. 올리가르흐 집단과 서방은 안심했다. 러시아 내 친서방 개혁파 그룹 그리고 민영화를 통해 사적 재산을 형성하기 시작한 중산층도 안심했다.

하지만 이 과정에서 향후 러시아의 운명에 매우 중요한 하나의 집단이 출현한다. 일명 ‘7명의 금융인들’(Semibankirschina)로 불리는 금융 올리가르흐

4. 알렉산드르 돈두코프 OKB 야코블레프 사장(ОКБ имени Яковлева) 5. 니콜라이 미하일로프 빔펠(Вымпел) 회장 6. 세르게이 무라블렌코 유코스 석유(ЮКОС) 사장 7. 레오니드 네브즐린 로스프롬(Роспром) 사장 8. 알렉세이 니콜라예프 아프토바즈(АвтоВАЗ)사장 9.드미트리 오를로프 보즈로즈제니예(Возрождение) 은행 회장 10. 블라디미르 포타닌 오넥심 뱅크(ONEXIM bank) 회장 11. 알렉산더 스몰렌스키 스톨리치느야(Столичный банк сбережений)은행 회장 12. 미하일 프리드만 알파 그룹(Alfa Group)이사회 의장 13. 미하일 호도르콥스키 메나테프(Менатеп) 은행 회장

집단의 출현이 그것이다. 이들은 '13인의 편지'가 겐나디 쥬가노프 등에 의해 거부된 후 세력 분화를 거쳐 옐친을 재선시키자는 데 합의한 일단의 집단이다.

당시 7명의 올리가르흐가 결성한 이 집단은 자신들이 소유한 미디어를 총동원해 옐친의 재선을 위해 노력했다. 옐친이 재선한 후 이들 7명은 이후 직접 정치에 참여하거나 막후에서 막강한 영향력을 행사하며 국유재산을 사유화하는 데 절대적인 영향력을 행사한다[3].

이들은 러시아 경제의 주요 기업들을 지배하고 사유화에 개입했으며 관료 등 주요 공직의 인사에도 개입했다. 특히 주요 언론을 완전히 장악했다. 이들은 여기서 멈추지 않았다. 오넥심 그룹의 회장이었던 블라디미르 포타닌은 옐친이 재선된 후 경제를 담당하는 제1부총리가 됐고 보리스 베레좁스키는 국가안보위원회 부서기가 됐다.

이들은 '1996년~2000년'의 기간 동안 러시아의 정·관계를 쥐락펴락하면서 전횡을 일삼고 사유화 과정의 황금알을 낳은 기업체들과 이권을 독식한다. 이들이 이렇게 세력을 확장하는 과정에는 러시아 사유화 정책을 책임졌던 아나톨리 추바이스와의 친분도 영향이 있었다. 추바이스는 이들 7명의 은행가들이 러시아의 주요 사유화 기업을 포획하도록 도움을 줬다는 비난을 받았다. 이러한 올리가르흐들의 전횡을 빗대 러시아 국민들은 이들을 일명 '7명의 금융인들'(Semibankirschina)이라 불렀다. 이는 1610년 제국 러시아 시절 황제 '슈이스키'에 대항하며 전횡을 일삼던 7명의 귀족들(semiboyarschina)을 빗댄 단

3 이와 관련해서는 김석환'푸틴과 현대 러시아-올리가르흐, 가신 그리고 대통령' 2004. SM미디어에 자세히 언급되어 있다.

어다. 러시아 국민들의 원성의 대상, 공적 1호라는 의미인 것이다.

옐친의 재선은 4년을 확보하는 것을 의미할 뿐이었다. 올리가르흐들과 옐친의 왕당파들은 이제 더 이상 대통령에 출마할 수 없는 옐친을 대신할 '포스트-옐친' 체제를 강고하게 형성해야 했다.

그런데 '포스트-옐친' 체제의 방향성 등을 놓고는 이해관계가 옐친 그룹 내에서도 엇갈렸다. 옐친의 재선 출마에 대한 이견과 이를 둘러싼 갈등보다 훨씬 강했다. 1996년 이후의 크렘린과 모스크바 정계는 이익을 극대화하려는 올리가르흐들과 이들과 결탁한 일부 관료 및 일부 정치 실세들, 그리고 러시아가 흔들리지 않도록 강력한 리더십을 유지해야 한다고 믿는 일부 통치 엘리트들의 생각들로 매우 혼잡스러웠다.

이런 상황에서 모스크바 시장 유리 루즈코프와 타타르스탄 공화국의 민티미에르 샤이미예프 같은 지역적 정치 기반을 가진 인물들, 그리고 예브게니 프리마코프 같은 보수 성향의 엘리트들이 부상했고 크렘린의 권위는 크게 실추했다. 옐친과 소위 패밀리로 불리는 옐친 측근 세력들은 후계자를 선정하지 않을 수가 없었다. 푸틴은 이런 상황에서 옐친의 왕당파 그룹 중 가장 영향력이 강했던 세미야 그룹에 의해 선택된다. 푸틴은 이런 생각들의 교집합의 영역에서 '포스트-옐친' 체제를 형성하려는 세력들의 발탁을 받게 된 것이다. 푸틴은 1999년 12월의 국가 두마 선거에서 친여 성향의 단합당(Unity Party)의 성공을 이끌었고 5월의 대통령 선거에서도 당선됐다.

푸틴은 적어도 겉으로는 어떤 세력과도 결탁하지 않은 인물이었다. '포스트-푸틴'의 러시아를 이해하기 위해서는 옐친의 후계자를 옹립하려고 시도했던 세력의 구성을 면밀하게 살펴볼 필요가 있다.

이들은 '포스트-옐친' 체제의 상징으로 푸틴을 선발하고 푸틴을 대통령에 당선시키는 데 그치지 않고 현재까지 지속된 푸틴 체제의 진화 과정에서도 결정적인 역할을 수행해 왔기 때문이다.

그러면 '포스트-옐친' 체제의 상징으로 선택된 푸틴과 이들 집단과의 관계, 그리고 대통령에 당선된 후 새롭게 '푸틴 체제'를 형성한 푸틴 및 푸틴의 지지 세력 형성의 과정을 자세히 살펴보자.

## 5-4 '포스트-옐친' 체제의 후계자 푸틴 -옐친 말기 크렘린 내 세력 분포와 푸틴의 관계

러시아의 각 엘리트 세력 중 가장 먼저 그리고 가장 막강한 권력을 행사했던 그룹은 소위 '세미야(가족. family)'로 불렸던 크렘린을 장악한 옐친파 그룹이었다. 그런데 앞서도 언급했듯 이 '세미야' 그룹에는 정치인뿐 아니라 올리가르흐들도 포함되어 있었다.

'세미야' 그룹은 보리스 베레좁스키(로고 바즈 그룹 총재, 사망), 알렉산드르 볼로쉰(크렘린 前행정실장), 발렌틴 유마셰프(크렘린 前행정실장, 옐친의 딸 타티야나의 남편), 올렉 데리파스카('En+' 그룹 및 'Rusal' 그룹 회장) 그리고 로만 아브로모비치(투자회사 Millhouse 회장, 영국 프로축구 구단 첼시 구단주, 추코트카 前주지사2000~2008) 등이 중심이었다.

이들은 옐친 및 크렘린 실세들과 연합한 세력으로 옐친 말기까지 막강한 영향력을 과시하고 이권을 누렸다. 이들의 힘은 1990년대 후반부로 갈수록 더욱 커졌다. 영향력을 확대한 이들은 1990년대 말에는 최대 라이벌 그룹인 가스프롬 그룹을 밀어내고 독주하게 된다.

옐친 초기 '세미야(가족. family)' 그룹과 경쟁했던 대표적인 그룹은 세계 최대 가스 회사인 '가스프롬'을 기반으로 형성된 '가스프롬' 그룹, 아나톨리 추바이스를 정점으로 한 상트 페테르부르그 그룹, 유리 루즈코프 모스크바 시장을 중심으로 형성된 루즈코프 그룹 등이 있다.

이들 중 '가스프롬' 그룹은 1992~1998년 러시아 총리를 지냈던 빅토르 체르노미르딘을 수장으로 당시 가스프롬 회장이던 렘 뱌히레프 등이 포진해 있었다.

옐친 초기 엘리트 그룹에는 또 다른 세력이 있었는데 이들은 올리가르흐들과 친분을 유지했지만 별도의 그룹을 형성하지 않은 채 독자적으로 활동했다. 이런 독자 행동파 실력자 그룹은 주로 크렘린 행정실과 경호실을 중심으로 활동했다. 이들은 후에 푸틴 시대 실로비키와 비슷한 직업적 배경을 가진 인물들이었다.

이들 그룹의 대표적인 인물로는 경호실장을 역임했던 알렉산드르 코르자코프, 크렘린 경비대장 및 연방보안국(FSB. KGB의 후신) 국장을 지낸 미하일 바르수코프가 있다. 또 전문 관료 출신으로 소련 시절 철강 산업계 전반을 관장하던 올렉 소스코베츠도 비교적 독자적인 영역을 갖고 활동한 인물이다. 올렉 소스코베츠는 1996년 옐친의 재선 운동 시절 최초의 선거 대책 본부장이었으나 그의 전략이 최종적으로 거부되면서 그 자리에서 물러났다.

이들과 푸틴의 관계는 대체로 우호적이었다. 우선 옐친 세력과의 인연을 맺게 해준 것은 크렘린과 가까운 추바이스 그룹이었다. 또 푸틴을 옐친의 후계자로 천거한 인물이 당시 크렘린 내에서 거주하면서 옐친 가문과 깊은 인연을 맺고 있던 신흥 올리가르흐인 로만 아브로모비치였다. 그는 푸틴을 옐친의 후계자로 처음 천거한 인물이자 푸틴이 총리 권한 대행이 됐을 때 푸틴의 관료들을 추천하는 업무도 맡은 적이 있는 것으로 알려져 있다.[4]

아브라모비치는 보리스 베레좁스키와도 관계가 좋았다. 이 때문에 푸틴은 옐친을 뒷받침했던 러시아의 신흥 올리가르흐들과도 우호적 관계를 형성할 수 있었다. 크렘린 내 최대 파벌이자 올리가르흐 그룹 중 신흥 세력들로 '세미야' 그룹과 연결된 세력들도 푸틴을 지지했다. 이는 푸틴을 옐친의 후계자로 발탁한 옐친의 가족(타티야나 디야첸코) 및 가족과 연결된 측근 그룹들의 영향력 때문이었다.

'세미야' 그룹은 푸틴을 후계자 중 한 명으로 낙점한 후 그를 관찰했고 최종적으로 그를 옐친의 후계자로 책봉했다. '세미야' 그룹은 푸틴을 물심양면으로 지원했다. 이들은 푸틴을 크렘린 행정실에서 FSB(연방보안국) 국장, 총리 및 대통령 권한 대행 등으로 승진시키면서 이행기 러시아의 운명과 그들의 운명을 푸틴에게 맡겼다.

옐친의 통치 기간 이미 크렘린에 입성해 있던 페테르부르그 출신들로 구성된 페테르부르그 파벌의 일부도 푸틴을 적극 지지했다. 푸틴은 이들과 상트 페테르부르그 부시장으로 일하던 때 인연을 맺었다. 이들은 크렘린 내 실무진

4 Sakwa, Richard 'The Crisis of Russian Democracy: The Dual State, Factionalism and the Medvedev Succession.' Cambridge University Press. 2011.

들과 관계가 좋았다.

푸틴은 옐친의 왕당파들인 크렘린 경호실 인물들과도 관계가 좋았다. 푸틴 본인도 KGB 출신이었기 때문에 바르수코프나 그의 보스인 코르자코프가 출신 배경상 친근감을 느꼈다.

푸틴은 이처럼 옐친을 둘러싼 통치 엘리트 세력들과 관계가 좋았다. 하지만 '푸틴 체제'가 형성된 2000년 이후 이들의 관계도 다양한 인연만큼이나 다양하게 변했다. 이제부터는 2000년 이후의 상황을 좀 더 깊게 살펴보자.

### 5-5 '포스트-옐친' 체제를 넘어 '푸틴 체제'를 구축하려는 푸틴의 노력 -실로비키와 리버럴 그룹의 역할과 기여

'포스트-옐친' 체제의 후계자로 선정된 푸틴은 곧바로 '푸틴 체제'를 구축해 나갔다. 푸틴은 일단 국가에 질서를 잡고 경제의 부흥을 이룩하려 했다. 그러기 위해서는 사회가 안정되어야 했다. 또 이러한 목표를 달성하는 데 필요한 이해 당사자 그룹과 그들의 리더 그룹들, 분야별 엘리트 그룹들의 지지가 필요했다. 푸틴은 자신의 통치 기간 내내 이러한 목표를 달성하고자 했다.

그는 국가의 질서를 위해 실로비키를 중용했고 마찬가지로 경제의 부흥과 안정을 위해 리버럴 그룹을 중용했다. 그리고 각 분야별 엘리트들의 이해관계를 조정하고 이들의 지지와 복속을 이끌어 내기 위해 전문 관료 집단을 활용했다.

이 결과 푸틴 체제는 두 가지 특징을 보여줬다.

하나는 재정 및 경제 정책에 있어 지극히 보수적인 정책을 견지했다. 낮은 실업률, 저인플레, 재정 적자 축소, 대외 부채 감소 등을 지속적으로 유지하면서 안정적인 사회를 건설하겠다는 약속을 지키려 노력했다.

이 과정에서 올리가르흐들과 국가가 대주주인 국영기업들은 이러한 정책을 유지하는 데 큰 도움을 주었다. 이들은 상대적으로 높은 고용률을 유지했고 친정부적 논조를 유지하는 언론기관들을 보유하면서 크렘린을 지지했다.

자유주의 성향의 지식인 전문가 집단은 2000년대 초반 제2차 시장경제화 조치들을 진행했다. 소위 개혁파 관료들로 불리는 알렉세이 쿠드린과 게르만 그레프가 이를 주도했다. 이들은 단일 소득세율(flat income tax)을 도입하는 등 재정 및 금융 정책의 근간을 국제 기준에 맞게 설계하는 데 중요한 역할을 했다.

특히 게르만 그레프 등은 13%의 단일 소득세를 도입하고 35%에 달하던 법인세를 24%로 인하해 재정 수입을 증대하는 데 성공을 거두었다. 러시아가 도입한 단일 소득세율 13%는 세계적으로도 과감한 개혁 조치로 받아들여졌다.

특히 미국에서는 당시 공화당 내에서 원내 대표인 딕 아미(Dick Armey)와 억만장자 스티브 포브스(Steve Forbes) 등이 소득세 감세 법안을 통과시키려 노력하면서도 제대로 된 성공을 거두지 못한 상황이라 푸틴의 과감한 개혁과 그 성공에 대해 우호적인 평가가 많이 나왔다.[5]

단일 소득세 13%는 러시아 기업인들로부터 호감을 샀다. 푸틴 정부가 진

5 Daniel J. Mitchell, 'Russia's Flat Tax Miracle', The Heritage Foundation.Mar 24th, 2003. https://www.heritage.org/europe/commentary/russias-flat-tax-miracle

행한 세금개혁은 합법적이고 감당할 수 있는 조치라는 호평을 받았고 결과적으로 이런 개혁이 조세 수입을 늘린다는 확신을 러시아 통치자들에게 심어주게 했다.

그레프와 개혁주의자들은 이러한 공로로 이후 일정한 정치적 지분과 신뢰를 형성했고 서방과 러시아 국내 모두에서 합리적인 세력으로 자신들을 부각시키는 데 성공한다.

푸틴 체제의 또 다른 특징은 경제 일변도 정책만을 추구하지 않았다는 것이다. 푸틴은 실로비키로 불리는 KGB나 국방부, 내무부 출신들과 함께 '강한 러시아의 부활'을 우선적으로 추진했다.

이들은 푸틴과 함께 민족주의적이고 애국주의적인 정책을 입안하고 시행하는 데 역할을 했다. 이들은 주로 푸틴과의 특별한 인연을 가진 사람들을 중심으로 집중적으로 발탁됐다. 이들은 소련 해체와 체첸 전쟁 등의 영향으로 연방의 구심력이 약화되는 것을 저지하고 러시아의 경쟁력과 글로벌 위상 유지를 위해 국방 산업과 국방력을 최고 수준으로 복원해야 한다는 논리를 관철시키려 했다.

푸틴이 2001년 러시아의 권력 구도를 일거에 뒤바꾸는 개혁인 소위 '권력 구조에 대한 개편'을 진행했을 때 실로비키들이 이를 뒷받침했다. 당시 푸틴은 러시아 연방을 7개의 관구로 나누었고 각 관구에 대통령의 전권 대표를 선출해 파견했다. 이들 전권 대표들은 중앙에서 지역에 파견된 인물들로 크렘린 행정실에 직접적으로 보고의 의무를 부여받았다. 그리고 이들 대부분은 KGB나 무력 기관 출신들이었다. 이들의 득세는 러시아 정치에서 실로비키

(siloviki)로 불리는 신흥 통치 엘리트들이 출현해 활동할 것임을 예고하는 것이기도 했다.

대통령에 당선된 후 푸틴은 올리가르흐 집단에도 새로운 방향을 제시했다. 이는 푸틴이 대통령에 당선된 후 내놓은 첫 번째 정치적 메시지이기도 했다.

메시지는 간단했다. 정치와 비즈니스의 경계를 넘지 말라는 것이었다. 그는 블라디미르 구신스키와 보리스 베레좁스키가 장악하고 있던 러시아 TV 및 방송에 대한 영향력을 차단했고 그들을 응징했다. 베레좁스키 등 정치에 관여해 영향력을 행사하던 올리가르흐들은 탄압을 받거나 숨을 죽였고 푸틴은 정치에 관여하지 않는다면 올리가르흐들은 무사할 것이라는 메시지를 계속해서 발신했다.

하지만 모든 올리가르흐가 푸틴에게 고개를 숙인 것은 아니었다. 유코스의 호도르콥스키는 정치에 대한 관심을 거두지 않았다. 그는 국가 두마 의원들을 자신의 영향력 아래에 두고자 공산당을 비롯한 각 정파에 선거 자금을 제공하기도 하고 자신의 측근들을 국가 두마 후보에 입후보시키기도 했다. 또 러시아 정부의 세금 징수에 대응하고 회사의 파산을 막기 위해서라는 명분으로 유코스(Yukos)의 지분을 외국계 회사에 매각하려 했다.[6]

호도르콥스키의 이러한 시도에 대해 모스크바 관측통들 사이에서는 유코

6 'Михаил Ходорковский предлагает отдать свои акции ради спасения "ЮКОСа"', Коммерсантъ Деньги, 'ЮКОС, накось!', 23.02.2004
https://www.kommersant.ru/doc/452026
The Guardian, 'Khodorkovsky offers to sell his Yukos shares', 7 Jul 2004.
https://www.theguardian.com/business/2004/jul/07/oilandpetrol.russia

스의 지분을 포기하고 다른 사람에게 넘기라는 크렘린의 압력에 대항하는 측면도 있다는 추측들도 나왔다. 실제로 러시아 언론에는 유코스의 지분을 보유하고 있던 주주들 중 일부가 호도르콥스키의 석방을 조건으로 유코스 주식을 크렘린이 지명하는 인물들에게 매각하려 한다는 내용들이 연일 보도되기도 했다.[7]

외국에 자신의 지분을 매각하려 한 호도르콥스키의 이러한 행동은 푸틴과 측근들의 분노를 샀다. 호도르콥스키는 횡령, 세금 탈루 등의 혐의로 구속되고 그의 회사는 푸틴의 측근인 이고리 세친이 소유한 국영 석유회사 로스네프티와 역시 푸틴과 가까운 알렉세이 밀레르가 회장으로 있던 가즈프롬에 분할 매각됐다. 호도르콥스키는 2003년 체포된 후 2013년 푸틴에 의해 사면될 때까지 10년을 복역했다.

호도르콥스키 사태는 올리가르흐에게 강력한 신호를 주었다. '포스트-옐친 체제'가 아니라 '푸틴 체제'가 도래했다는 신호였다. 당시 푸틴은 민영화됐던 러시아의 석유 회사들을 재국유화하고자 했다. 이는 사유화 과정에서 막대한 부를 형성한 석유 재벌들에 대한 국내 여론의 악화를 반영하는 부분도 있었고 당시 국제 유가의 변동과 석유 산업의 시장 상황과도 연관이 있었다. 또 다른 측면은 러시아의 '렌트 시스템'을 푸틴과 그의 그룹이 장악하고자 하는 측면도 있었다.

---

7 New York Times, 'Exxon May Offer $25 Billion for 40% of Yukos', Oct. 2, 2003. https://www.nytimes.com/2003/10/02/business/exxon-may-offer-25-billion-for-40-of-yukos.html

푸틴은 이러한 목표를 달성하기 위해 우선 국영 석유 회사인 로스네프티와 가즈프롬을 강화하고자 했다. 유코스 사태를 경험한 올리가르흐들은 푸틴의 이러한 방침을 순순히 따랐다. 시브네프티를 소유했던 로만 아브라모비치는 가즈프롬에 130억 달러를 받고 회사를 넘겼다[8].

푸틴은 유코스를 시발로 해 러시아가 소련 해체 후 자본주의 체제로 이행하면서 단행된 가장 중요한 변화들을 빠른 속도로 진행해 나갔다. 옐친 시대에 각종 국영 기업들이 민영화의 이름으로 올리가르흐에게 팔려나간 상황을 어느 정도 정리하려 했다. 올리가르흐가 인수한 국영 기업들은 대부분 단위 산업별로 볼 때 독점 혹은 과점의 상태로 러시아 경제에 막강한 영향력을 행사하는 기업들이었다. 또 운영 자금의 일시적 어려움을 제외한다면 기업의 지속 가능성이나 수익성에서도 높은 평가를 받는 기업들이 대부분이었다. 당연히 올리가르흐들은 황금알을 낳는 주요 국영 기업들의 민영화 과정에서 막대한 이익을 얻고자 했다. 국가에 의해 적당히 경쟁 및 참여를 제어하면서 새로운 형태로 재편되는 러시아의 렌트 시스템의 새로운 주인으로 올리가르흐가 계속 득세하려 했다. 푸틴은 이런 올리가르흐의 렌트 편취를 개편하고자 했던 것이다.

푸틴이 개편하고자 했던 렌트 시스템의 일단을 올리가르흐 집단이 장악했던 석유 부분에 한정해 살펴보자.

러시아 경제는 과거에도 현재에도 에너지 부분이 매우 중요하다. 소련 해

8 The Guardian, 'Abramovich sells his last big stake in Russia to Kremlin', 29 Sep 2005. https://www.theguardian.com/business/2005/sep/29/oilandpetrol.russia

체 직후인 1992년 당시 러시아에는 300개의 국영 석유 기업이 있었다. 이들은 콘체른 형태의 루코일, 생산 단위 연합체, 정유 기업, 탐사 기업, 배송 기업 그리고 연구 기업 등의 형태로 존재했다. 옐친 체제는 이를 급속하게 사유화했고 푸틴 체제 초기도 마찬가지였다. 10년도 지나지 않아 러시아 석유 업계는 급격한 구조 변화를 겪었다.

300개의 국영 석유 업체 대부분이 민영화됐고 이들은 6개의 민영 업체 루코일, 유코스, 수르그네프테가스, 시브네프트, 튜멘오일&가스, 슬라브네프트와 3개의 국영기업(로스네프티, 타트네프티, 바슈네프티) 중심으로 재편됐다.[9]

석유산업 전문지(Petroleum Intelligence Weekly 2003) 및 통계 자료(Russian Oil Year Book 2004) 등을 종합해 살펴보면 특히 6개의 민영 석유 업체들은 탄생하자마자 세계 50대 석유 생산 업체로 등극할 정도로 대규모 생산 능력을 과시했다. 당연히 수익도 막대했다.

당시 러시아 석유 산업 민영화를 추적한 연구들에 따르면 2003년 무렵 이들은 러시아 석유 생산의 75%, 석유 수출의 70%~80%, 석유 생산 가능 확정 매장지 60%를 확보했다. 반면 3개의 국영 석유 업체는 러시아 석유 생산의 8%, 석유 생산 가능 확정 매장지의 15%만을 확보하고 있었다.[10]

하지만 이런 비정상적 상황이 계속될 수는 없었다. 국가의 개입은 시간의 문제였지 불가피했다. 푸틴이 대통령에 당선된 후 국가의 압력이 시작됐다. 국

9 Li-Chen Sim, 'The Rise and fall of Privatization in the Russian Oil Industry', p.1, Palgrave, 2008

10 op. cit. p.1

영 기업체들의 영향력이 회복되기 시작했다. 러시아 정부는 석유 산업을 국영 석유 업체인 로스네프티를 중심으로 재편하고자 했다. 가스 산업은 이미 가즈프롬을 중심으로 확고한 장악력을 확보했다.

2004년 12월과 2005년 9월 러시아 정부의 압력으로 유코스와 시브네프티의 중요한 자회사였던 유간스크네프테가스가 로스네프티 등으로 매각됐다. 이후 석유 산업에서도 국영 석유 업체들의 영향력이 증가하기 시작해 국영 업체들이 러시아 석유 생산 총량의 1/3 수준을 담당하게 되는 데 성공한다. 하지만 러시아의 민영 석유 기업은 현재에도 여전히 러시아 총생산 석유량의 2/3 정도를 담당하고 있다.

1992년부터 2003년까지의 석유 기업 민영화 과정, 그리고 2004년 이후 이루어진 국영 기업으로의 일부 재매각 과정에는 당연히 러시아 권력의 영향력이 절대적으로 작용했다. 또 이는 러시아 정치와 경제뿐 아니라 사회 구조에도 영향을 미쳤다. 이를 렌트의 수혜라는 관점에서 본다면 올리가르흐 집단이 장악했던 석유 업계 렌트의 수혜가 국영 석유 업체로 이전되는 결과가 발생한 것이다.

러시아 석유 업계가 어떻게 올리가르흐에게 넘어갔고 다시 일부 재국유화의 과정을 거쳐 현재와 같은 민관 혼합형 체제로 변화했는지를 자세히 알기 위해서는 러시아 사유화 프로그램에 대한 이해가 필요하다.[11]

11 이와 관련해서는 김석환 외, '체제전환국의 민간기업 및 기업가 육성정책-러시아 및 베트남을 중심으로', 대외경제정책연구원, 2020. 및 김석환, '푸틴과 현대 러시아-올리가르흐, 가신 그리고 대통령' 2004, SM 미디어를 참고.

석유 산업의 민영화 기간을 좀 더 세분해 살펴보면 2000년 이후의 과정과 2000년 이전의 과정으로 나눌 수 있고 이는 옐친 시기와 푸틴 집권 초기로 나뉜다.

석유 사업의 민영화는 러시아 시장 경제 개혁의 핵심적 성과 중 하나다. 석유 사업이 소련 체제뿐만 아니라 짜르 체제 러시아에서도 항상 중요한 전략적 산업이었기 때문이다. 그러나 옐친 시기의 석유 기업 민영화는 잘못됐다는 의견들이 2000년 이후 유가가 상승하기 시작하면서 비등하기 시작했다.

이런 비판론들은 다양했다. 국가 재정에 절대적으로 중요한 전략 산업이 민영화의 대상이 된 것 자체가 잘못됐다는 시각에서부터 너무 급속히 대규모로 사유화가 되면서 러시아의 자본주의로의 전환 과정에서 혼란을 부채질했다는 시각이 비판론의 주류를 형성했다. 물론 석유 기업의 민영화를 통해 자본주의로 전환한다는 확실한 메시지를 서방에 주었고 이를 통해 기업가들의 동력을 확보했다는 옹호론도 있었다.

왜 이런 시각의 차이가 존재하는가에 대한 이해를 도모하려면 러시아의 독특한 '렌트 체제(Rent System)'를 이해해야 한다. 이 시스템을 이해해야만 '포스트-푸틴' 체제에서 현재의 통치 엘리트들이 어떤 식으로 변화해 갈 것인지를 예측할 수 있다.

## 5-6 소련식 '렌트 체제(Rent System)'에서 '러시아식 렌트 체제'로의 이행 –올리가르흐 집단의 탄생과 통치 엘리트들의 역할

'렌트(Rent)'란 재화나 서비스의 실제 생산 비용과 실제 판매 비용과의 차이에서 나타나는 수익과 이를 획득하는 기회의 독점성 여부를 결합한 개념이다. 여기서 경쟁에 대한 참여의 기회가 권력의 허가 등에 의해 제한적으로 보장되는 정도가 높을수록 렌트 구조는 강력해진다.

기업들은 기술 개발이나 혁신 경쟁보다는 권력에 의해 보장되는 기회의 구조를 확보하기 위해 인허가권, 보조금, 세금 감면 혹은 예외적 면세 등의 로비에 매달리게 되고 이는 결과적으로 사회의 경쟁력을 제한한다. 또 이는 집권 세력에 대한 충성도를 높이고 그 사회의 역동성과 개방성을 제한하게 된다.

러시아는 기본적으로 '렌트' 시스템이 강한 나라다. 국가 권력을 장악한 집단은 이러한 '렌트' 시스템을 장악했고 이를 기반으로 강력한 통치 권력을 행사할 수 있었다. 소련 시대에는 사유 재산이 보장되지 않았기 때문에 국영 기업들은 독점 혹은 과점의 형태로 렌트 체제를 형성했다.

보리스 옐친 대통령에 의해 발탁돼 러시아 연방의 새로운 시대를 연 푸틴은 옐친 시기 때부터 형성된 크렘린 실세들과 올리가르흐의 유착과 관련해 새로운 시스템을 만들 필요성을 느꼈다. 하지만 그가 시도한 개혁 혹은 시스템 개편도 결국은 소련식 국가 렌트 시스템에서 러시아식 렌트 시스템으로의 변형이라는 형태로 나타났다.

푸틴 집권 1기에서 4기까지의 러시아의 시스템은 과연 어떻게 운용되어 왔는가? 지난 20여 년의 푸틴 시대는 푸틴과 권력 엘리트 그리고 올리가르흐를 중심으로 한 경제 엘리트 그룹의 합종연횡 그리고 융합의 과정이었다. 이를 저자는 '소련식 렌트 체제'(Rent System)가 '러시아식 렌트 체제'(Rent System)로 이행하는 과정이었다는 개념으로 설명하고자 한다.

사유 재산을 인정하는 헌법의 제정과 공산당 1당 체제를 무너뜨린 러시아 연방의 탄생은 소련 시대의 렌트 체제에 새로운 영역의 렌트가 출현할 수 있는 기틀을 제공했다. 특히 대규모로 급속도로 진행된 국영 기업의 민영화 과정은 기존의 렌트 체제에 새로운 참여자가 탄생할 수 있는 기회를 제공했다.

새로운 형태의 '렌트(Rent) 체제' 형성을 가능케 한 것은 국가가 막대한 자산을 소유하고 있었고 민영 기업들과 국영 기업들이 모두 국가의 재정 정책과 인프라 건설 등에 의존했기 때문이었다. 여기다 새로운 렌트 영역에 참여할 수 있느냐는 대부분 크렘린과의 연관성이나 권력 구조의 결과로 결정됐다. 이른바 '러시아식 렌트 체제'가 형성된 것이다. '러시아식 렌트 체제'(Rent System)는 푸틴 시대에 사실상 구조화되었다.

권력과 자본의 융합은 민영화 과정에서 자연스럽게 발생했다. 서방은 더 빨리, 더 많이 민영화를 하라고 독촉했다. 자신들의 지원도 민영화의 속도와 연관시켰다. 국유 재산 민영화를 통한 부의 재분배와 구조화 작업의 결과는 엉뚱하게도 정치와 자본의 결탁을 강화했다.[12] 그 결과 올리가르흐의 탄생과 러시아식 렌트 체제의 탄생이 나타났다.

민영화 이외에도 소련식 행정 거버넌스 시스템을 새롭게 통폐합하고 신설하는 거버넌스 시스템 개혁 작업도 새로운 '렌트(Rent)'를 탄생시켰다. 연방 주요 부처의 통폐합 및 업무 영역의 재배치 등의 과정에서 전통적 이익과 새로운 이익의 분배와 구조화가 발생했는데 이것이 새로운 형태의 '렌트(Rent) 체

12 김석환 외, '체제전환국의 민간기업 및 기업가 육성과 북한에 대한 시사점 연구: 러시아, 베트남 사례를 중심으로', 2020. 대외경제정책연구원

제'를 만들었다.

관할권, 인허가권과 같은 행정 권한은 재정의 분배를 요구하는 것이기 때문에 당연히 새로운 렌트 영역에 대한 각 부처들의 장악력의 문제가 발생했다. 그리고 이는 이익을 놓고 대립하는 파벌들의 격렬한 투쟁을 초래했다. 물론 항상 충돌하는 것은 아니었다. 때로는 그들 간의 합의와 조율의 모습이 나타났다.

현대화 정책(modernization), 혁신 정책(innovation), 디지털 전환 정책(digitalization) 등을 놓고 이런 충돌이 반복됐다. 푸틴 정권 20여 년 동안 추진된 국가 아젠다 및 러시아 경제의 구조 개혁 정책은 다른 한편으로는 국가의 재원 배분 정책이었다. 때문에 이런 정책들은 러시아의 미래를 위한 경제 다변화 정책으로 받아들여지지만 또 다른 한편으로는 기존의 '렌트(Rent) 구조'의 전환과 그 구조를 장악한 권력자들 및 통치 엘리트들의 전통적 영역의 변경을 초래해 경쟁과 대립을 격화시켰다. 그리고 때로는 권력 투쟁 시 렌트 구조에 의해 이익을 얻는 기업을 활용해 대립하는 파벌을 공격하기도 했다.

### 5-7 석유 산업 분야에서의 렌트 체제 장악을 놓고 벌어진 경쟁 –소비에트 렌트 시스템에서 올리가르흐의 러시아식 렌트 체제로의 이행

러시아에서 전통적으로 '렌트'는 막대한 자원에 기초해 발생했다. 산업 시대 이후에는 주로 석유와 가스 부분이 중요한 역할을 수행했다. 제국 러시아 시절에는 황제와 귀족들이, 소련 시절에는 국가와 공산당이 이런 렌트 구조를 장악하고 렌트 구조에 의해 벌어들인 이익의 집행을 담당했다.

러시아 경제를 지탱하는 주요 기업들은, 소련 시절에는 국영기업들 그리고 민영화 이후에는 국가 소유기업들과 함께 올리가르흐가 장악한 산업의 독점 및 과점 기업들이었다. 이들 또한 렌트 구조에 편승했다. 민영화는 이런 국가 독점 렌트 구조에 새로운 경쟁을 초래했다.

보통 경쟁은 렌트 구조의 해체에 기여한다. 하지만 소련에서 러시아로의 '이행기 기간'은 오히려 새로운 세력들에게 독점적 렌트 구조에 편승할 수 있는 기회가 보장되는 '기회의 문' 역할을 했다.

크렘린을 장악한 집권 세력과 법을 장악하고 있는 야당 지배의 의회 권력, 그리고 혼란기라는 상황의 틈을 타, 지방 권력들은 지방 권력들대로 자기들만의 렌트 구조를 만들고자 했다. 이들은 지방의 막대한 자원을 기반으로 지방에서 영향력을 행사하는 자신들의 권력을 활용해 연방이 개입할 수 없는 자기들만의 렌트 구조를 만들고자 경쟁하고 노력했다.

이런 과정을 거쳐 1990년대 중 후반부터 2000년 초에 국영기업을 중심으로 새로운 국가 올리가르흐가 생겨났다. 또 민영화된 독점 및 과점 기업들을 중심으로 민간 올리가르흐가 탄생했다.

일단 새로운 렌트 구조에 편입된 이들은 이러한 렌트 구조에서 자신들에게 유리한 구조의 영속화와 이익의 극대화를 위해 재정 및 정책적 우호 환경을 형성하고 이를 분배하는 데 동참할 정치적 파트너들과의 연대에 몰두했다.

올렉 데리파스카('En+' 그룹 회장, Basic Element 그룹 회장, 알루미늄 그룹 Rusal 회장), 로만 아브라모비치(Millhouse LLC 회장, 영국 프로 축구단 첼시 구단주, 석유회사 Sibneft 공동 소유주), 겐나디 팀첸코(볼가 그룹 회장, 군보르 그룹 창업자) 등 많은 올리가르흐들이 소련에서 러시아로 이행하는 동안 국가가 독점했던 렌트 구조에 새롭게 편승했다.

이들은 사실상 관련 산업 영역을 독점 혹은 과점으로 지배했다. 민영화 작업이라는 이름으로 국가와 국영 기업들이 독점하던 렌트 구조의 일부가 올리가르흐에게 이전된 것이다. 이들을 권력 세력의 '돈주머니' 등으로 부른 이유가 여기에 있다.

하지만 러시아에서 이루어진 국가 자산의 올리가르흐에 대한 이전 작업과 렌트 구조의 확산은 민영화라는 명분으로 이루어진 것이다. 이는 소련 해체의 와중에 반드시 진행되어야 한다고 주장한 서방의 개혁 지지자들의 주장과 맞물려 진행됐다.

또 공산당이 독점했던 권력의 분산, 행정 조직의 현대적 재편이 소련에서 민주 러시아로 이행하는 시기의 시대적 과제로 등장하고 이러한 변화가 개혁이라는 이름으로 서구의 지지를 받는 상황과 맞물려 진행됐다.

때문에 새롭게 렌트 구조에 편승한 세력들에 대한 비판의 여론은 결국 "소련 시대에부터 존재해 왔던 국가의 렌트 구조의 해체가 이루어졌느냐?"라는 근본적 문제에 대한 비판이 아니라 "누가 이런 렌트 구조를 새로운 세력들에게 배정받도록 결정했는가?"와 "배정받은 새로운 수혜자는 결정권자에게 어떤 보상을 했는가?"로 집중됐다.

국유 재산의 민영화 과정은 이런 의문과 비판이 쏠린 대표적인 새로운 렌트 구조의 확산지였다. 정경 유착의 가장 적나라한 모습들이 이 부문에서 연출됐다. 올리가르흐들은 자신들과 결탁한 크렘린 및 정권 실세들과 형성한 '연대와 결속의 힘'에 의해 이익이 보장된 사업 영역으로의 진입과 그들 소유 기업체의 성장의 보장, 혹은 실패가 결정되는 상황에 직면했다. 당연히 정경유착은 은밀하고 더 과감한 형태로 진행될 수밖에 없었다.

### 5-8 석유 가스 부분의 민영화 및 새로운 렌트의 형성

또 다른 형태의 러시아식 렌트 체제 형성을 살펴보자. 러시아에서 대외 무역권은 전통적으로 독점적으로 보장됐다. 이는 소련 시대의 전통만이 아니라 제국 러시아 시절에도 비슷했다. 특별한 상황과 조건이 아닌 한 사유 재산이 인정되지 않았기 때문이다.[13]

제국 러시아 시절 러시아 황실의 대외 무역의 주요 품목 중 하나는 모피였다. 러시아 황실은 이 모피의 대외무역을 독점했다. 모피 외에도 독점 품목들은 많이 있었다. 그리고 이는 해외 수출품뿐 아니라 국내 산업 제품에도 적용됐다. 대표적인 것이 보트카다. 보트카의 판매와 생산은 황실 독점이었다.

국가 독점의 경향은 소련 시절에 더욱 강화됐다, 대표적인 에너지 자원인 천연가스는 해외에 대한 판매권을 가즈프롬이 독점했다. 대규모 사유화 프로그램을 진행하는 러시아 연방에서도 대외 수출 독점 품목들이 존재했다. 천연가스가 그런 예였다. 천연 가스는 소련 시절뿐 아니라 신생 러시아에서도 엘리트들에게 매우 중요한 전략적 자원이었다.

천연가스 수출을 독점하는 가즈프롬은 러시아 최대 납세자였고 최대 외화가득(可得) 업체였으며 최고 수준의 일자리를 창출하는 고용주이기도 했다.

13 Richard Pipes, 'Property and Freedom', 2000. Vintage.

때문에 통치자들에게 있어 가즈프롬을 장악하고 활용하는 것은 매우 중요했다. 가즈프롬 입장에서도 통치자 및 통치 엘리트들에게 협조하는 대신 자신들의 독점권과 이익을 보장받을 수 있다면 손해 보는 일은 없었다.

가즈프롬과 정치 권력 간에는 매우 강력한 협력의 시스템이 존재했다. 정치권은 가즈프롬의 대외 가스 수출 독점권과 파이프라인에 대한 운용 독점권을 보장했다. 가즈프롬은 여기다 채굴의 어려움 등을 들어 특정한 유전과 가스전에 대한 보조금 및 면세권 등을 보장받았고 이를 활용해 이익을 챙겼다. 판매의 경우도 국외뿐 아니라 국내의 경우도 가즈프롬의 독점권이 사실상 확립되어 있었다.

여기엔 여러 이유가 복잡하게 내재되어 있었다. 러시아 국내 소비자들에게 접근할 수 있는 가스 공급 파이프라인망(UGSS)을 사실상 가즈프롬이 독점하고 있다는 게 가장 큰 이유였다. 여기다 러시아 국내 가스 가격이 너무 낮아 채산성을 맞출 수 없다는 측면도 작용했다.

가즈프롬은 소련에서 러시아로 이행하는 과정에서도 이런 독점 구조를 유지하는 데 성공했다. 체르노미르딘 총리와 렘 뱌히레프 등 전통적으로 가스 산업을 지배하고 있던 일명 '가즈프롬 마피아'는 보리스 옐친 대통령과 그 측근 그룹인 '세미야(가족) 그룹'과 강력한 동맹을 구축하는 데 성공했다.

특히 이들은 옐친 시기 이루어진 사유화 과정에서 그들의 지배권을 더욱 공고히 하는 데 성공했다. 옐친은 가즈프롬의 충성을 담보로 가즈프롬 지배권을 인정하고 초대 총리에 가즈프롬 회장 출신인 빅토르 체르노미르딘을 임명했다.

신생 러시아를 통치하던 옐친 대통령은 국가 통치에 필요한 재원이 서방과 국제통화기금(IMF)의 지원에 의해 결정되는 것이 아니라 러시아의 막대한 자원에 있다는 사실을 금방 깨달았다. 또한 소련 시절 국가가 이들 자원에 대한 막강한 통제권을 가진 것과 달리 이행기 러시아에 있어 이러한 권력이 시장과 국가 그리고 사유화 프로그램의 수혜자들에게 있다는 사실도 즉각적으로 알 수 있었다.

이들은 가즈프롬과 마찬가지로 사유화 과정에서 통치에 있어 필수 불가결한 '소련식 렌트 구조'를 크렘린이 통제할 수 있다면 자신들의 통치에도 큰 도움이 된다는 것을 알았다. 사유화 과정에서 황금알을 낳은 러시아의 국유 재산을 불하받고자 하던 올리가르흐들은 이를 활용했다.

소련 해체와 새로운 러시아 연방의 탄생을 거치면서 국민들을 다독일 필요가 있었던 러시아 통치 엘리트들은 국유 재산의 민영화를 통해 '소련식 렌트 시스템'을 새로운 '러시아식 렌트 시스템'으로 전환하고자 했다. 이러한 과정을 통해 옐친 초기 소련의 렌트 구조를 좌우했던 에너지 분야, 특히 석유 분야가 먼저 민영화의 길을 갔다.

하지만 이런 구조에 일대 전환점이 도래하고 있었다. 옐친의 후계자인 블라디미르 푸틴이 권력을 잡으면서 러시아의 사유화 프로그램 과정에서 막대한 부를 축적한 올리가르흐에 대한 새로운 방식의 통제가 도입된 것이다. 이는 가즈프롬에도 예외가 아니었다.

가즈프롬은 가스 수출을 독점해 유럽에서 높은 가격으로 판매하고 그 차액으로 국내의 적자를 벌충하는 구조를 유지했다. 이는 소련 해체 후에도 한동안 이어졌다. 하지만 국내에 싼값으로 가스를 충당할 수 있는 구조를 가능케 했던 중앙아시아 가스, 특히 투르크메니스탄 가스가 중국과 연결되면서 이런 구조의 변경도 불가피해졌다.

이러한 변화된 환경은 투르크메니스탄이 유일한 대량 수입국 역할을 하는 중국의 영향력이 지나치게 확대되는 것을 회피하기 위해 가즈프롬과 새로운 협상을 통해 2019년부터 가즈프롬에게 가스 구매 및 판매를 하기로 합의한 2018년 말까지 이어졌다. 가즈프롬의 영업 방식과 수익 구조는 상당한 변화가 불가피해졌다.

2000년 집권에 성공한 푸틴은 이미 국내외 가스 가격 차이를 무한정 유지할 수 없음을 깨닫고 있었다. LNG의 도전, 무엇보다 셰일 기술이 급속도로 발전하고 있었다. 또 러시아의 전통 시장인 유럽에 알제리, 노르웨이 등 새로운 경쟁자들이 대두됐다. 이들은 발달된 LNG 기술과 함께 압축 기술 및 대형 가스 수송선 개발을 통해 점점 경쟁력을 강화하고 있었다.

2010년 이후엔 이런 압력이 더욱 가속화했다. 미국의 셰일이 글로벌 시장에 진입하는 것이 시간문제로 다가왔다. 기술발전, 특히 셰일 기술의 발전은 러시아 지도부에 압력으로 작용했다.

푸틴은 러시아 가스 산업의 국제 경쟁력을 유지하기 위해선 새로운 투자를 진행해야 하며 이를 위해선 재원을 확보해야 했다. 푸틴은 국내 가격을 조금씩 인상해 국제 가격 수준으로 올리고자 했다. 하지만 가격만을 인상할 경우 이는 가즈프롬의 이익만을 대변하는 것이 돼 푸틴은 가스 산업의 경쟁을 강화하는 조치도 동시에 취하기로 했다. 이를 위해서는 가즈프롬이 국내 가스를 수

송하기 위해 깔아놓은 가스 파이프라인인 통합 가스 공급망(UGSS)에 대한 독점권을 깨뜨리고 다른 사업자들에게 접근을 허용하고 경쟁을 강화해야 한다는 논리로 발전했다.

이는 가즈프롬에게는 대단한 도전이었고 다른 한편에서는 가즈프롬을 기반으로 소련 그리고 이행기 러시아에서도 여전히 국내 가스 산업을 장악하고 있던 일명 '가즈프롬 마피아'들에게 대단한 위협이었다.

가즈프롬은 1989년 8월 탄생한 소련 최초의 국영 기업이다. 1943년에 탄생한 가스산업부가 가스 코체른으로 변모해 탄생한 '가즈프롬'은 소련 가스산업부의 마지막 장관이던 빅토르 체르노미르딘이 초대 회장(이사회 의장)을 맡았고 당시 소련은 이 가즈프롬이 벌어들이던 외화 수입을 기반으로 재정의 큰 축을 유지할 수 있었다.

그런데 이런 가즈프롬의 경쟁력은 국외 가스 수출권의 독점, 그리고 운송 파이프라인 망에 대한 독점적 접근권에 기반해 가능했다. 1991년 12월 소련의 해체는 가즈프롬의 자산 상당 부분을 새롭게 독립한 공화국에게 이전하게 했다. 우크르가즈프롬(Ukrgazprom) 투르크멘가즈프롬(Turkmengazprom) 등이 이런 식으로 해서 탄생했다.

가즈프롬이 우크라이나, 투르크메니스탄 지역의 자산을 상실한 것은 분명 큰 타격이었다. 하지만 가즈프롬은 러시아 역내의 모든 자산을 확보했기 때문에 이 분야에서 절대적 우위를 점하고 있었다. 게다가 가즈프롬은 러시아 내 그 어떤 사업자도 넘볼 수 없는 서유럽 시장에 대한 절대적 협상권과 공급권을 가지고 있었다.

때문에 2010년 투르크메스탄에서 우즈베키스탄, 카자흐스탄을 거쳐 중국으로 연결되는 가스 파이프라인의 건설이 이루어지기 전까지 가즈프롬은 여전히 중앙아시아 가스 시장을 독점했다.

여기에는 옐친 시대 국가의 주요 보직을 담당하던 가즈프롬 출신들의 영향력도 작용했다. 소련 해체 후 출범한 신생 러시아 정부의 초대 총리는 가즈프롬의 회장이었던 빅토르 체르노미르딘이었다. 그는 1992년 12월 러시아 총리로 임명된 후 1998년 6월 보리스 옐친에 의해 해임될 때까지 총리로 재임하면서 가즈프롬의 이익을 지키기 위해 노력했다.

그 기간 그의 가스 왕국인 가즈프롬은 그의 충직한 부하인 렘 뱌히레프가 운영했고 체르노미르딘은 총리직에서 물러나자마자 그해 6월 30일 다시 가즈프롬 이사회 의장(회장)으로 복귀했다.

체르노미르딘 총리와 렘 뱌히레프 회장 그리고 그의 측근들은 가즈프롬을 기반으로 막강한 정치·경제적 영향력을 행사했다. 이들 가즈프롬 그룹은 러시아 통치 엘리트 파벌 중 최초의 파벌로 기록된다.

그들은 막대한 재정 기여도와 서방과의 파트너십을 활용해 초기 옐친을 중심으로 형성된 크렘린 측근들 및 가족들의 연합체인 '세미야(가족)' 그룹의 가장 강력한 후원자로 기능했다.

빅토르 체르노미르딘, 렘 뱌히레프 및 그의 측근들은 1990년대 초반 진행된 사유화 과정에서 가즈프롬의 자산을 장악하기 위해 다양한 방법을 동원했다. 그중 하나가 가스 중개 회사(Gas Trading Company)인 이테라(ITERA)였다.

이테라(ITERA)는 뱌히레프 가족들과 가즈프롬을 장악한 세력들이 온갖

편법을 동원해 가즈프롬의 자산에 대한 소유 및 활용권을 헐값에 넘겨준 회사였다.

1994년에 창설된 이테라(ITERA)는 처음엔 가즈프름 소유 가스 생산지에서 가스를 구입해 재판매하는 판매 회사였다. 주로 투르크메니스탄 가스를 구입해 이를 러시아로 수출하는 일종의 중개 회사 역할을 했다[14]. 하지만 2000년즈음엔 단순한 중개 회사에서 생산 회사로 변모했다. 24개국에 120개 이상의 자회사를 보유한 러시아 최대의 민영 에너지 회사가 됐다.

이런 이테라의 성장은 가즈프롬 경영진의 특별 배려가 없이는 불가능했다. 그 이유는 간단했다. 러시아에서는 어떤 가스 회사도 가스를 판매하기 위해서는 가즈프롬 소유의 가스 파이프라인 망을 활용해야만 했다. 이는 이테라의 경우도 마찬가지였다. 어떤 경우든 이테라는 가스를 판매하고 수출하기 위해선 가즈프롬 소유의 파이프라인을 활용해야 했는데 구매에 대한 기회 제공 및 그 활용권 자체가 특혜였다.

체르노미르딘을 위시한 가즈프롬 그룹은 이테라의 소유주인 이고리 마카로프(Igor Makarov)에게 가즈프롬 소유의 파이프라인에 대한 접근권을 허용했다. 마카로프는 이 권리를 활용해 투르크메니스탄 가스의 최대 수출처인 러시아에 대한 가스를 대량 구매하고 사실상의 수출을 장악해 막대한 이익을 남겼다. 이러한 이익은 1999년의 경우에도 약 30억 달러에 달하는 규모였다. 이

14 이테라는 1999년 가즈프롬을 앞세워 투르크메니스탄과 가스 구매협상을 체결했다. 이 결과에 따라 이테라는 투르크메니스탄 가스를 1천 큐빅미터(m3) 당 $35.4에 구매했고 이를 가즈프롬에 $45달러에 판매해 그해에만 8천 7백만 달러의 수익을 올렸다.

테라는 또 가즈프롬이 생산성이 없다고 불하(拂下)한 가스전을 헐값에 사들여 생산성을 10배 이상 높여 매년 엄청난 생산 이익을 쌓아갔다. 여기다 가즈프롬은 옛 소련방 소속 공화국들에 대한 가스 판매를 직접하지 않고 이테라를 중개상으로 끼워서 진행했다. 독점 판매 독점 수입의 구조의 거래에 이테라를 끼워 넣어 이익을 보장해 주는 방식을 수년 동안 지속한 것이다. 누가 보아도 이상한 거래였고 누가 보아도 이테라에 대한 특혜의 소지가 있는 거래였다.

푸틴은 이테라를 옥죄기 위해 2000년 집권하면서부터 집요한 공세를 가했다. 6월엔 이사회를 열어 빅토르 체르노미르딘을 쫓아냈고 다양한 형태의 개혁안을 마련했다. 이 와중에 가즈프롬에 투자한 소액 주주들의 대표권과 가즈프롬에 전략적 지분을 확보하고 있는 독일 루가스(Ruhrgas)의 대표권을 위임받은 보리스 표도로프 전 재무장관이 가즈프롬의 개혁이 지지부진하다면서 정부와 가즈프롬을 공개적으로 압박하고 나섰다.

보리스 표도로프는 2000년 11월 이테라와 가즈프롬 간 계약의 상세 내역 공개를 요구하는 편지를 가즈프롬 경영진에게 발송했고 그 사실을 곧바로 언론에 공개했다.

2000년 6월 국가 소유 지분(38%)을 활용해 체르노미르딘과 렘 뱌히레프를 이사회에서 쫓아내고 회장과 사장 자리에서 해임하면서 푸틴과 러시아 정부는 총 11명 정원인 가즈프롬 이사회에서 5명의 정부 우호 세력을 확보할 수 있었다.

또 이테라가 그들과 결탁해 확보한 가스를 수송하기 위해선 반드시 필요한 가즈프롬 파이프라인에 대한 접근권을 거부했다. 이테라는 파산 상태로 몰렸고 자산을 돌려주는 방식으로 항복하지 않을 수가 없었다.

이고리 마카로프는 2012년 세친에게 전적으로 협조하겠다는 약조와 함께 주식의 51%를 양도하고 로스네프티와 조인트 벤처를 만들었다. 그리고 2013년에는 나머지 지분인 49%를 약 3억 달러에 다시 넘겨줬다.[15]

푸틴의 정책은 가즈프롬을 장악했던 전통적 가스 마피아에게는 가장 강력한 구조적 도전이자 위협으로 받아들여졌다. 그들은 자신들과 가까운 정치인들과 의회 내 야당 세력을 규합해 이에 저항했다.

### 5-9 역사상 처음으로 가스 산업을 장악한 페테르부르그 파벌

푸틴은 탈세 등의 혐의로 체르노미르딘과 뱌히레프를 가즈프롬에서 축출하고 그 자리에 드미트리 메드베데프와 알렉세이 밀러를 앉혔다. 그들은 가스와는 아무런 연관이 없었던 인물들이었고 바로 그런 이유로 푸틴은 이들이 과감하게 기존 가스 업계 출신의 기득권 세력들을 청산하고 구조 개혁을 단행할 수 있을 것으로 생각했다.

러시아 가스 산업 역사상 처음으로 페테르부르그 출신들이 가스 산업을 장악하게 된 초유의 사건이었다. 이후 페테르부르그를 기반으로 사업을 확장하던 노바텍은 2009년 푸틴의 오랜 지기인 겐나디 팀첸코[16]가 이사회의 일원

15 Reuters, 'Rosneft buys out Itera founder for $3 billion-paper', MAY 28, 2013 https://uk.reuters.com/article/uk-russia-rosneft-itera-idUKBRE94R07W20130528

16 볼가 그룹 회장인 팀첸코는 2009년 노바텍의 이사로 입성한다. 그는 석유화학 그룹 SIBUR의 이사이기도 하다. 볼가 그룹은 노바텍 지분의 23%, 시부르의 지분 15.3%, 가스회사 Petromir의 지분 50%를 확보하고 있다.

으로 참여하면서 급속도로 영향력을 확장해 가기 시작한다.

푸틴의 국내 가스 가격 인상 계획은 국내 가스 시장을 무시하던 다른 석유 및 가스 생산 업체들에게는 가즈프롬과의 경쟁이 해볼 만한 게임이라는 생각을 갖게 했다. 여기다 러시아 국내외 가스 수요가 커지면서 수출 물량과 국내 공급 물량의 안정성에도 문제가 생겼다. 증대하는 국내외 수요를 맞추기 위해서는 가즈프롬이 생산량을 안정적으로 유지해야 하는데 이는 가즈프롬에게 새로운 매장지에 대한 탐사와 추가적인 투자를 요구하는 것이었다. 하지만 가즈프롬의 주요 가스 생산지는 점점 채산성이 낮아지고 있었고 새로운 매장지에 대한 권리는 크렘린 권력과 가까운 신생 가스사들이 더 빨리 확보하는 상황이 계속적으로 진행되고 있었다. 이 때문에 '렌트 구조'에 의해 가스 산업, 특히 수출을 독점하면서 가스 산업을 지배하면서 안정적으로 이익을 유지해 오던 가즈프롬은 변화에 재빠르게 대응하는 데 한계가 있었다.

반면 가즈프롬 외의 사업자들은 노바텍뿐 아니라 다른 루코일 등 석유 기업들도 소련 해체 후 기술 발전에 따라 석유 생산과 함께 부수적으로 가스를 점점 더 많이 생산하는 상황이었다. 이에 따라 가즈프롬 외의 국내 다른 생산 기업들의 생산량이 급증했다. 특히 러시아와 영국 그리고 미국 사이에 많은 갈등과 논쟁을 낳은 TNK-BP사의 지분 인수 작업이 2012년 12월부터 2013년 3월에 종식되면서 새롭게 국내 생산 가스양이 늘어난 로스네프티의 생산량이 급증했다.[17]

17 Lars PetterLunden et al, 'Gazprom vs. other Russian gas producers: The evolution of the Russian gas sector', Energy Policy, Volume 61, October 2013, Pages 663~670

로스네프티(Rosneft)는 이러한 힘을 바탕으로 러시아 최대 전력 회사인 통합 에너지시스템사(Inter RAO)에 매년 35BCM씩 25년간 공급하기로 하는 계약을 체결했다. 세친은 자신의 영향력을 과시하면서 노바텍(Novatec) 등 경쟁사들을 압도했고 로스네프티는 단숨에 석유뿐 아니라 가스 분야에서도 중요한 행위자로 등장했다.

노바텍(Novatec), 루코일(Lukoil), 로스네프티 등은 LNG 기술의 도입 등을 통해 가즈프롬의 수출 독점권을 무너뜨리려 했다. 이제 수출 독점권을 유지하려는 가즈프롬과 노바텍(Novatec) 등의 싸움은 단순히 올리가르흐 간 경쟁이 아니라 크렘린의 렌트 구조에 대한 장악력과 이를 기반으로 영향력을 행사하던 실세 그룹들 간의 투쟁이기도 했다.

국내외 가스 가격 차를 줄이기 위해서는 가즈프롬의 국내 독점권을 약화시킬 필요가 있던 푸틴 당시 총리와 크렘린 실무진들도 이런 논쟁에 참여했다.[18] 이고르 세친 로스네프티 회장은 가즈프롬에 대해 정치적 영향력을 동원해 가며 도전했다.

이 때문에 가즈프롬과 노바텍, 그리고 로스네프티의 투쟁은 처음 그 논의가 시작된 2010년 초부터 이어져 2013년 부분적으로 라이센스를 획득한 기업에게 수출권을 인정하게 한 후 2017년 러시아 국가안보위원회(Security

https://www.sciencedirect.com/science/article/pii/S0301421513005405

18 푸틴 대통령은 2009년 1월 15일 독일 ARD와 인터뷰하면서 러시아의 가스파이프라인망에 더 많은 국내 사업가들이 억세스하도록 하는 게 정부의 정책 목표라고 언급했고 이를 받아 러시아의 많은 언론들은 푸틴이 가즈프롬의 독점권을 해체하려 한다는 내용의 분석을 제공하기도 했다.

Council)까지 관여하는 길고도 지리한 논쟁 속에서 LNG 분야에 한정해 가즈프롬의 수출 독점권을 없애는 쪽으로 결론지어졌다.[19]

이 사건은 러시아에서 가스 산업 분야의 렌트 구조가 새롭게 변화한 중대한 사건이다. 그리고 그 과정에서 새로운 세력의 이합집산이 이루어져 결과적으로 푸틴 체제의 핵심 엘리트들이 새로운 렌트 구조에 참여한 사례이기도 하다.

### 5-10 새로운 산업 영역의 등장과 엘리트 투쟁

러시아에서 국유 기업을 민영화한 과정은 대부분 독점 상태의 국영 기업을 사유화하는 과정이었다. 특히 석유 업계 민영화와 통신 및 운송 부분 민영화는 앞서도 언급했듯 렌트 구조와 직접적으로 연결되어 있었다. 당연히 러시아 권력 집단 내부에서도 누가 이를 장악할 것이냐를 둘러싸고 치열한 경쟁이 있었다.

공산주의 시절엔 이러한 렌트 구조를 공산당과 국가가 장악해 배분했다. 하지만 이행기 체제로 넘어가면서 이 부분에 새로운 경쟁이 불가피해졌다. 푸틴 시대에도 마찬가지였다. 특히 전통적 렌트 구조의 공고화가 이루어져 있던 에너지 분야(석유, 가스) 외에 새롭게 부상한 기술 및 금융, 그리고 통신 영역은 올리가르흐들에게 새로운 전쟁터였다. 하지만 이들 분야는 크렘린과 그 주변

19 Oilprice.com, 'Russia May Break Gazprom Monopoly To Stimulate LNG', Aug 07, 2017, https://oilprice.com/Energy/Natural-Gas/Russia-May-Break-Gazprom-Monopoly-To-Stimulate-LNG.html

의 통치 엘리트들에게도 전통적 지배 세력이 없던 새로운 경쟁터였다. 때문에 이들 간에 누가 이 영역을 주도할 것이냐는 놓고 경쟁이 발생했다.[20]

디지털 영역이 한 예다. 소련 시기 디지털 기술의 사용은 주로 군산복합체(MIC)에서 이루어졌다. 하지만 21세기 디지털 기술은 산업이 아닌 금융과 IT 등의 영역으로 확장됐다. 러시아의 권력 엘리트들도 이를 잘 알고 있다. 그런데 전통 산업 부문은 대체로 실로비키가, 신산업 영역인 금융과 IT분야는 리버럴 그룹의 영향이 강하다.

때문에 4차 산업혁명 시대의 도래와 함께 가치가 높아진 디지털 영역과 디지털 전환을 둘러싼 정책을 놓고 러시아 통치 엘리트들 내부의 갈등은 불가피한 측면도 있다.

실로비키 집단은 디지털 경제로의 전환이 안보와 밀접하다고 주장한다. 디지털 전환의 목표는 21세기 러시아의 산업 경쟁력과 사회의 안정을 지속적으로 달성하자는 것인데 이를 달성하려면 러시아 사회 내에서 산업 경쟁력은 물론이고 고용 등에서도 중요한 역할을 하는 군산 복합체의 디지털 전환이 핵심적이라는 것이다. 때문에 이들은 군산 복합체의 디지털 전환은 안보와 사회 통합 등과 불가분의 관계가 있다는 주장을 펼치는 것이다.

20 이는 다양한 분야에서 관찰된다. 러시아가 국가적 차원에서 추진하는 디지털 전환 정책의 사례도 대표적인 예다. 이 정책을 추진하면서 러시아는 누가 디지털 전환 정책을 관장할 것이냐는 추진 주체 문제에서부터 핵심 지원 분야를 어느 분야로 선정할 것이냐 등을 놓고 엘리트 그룹 간에 경쟁이 치열하다. 이는 소련 시절부터 이어진 러시아 산업계 내의 권력과 산업 엘리트 간의 연계 구조와 밀접한 관련성이 있다. 러시아 경제구조 특성상 러시아는 여전히 전통산업의 영향력이 큰 편이다. 관련 산업을 지배하는 국영기업체의 역할과 위상 또한 여전히 막강하다. 혁신 산업 분야도 비슷하다.

반면 리버럴 세력들은 핀테크(Fintech)를 비롯한 다양한 분야에서의 국제 협력 증진과 창의성 발현에서 자신들의 견해가 더욱 적합하다는 생각을 갖고 있다. 실제로 국제 싱크 탱크들의 연구에 따르면, AI 등 디지털 경쟁력은 개방적이고 협력적인 국가가 더 높은 것으로 나타났다.[21]

이러한 점을 근거로 리버럴 세력을 대변하는 게르만 그레프(German Gref)는 자신이 회장으로 있는 스베르방크를 중심으로 러시아의 디지털 전환을 주도하고자 한다.

실로비키와 리버럴 세력의 경쟁은 쉽게 결론이 나지 않고 있다. 이는 러시아 내부의 논쟁만이 아니라 글로벌 주요 국가 내의 논쟁과도 연관이 있으며 미-중 간 기술 경쟁 및 패권 경쟁에도 영향을 받기 때문이다.

실로비키 집단의 논리는 사이버 보안과 연관된 인터넷 통제와 관련해서도 강력하게 작용한다[22]. 사이버 보안은 미국 등 서방 국가 그리고 중국 등 권위주의 국가들에서도 국가 안보와 디지털 기술이 연계되는 중요한 영역(theater) 중 하나로 간주된다.

때문에 실로비키는 국가가 관련 영역에 대한 관여는 필수적이라며 그 근

21 Darrell M. West and John R. Allen(2018), "How artificial intelligence is transforming the world," https://www.brookings.edu/research/how-artificial-intelligence-is-transforming-the-world/. (검색일: 2019. 7. 5.)

22 실로비키는 푸틴 대통령이 제안한 '주권적 인터넷망' 의 강력한 지지자들이다. 2019년 5월 1일 푸틴이 서명한 '주권적 인터넷망' 법은 러시아 내 인터넷 트래픽(정보 이동)이 해외 서버를 경유하는 것을 금지한다. 이 법은 모든 트래픽 이동에 대해 정부의 인터넷 검열 기관인 로스콤나조르(Roskomnazor)의 감독과 통제를 받도록 강제하고 있다. 또 로스콤나조르에게 데이터의 해외 유출 등을 감시할 권한과 필요시에 러시아를 전 세계 인터넷망으로부터 차단하는 역할도 부여하고 있다.

거로 2018년 9월 미국이 발표한 '국가 사이버 전략'을 든다. 이러한 논쟁으로 인해 러시아에서 5G망의 도입도 영향을 받고 있다. 5G망 주파수 할당 문제에서 안보적 관점을 놓고 이해가 엇갈리는 데다 국산화 비율 및 소프트웨어 개발 등 각종 이슈를 놓고 논쟁이 격화돼 인프라 구축 자체가 지연되는 현상이 발생한 것이다.[23]

이처럼 실로비키 집단은 이전 시기 전통적 산업과 기술 개발에서 국영 기업 및 방산 업체들이 수행했던 역할과 기능들이 디지털 전환기에도 여전히 지속되어야 한다고 믿고 있다. 그들은 안보와 디지털 기술 개발 문제도 국영 기술 기업들의 중요한 책무이자 의무 사항으로 간주하고 있다. 이러한 상황에서 COVID-19에 대한 대응 과정에서 로스테크(Rostec)를 비롯한 러시아의 주요 군산 복합체들이 수행한 역할은 실로비키의 영향력을 더욱 키우고 있다.

실로비키 세력들은 디지털 전환 과정에서 국가 예산 및 정책 방향을 자신들의 영향력하에 두고 싶어 한다. 이런 이들의 논리가 최근 강력하게 작동하는 영역은 국방 산업과 항공 산업에 대한 대대적인 투자다.

실로비키들은 이들 영역이 디지털 기술력의 발달에 지대한 공헌을 해 왔으며, 이것이 국내 총생산(GDP)의 향상에도 큰 영향을 미쳤다는 점을 강조한다. 특히 이스라엘, 미국, 중국의 예를 들면서 국가 예산과 산업적 연관성, 그리고 국가 안보에 대한 면밀한 고려가 매우 중요하다는 입장을 견지하고 있다.

---

23 Janis Kluge, 'The future has to wait: 5G in Russia and the lack of elite consensus', 25 Aug 2021
https://www.tandfonline.com/doi/ref/10.1080/1060586X.2021.1967071?scroll=top

푸틴도 러시아의 디지털 전환은 안보와 연관성이 있다고 명확하게 언급했다.[24] 하지만 그렇다고 실로비키의 손을 들어주는 것은 아니다. 푸틴 대통령은 러시아의 디지털 전환에서 양측의 주장이 다 일리가 있다고 여기고 있다.

푸틴의 중립적인 태도는 다음과 같은 해석을 가능하게 해준다. 러시아의 디지털 경제로의 전환 과정에 있어서 국제 협력도 중요한 요인이지만, 로스테크처럼 러시아의 주요 산업체 조직을 총괄하고 관장하는 홀딩 컴퍼니의 중요성을 결코 무시할 수 없다는 점이다.[25]

실로비키들이 장악하는 군산 복합체들이 러시아에서 강한 영향력을 행사하는 이유는 이들 군산 복합체가 러시아 경제에서 차지하는 비중이 크기 때문이다. 러시아에서 산업은 GDP의 38% 정도를 차지한다. 이를 고용 측면에서 보면 그 힘은 더욱 강하다. 러시아 총 고용 인원의 약 1/3이 산업체에 고용되어 있다. 그런데 러시아 전통 산업의 구성을 살펴보면, 제조업이 약 65% 수준이고 광업(mining)이 27%를 차지하고 있다. 이 가운데 송배전 및 수자원 분야가 약 8% 정도다.[26]

이를 수출 및 외화 획득, 기술 교류 등의 측면에서 볼 경우, 석유, 가스 등 에

24 "Путин: формирование цифровой экономики - вопрос нацбезопасности РФ," TACC, (2017. 7. 5.) https://tass.ru/ekonomika/4389411. (검색일: 2019. 7. 3.)

25 로스테크(Rostec)는 러시아의 주요 군산복합체 홀딩이다. 2007년 푸틴 대통령의 지시로 창설됐다. 러시아를 대표하는 산업 기업들이 이 로스테크의 지배를 받고 있다. 주요 기업들에는 '러시아 헬리콥터 콘체른', '칼라슈니코프 콘체른', '테크 마슈', '스탄코프롬', '카마즈', '로스오바론 엑스포르트', 'RT 인베스트' 등 23개 기업들이 있다.

26 Rosstat(2017), "'РОССИЯ В ЦИФРАХ 2017'-Краткий статистический сборник. Москва," http://www.gks.ru/free_doc/doc_2017/rusfig/rus17.pdf. (검색일: 2019. 7. 7.)

너지 부문과 방산 분야 산업의 비중은 한층 높아진다. 예를 들어 로스나노가 지배하고 있는 티타늄 관련 핵심 기술 기업인 아비시마(VSMPO-AVISMA)사는 보잉(Boeing)의 티타늄 제품 수요의 40%, 에어버스(Airbus)의 60%, 엠브레이어(Embraer)의 100%를 공급[27]하는 등 관련 산업의 국제적 공급 체인에서 핵심 기능을 수행하고 있다.

보잉이 러시아에 대한 경제 제재 속에서도 2009년에 이어 2018년 러시아의 아비시마 사와 합작으로 티타늄 부품 공급 회사를 러시아의 예카테린부르크에 설립한 것[28]이 가장 좋은 사례다.

만일 실로비키 세력이 주로 장악하고 있는 전통산업 부문에서의 디지털화가 이루어지지 않는다면, 러시아에서 디지털화의 성패는 결과가 명확하다. 그래서 디지털 경제로의 이행에 있어서 러시아 전통산업의 경쟁력 강화를 위한 디지털화 정책을 추진하는 게 매우 중요하다. 실로비키 집단의 주장을 전면적으로 부정하기는 사실상 어렵다.

그런데 중요한 문제는 러시아에서 제조업 분야의 매력과 경쟁력이 국내에서뿐 아니라, 글로벌 차원에서도 뒤처지고 있다는 점이다. 디지털화의 정도와

---

**27** "INTERVIEW: VSMPO-Avisma CEO sees high titanium demand potential in coming years," http://www.1prime.biz/news/interviews/_INTERVIEW_VSMPO-Avisma_CEO_sees_high_titanium_demand_potential_in_coming_years/-202/%7BB3D82E61-8AF2-4017-84C0-43F285D57427%7D.uif?layout=print. (검색일: 2019. 7. 7.)

**28** "VSMPO-Avisma and Boeing launch new titanium joint venture in Russia," Reuters, (2018. 9. 20.) https://www.reuters.com/article/us-vsmpo-avisma-boeing/vsmpo-avisma-and-boeing-launch-new-titanium-joint-venture-in-russia-idUSKCN1LZ2IX. (검색일: 2019. 7. 8.)

속도가 지체됨에 따라 유능한 인재들을 영입하는 데 있어서 금융과 서비스 등의 업종에 밀리고 있을 뿐 아니라, 국제 경쟁력도 약화되는 경향이 있다. 때문에 이러한 새로운 영역의 사유화 조치가 발표될 때마다 통치 엘리트 그룹들과 손을 잡은 올리가르흐들의 경쟁은 격렬해졌고 대립하는 실세들과 파벌들의 갈등도 심화하고 있다.

이 부분은 현재 서방의 경제제재와 COVID-19 등의 영향으로 잠시 잠잠하지만 러시아 경제의 혁신과 지속 가능한 성장, 그리고 주요 기업의 글로벌화가 가속화할수록 격화될 가능성이 있다. 그리고 그러한 전조는 이미 2011년 발생한 바 있다.

### 5-11 메드베데프의 개혁과 엘리트 간 렌트 구조를 둘러싼 이해의 충돌

러시아와 서방의 관계가 지금처럼 전면적인 제재와 역제재의 상황으로 악화하지 않던 2011년 3월 당시 대통령이던 메드베데프는 엘리트 사회 내부에 충격적인 조치를 취한다.

당시 메드베데프 대통령은 고위 관료들이 국영 기업의 이사회 의장이나 고문 자리를 겸직하는 것에 대해 문제를 제기하고 이를 해소하겠다고 밝혔다. 당연히 기존 엘리트들의 반발이 발생했고 러시아는 한동안 권력 엘리트 내부의 갈등을 겪었다.[29]

당시 각료들 가운데 메드베데프로부터 직간접적으로 이사회 의장 자리에

29 Radio Free Europe/Radio Liberty, March 31, 2011, THE POWER VERTICAL, Conflicts Of Interest. https://www.rferl.org/a/conflicts_of_interest/3543247.html

서 물러나라고 요청받았던 인물들은 재무장관 알렉세이 쿠드린(VTB 금융 그룹의 감독 이사회 의장), 부총리 이고리 세친 (국영 석유 회사 로스네프티 이사회 의장), 교통부 장관 이고리 레비틴(아에로플로트 고문), 제1 부총리 빅토르 주브코프(러시아 농업은행 로스셀호즈뱅크 이사회 의장) 등이었다.

<그림 39> 메드베데프 대통령 시절- 러시아 엘리트의 세력 분포도

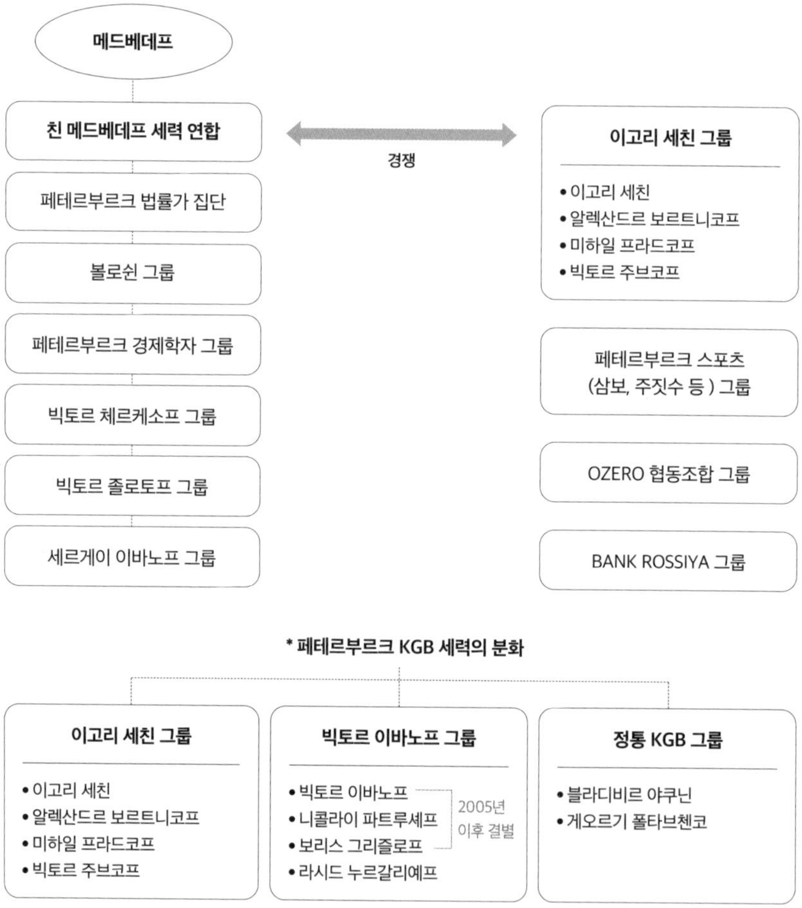

**각 집단 상세**

**페테르부르크 법률가 집단**
- 드미트리 코작
- 드미트리 메드베데프
- 안톤 이바노프
- 유리 볼코프
- 블라디미르 필그린

**스포츠 (삼보 ,주짓수 그룹 등)**
- 로텐베르그 형제
- 바실리 셰스타코프

**빅토르 이바노프 &파트루셰프 세력**
- 빅토르 이바노프
- 니콜라이 파트루셰프
- 세르게이 스미르노프

**볼로쉰 세력**
- 아르카디 드보르코비치
- 나탈리야 티마코바
- 이고르 슈발로프
- 유리 차이카
- 올렉 데리파스카
- 알리셰르 우스마노프

**쇼이구 세력**
- 보로비요프
- 오세티야 차리코프 부족 세력

**페테르부르크 IT 그룹 집단**
- 레오니드 레이만
- 세르게이 솔다텐코프

**오제로(OZERO) 그룹**
- 유리 코발축
- 빅토르 미야친
- 안드레이 프루센코
- 세르게이 프루센코

**親 세친 세력**
- 보르트니코프
- 프라드코프
- 나르쉬킨
- 주브코프

자료 : 러시아 언론 및 인터뷰 등을 종합해 저자 작성

당연히 이들의 반발이 일었다. 엘리트 집단 내의 갈등은 메드베데프에 대한 반발과 '포스트-푸틴' 체제에 대한 그림을 보다 복잡하게 만들었다. 2012년 푸틴의 크렘린 복귀는 이러한 엘리트 갈등의 과정에서 더 이상의 균열을 막기 위한 선택의 측면도 있었다.

메드베데프는 푸틴의 후계자였지만 자신이 대통령이 된 이후 자신만의 프로그램을 집행해 왔다. 대표적인 것이 검찰권을 활용해 반부패 운동을 추구하면서 국영 기업의 개편을 추구한 것이다. 메드베데프의 이런 행동은 권력 엘리트 내부의 경쟁을 격화시키는 한편 통치 엘리트 내부에 균열을 가져왔다.

2009년 8월에도 메드베데프는 당시 검찰총장 유리 차이카에게 직접 명령

을 내려 러시아 국영기업들이 얼마나 제대로 운영되고 있는지를 검토하라고 지시했다. 당시 메드베데프의 지시는 푸틴 총리의 측근이자 대표적 실로비키인 로스테크(Rostec)의 세르게이 체메조프 회장을 노린 것이라는 추측들이 많았다.[30]

2012년 푸틴의 집권 3기가 시작되자 다시 일련의 반부패 운동 및 고위 공직자에 대한 단죄가 시작됐다. 또 추가적인 민영화와 연방 차원의 개발 정책 및 연방 부처 개혁 작업 등이 시작됐다. 특히 메드베데프 시절 리버럴 세력 등이 장악한 금융 및 전통 업무 영역의 확장 및 축소 등에 대한 새로운 갈등이 시작됐다.

대표적인 것이 경제에서 특히 금융 부분에 대한 장악력을 두고 경쟁한 당시 국방장관 세르듀코프(A. Serdyukov)와 슈발로프(I. Shuvalov) 및 쿠드린(Kudrin) 그룹 간의 갈등과 경쟁[31]. 에너지 분야에 대한 관할권을 놓고 경쟁한 이고리 세친과 드보르코비치 부총리 그룹 및 그와 연계한 세친 반대파 올리가르흐들의 사건이 있다. 또 연방 통신 및 매스 미디어부가 전통적으로 장악하던 영역에 대해 다른 부처 및 민간에의 이전을 요구하는 전직 연방 통신 및 매스컴부 장관 슈체골레프(Igor Shchegolev)의 갈등이 있다. 당시 슈체골레프(Igor Shchegolev)는 크렘린 행정실에 근무했고 이들의 갈등은 부처와 크렘린 실세와의 갈등으로 알려져 엘리트 내의 분열상을 보여주는 사례가 됐다.

30 Radio Free Europe/Radio Liberty,, August 26, 2009. https://www.rferl.org/a/Wither_Russia_Inc/1808366.html

31 Yevgeny Minchenko, 'Balance of Power Has Not Been Restored in Russia, Clans Are Still Fighting', 13.12.2012, Valdaiclub.com. http://valdaiclub.com/a/highlights/balance_of_power_has_not_been_restored_in_russia_clans_are_still_fighting/

<그림 40> 푸틴의 2012년 대통령 복귀 후 재편된 러시아 엘리트 그룹의 세력 분포

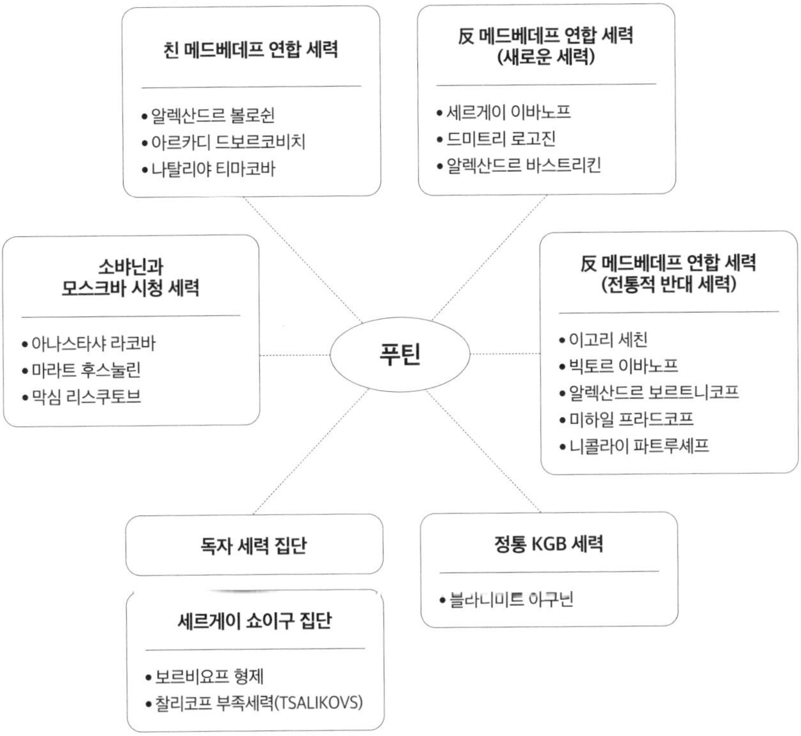


자료 : 러시아 언론 및 인터뷰 등을 종합해 저자 작성

이러한 갈등의 사례들은 러시아의 '렌트 체제'(rent system)를 놓고 경쟁하는 그룹들의 이해 관계를 조절하는 게 어려운 일임을 보여준다. 또 푸틴 시대 통치 엘리트들 상당수가 페테르부르그 출신들이지만 이들이 장악할 수 있는 렌트의 영역이 전부일 수 없다는 사실도 보여준다.

제6장

# ‘포스트-푸틴’ 체제와 푸틴 통치 엘리트들 간의 경쟁과 갈등

### 6-1 '푸틴 체제'의 장기화와 통치 엘리트 집단의 경쟁과 갈등

향후 '포스트-푸틴' 체제의 러시아의 미래를 예측하려면 푸틴의 통치 엘리트들 내부의 갈등과 분화에 대해서도 이해가 필요하다. 이들 푸틴의 통치 엘리트들 간의 갈등의 분기점이 된 시점은 2006년 무렵이다. 이 시기에 엘리트 분화가 나타나기 시작한 것은 크게는 2000년에서 2003년 사이에 급격하게 세를 불린 실로비키 그룹 및 리버럴 그룹의 경쟁이 자리 잡고 있다.

페테르부르그 출신들은 앞서 언급한 것처럼 연방 전체에 대한 통치력을 강화하기 위해 2003년 이후 신규 인사들을 영입하기 시작한다. 하지만 이들 신규 편입 인사들과 오래된 인맥들은 시간이 지나면서 지향점의 차이를 보인다. 또 페테르부르그 출신들 내부에서도 이익의 분화가 나타난다.

이들의 분화가 명확하게 목격되기 시작한 것은 2006년 무렵이다. 당시는 푸틴의 임기가 헌법상 종료 시점을 향해 가던 시점이었다. 당연히 1996년 옐친의 재선 문제를 앞두고 크렘린 내 친옐친 세력의 분화가 시작됐던 것처럼 이때도 '포스트-푸틴' 체제를 놓고 각 세력 간의 이해관계가 분화하고 있었다.

이는 헌법 개정의 여부, 후계자 선정의 여부, 향후 러시아의 진로 등과 연관되면서 사안마다 크게는 실로비키와 리버럴 그룹 간 의견 충돌을 야기했다. 또 작게는 그들 내부에서도 이견이 노출됐다. 특히 후계자 선정을 두고 실로비키와 리버럴 그룹의 갈등이 점점 격화되고 있었다.

향후 '포스트-푸틴' 체제의 러시아의 미래를 예측하려면 이 시점에 푸틴을 놓고 경쟁하던 통치 엘리트 세력의 세력 분포를 이해할 필요가 있다.

2006년경 푸틴의 세력은 크게 상트 페테르부그르 대학 동문 그룹, 페테르

부르그 시정부 인맥, 옐친 후계 세력 및 올리가르흐 등으로 분류할 수 있다.[1]

<그림 41> 푸틴 초기 통치 엘리트 그룹의 세력 분포

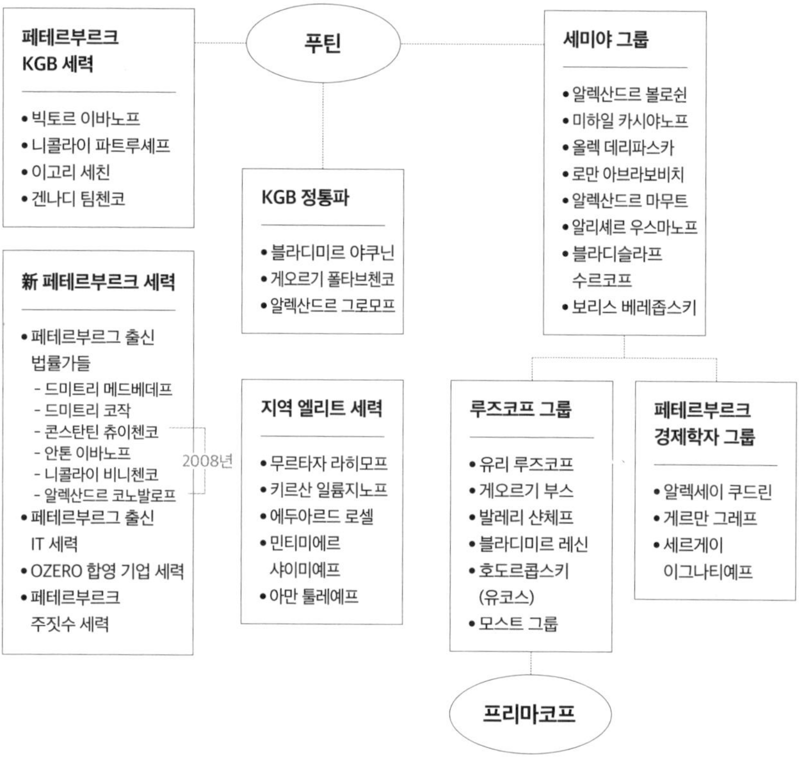


자료 : 러시아 언론 및 인터뷰 등을 종합해 저자 작성

저자가 취재한 내용과 러시아 언론 등을 중심으로 알려진 인맥을 분류해 2006년 6월경 푸틴의 세력을 구분하고 이들을 다시 세분해서 살펴보기로 한다.

1 이 명단은 완전할 수가 없다. 하지만 당시 저자의 취재와 모스코프스키 콤소몰레츠(Московский комсомолец, 23.06.2006) 신문 등을 중심으로 거론되던 인물들을 중심으로 구분한 것이다.

### 1) 상트 페테르부그르 대학 동문 그룹

드미트리 메드베데프(2006년 당시 총리)-1990년부터 메드베데프는 시민법 강사를 했다. 그때 푸틴은 페테르부르그대학 총장 보좌관이었다. 메드베데프는 푸틴과 함께 페테르부르그시 대외관계위원회에서도 같이 일했다.

**알레세이 아니친** 푸틴의 법대 동기. 러시아 내무부 조사위원회(Следственный комитет при МВД РФ) 책임자. 이 직책 이전에 그는 러시아 연방 검찰 북서관구 부책임자를 맡기도 했다.

**비탈리 모자코프** 푸틴의 법대 동기. 아니친의 선임자. 내무부 차관을 지냈으나 2005년 행정 개혁의 여파로 내무부 소속 차관지이 축소되면서 해임됐다. 이후 대통령 행정실장 보좌역이 된다.

**타마라 가블릴로바** 푸틴의 법대 동기, 러시아 언론사 NTV의 제1 부사장, 1990년 페테르브루그시 정부 대외관계위원회에서 행정 책임자로 일했다. 당시 외국인 투자 유치, 외국 기관과의 협력, 대기업 및 은행 등과의 협력 업무 등을 담당했으며 2003년 10월부터 가즈프롬-미디어(Газпром-Медиа) 부사장 역을 맡았다.

**게르만 그레프** 현재는 옛 스베르방크(은행)를 중심으로 형성된 그룹 '스베르'의 회장이다. 러 대외 경제 발전 및 통상부 장관 등을 역임한 대표적인 전문가형 인물이다. 페테르부르그대학 대학원을 다니다 푸틴과 인연을 맺었다. 당시 푸틴은 독일에서 귀국해 페테르부르그대학 부총장을 맡고 있었다. 일부 소식통은 푸틴과의 인연은 대학에서는 없었고 게르만 그레프가 페테르부르그시 정부 국가재산위원회에서 위원으로 활동하면서 맺어졌다고 말한다.

알렉산드르 바스트리킨 푸틴의 대학 동창, 러시아 내무부 중앙관구 행정국 국장(Начальник Главного управления), 그 이전에는 러 연방 법무부 북서관구 행정국장, 상트 페테르부르그 법대 총장 등을 역임했다.

엘레나 힌디카이네(Елена ХИНДИКАЙНЕ) 푸틴의 법대 동창, 러시아 MICE 산업의 핵심 기관인 '드보레츠 콩그레소프(Дворец конгрессов)' 부사장. 그 이전에는 상트 페테르부르그시 대외관계위원회 책임자로 일했다.

유리 바뉴신 푸틴의 대학 제자. 러시아 검찰청의 주요 직책을 담당함. 주로 특별수사본부 책임자로 일하면서 푸틴의 대표적인 사정 작업 등을 수행. 대표적인 업무는 블라디미르 구신스키 사건의 수사팀으로 활동한 것이 있다.

#### 2) 페테르부르그 시정부 인맥

잘 알려져 있듯, 푸틴은 1991년부터 상트 페테르부르그 시 대외관계위원회 책임자로 일했다. 당시 이 위원회가 '스몰니'(Smolny)에 위치해 있었기 때문에 푸틴의 페테르부르그 인맥을 스몰니(Smolny) 인맥이라고 부르기도 한다.

푸틴은 1994년부터는 상트 페테르부르그시 제1 부시장의 직책을 추가로 맡는다. 그는 소브착 시장의 부재 시 시장 대행으로서 주요 업무를 담당했다. 특히 외국인 투자 유치 및 주요 투자 관련 프로젝트를 담당하다 1996년 소브착의 재선 실패로 부시장직을 사임한다. 하지만 이때 맺어진 인연과 인맥은 후일 푸틴의 주요 인맥으로 자리매김한다.

**이고리 세친** 대통령 행정실 부실장, 1991년부터 푸틴과 인연을 맺어 푸틴과 함께 정치적으로 성장한다. '1996~1998년' 푸틴이 옐친 대통령 시절 크렘린 행정실에서 연방의 행정 집행 및 감시 업무를 담당했던 것처럼 그도 페테르부르그시에서 푸틴 비서실에서 행정 명령 집행 및 감시 업무를 담당했다.

푸틴이 대통령이 된 후 세친은 크렘린 행정실 부실장을 맡았고 이후 강력한 대통령 후계자로 부상했으나 메드베데프에게 밀렸다. 1980년대 아프리카에서 러시아군 통역관으로 일한 경력이 있지만 많은 사람들이 KGB와 같은 정보기관 근무를 추측하고 있다.

**알렉세이 밀러** 가즈프롬 회장. '1991~19996년'까지 푸틴과 함께 상트 페테르부르그시 대외관계위원회에서 일했다. 당시 대외 경제 관련 부처에서 시장 경제 관련 업무를 맡았다. 1996년부터 상트 페테르부르그시 항만 개발 및 투자 관련 책임자로 근무했고 이후 '발트해 파이프라인'사의 회장을 맡았다. 2000년 푸틴이 대통령이 된 후 러시아 에너지부 차관이 됐고 이후 가즈프롬 회장을 맡고 있다.

**드미트리 코작** 러시아 연방 남부 관구 대통령 전권 대표. 푸틴과 함께 상트 페테르부르그시에서 근무했다. 당시 그는 상트 페테르부르그시 법무 담당 책임자였고 1998년 상트 페테르부르그주 부지사가 됐다. 1999년 러시아 정부 총리실 행정실장이 됐다. 이후 푸틴이 대통령이 되면서 크렘린 행정실 부실장이 됐다.

**알렉세이 쿠드린** 현 러시아 연방 회계 감사원장. 1990년부터 상트 페테르부르그 재정 및 경제 담당 부시장을 지냈다. 상트 페테르부르그시 근무 당시 푸틴을 만났으나 푸틴이 대통령이 되기 전에 이미 모스크바에 진출, 1996년 대통령실 부실장을 지냈다. 1997년엔 재무부 차관이 됐다. 푸틴이 초기에 모스크바에 정착하고 크렘린 실세들의 신임을 얻는 과정에 도움을 준 것으로 알려져 있다.

**블라디미르 코진(Владимир КОЖИН)** 푸틴과 90년대 상트 페테르부르그에서 조인트 벤처 사장을 할 때 인연을 맺었다. 1994년부터 러시아 연방 북서관구 외화 및 수출 통제 센터 책임자. 1999년 러시아 연방 외화 및 수출 통제 센터장, 푸틴이 대통령이 된 후 크렘린 행정실 연방 행정 집행 및 통제 업무 담당을 지냈다.

**세르게이 미로노프** 푸틴과 1990년대 중반부터 인연을 맺었다. 당시 그는 상트 페테르부르그 의회 부의장이었고 푸틴은 부시장이었다. 이후 연방 상원의원이 됐고 상원의장을 지내면서 푸틴과 더욱 친근해졌다.

**빅토르 주브코프** 러시아 연방 재정 모니터링부 책임자. 푸틴이 상트 페테르부르그 대외관계위원장일 때 부위원장이었다. 1993년 러시아 연방 국가분석센터 부위원장, 1993년 러시아 연방 상트 페테르부르그시 담당 국세조사위원회 위원장을 지냈다. 2001년부터 2004년까지 러시아 연방 재무차관을 지냈다.

## 6-2 메드베데프의 부상과 권력 엘리트들의 이합집산

### 1) 푸틴의 집권 후 분화하는 엘리트 그룹

2003년이 되면서 러시아의 통치 엘리트들은 분화를 겪게 된다. 그리고 이러한 분화는 2006년 무렵 다시 이루어진다. 하지만 결과적으로는 큰 변화는 없었다. 이들은 크게 옐친 시절의 '세미야'(가족) 그룹과, 상트 페테르부르그 파벌, 리버럴 세력, 실로비키 세력으로 분화된다. 이들 그룹은 각각 푸틴과 연계를 맺었다. 푸틴은 때로는 이들을 통합해서, 때로는 이들을 분할해 경쟁을 유발하는 방식으로 러시아를 통치하고 자신에 대한 충성도를 높였다. 그러는 과정에서 그는 때때로 이들을 지배하기보다는 이들 그룹의 대표자 역할을 하기도 했다.[2] 소위 집단의 이익을 대변하는 촉진자(facilitator)의 역할을 한 것이다.

2 '코메르산트 블라스티' №44 11/10/2003, p. 20
https://www.kommersant.ru/doc/426342

이들의 현재 위상을 살펴보자. 먼저 첫 번째 그룹 '세미야'(가족) 그룹을 보자.

<그림 42> 세미야 그룹 주요 인물

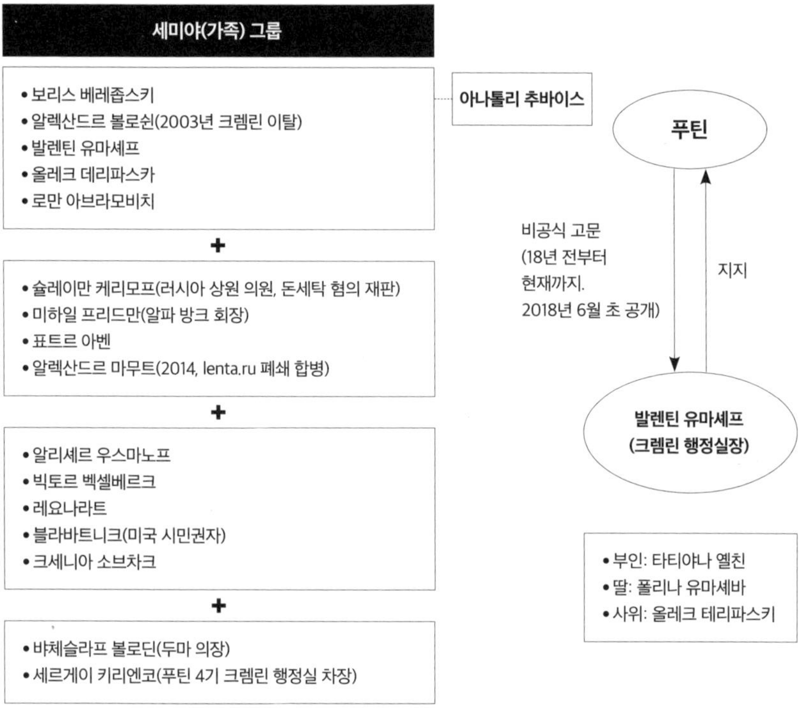


자료 : 러시아 언론 및 인터뷰 등을 종합해 저자 작성

이 그룹은 옐친 시절의 왕당파들로 구성돼 있다. 이들은 푸틴을 발탁했고 푸틴 집권 초기엔 푸틴이 권력을 공고히 하는 데 상당한 영향력을 행사했다. 이들은 현재는 정치 전면에서 사라졌다. 그런데 '세미야' 그룹이 '포스트-푸틴' 체제와 관련한 논란이 뜨거워지면서 다시 관심을 끌고 있다. 더군다나 이러한

관심은 크렘린의 발표로부터 시작됐다.

2018년 5월 푸틴이 4선에 성공한 후 크렘린은 아주 미묘한 내용의 발표를 했다.[3] 발렌틴 유마셰프(전 크렘린 행정실장, 옐친의 사위)가 크렘린의 비공식 고문으로 임명됐다는 내용이다. 이 발표로 크렘린 관측통들이 순간 혼란에 빠졌다. 역사 속으로 사라진 줄 알았던 '세미야' 그룹이 다시 크렘린과 손잡고 '포스트-푸틴' 체제 구축을 위해 모종의 역할을 하는 것이냐는 추측들이 난무했다. 유마셰프는 1997~1998년 크렘린 행정실장을 지냈고 옐친의 사임 연설을 작성했던 인물이다. 그는 푸틴과 같은 시기에 크렘린에서 옐친을 보좌했고 푸틴이 후계자가 되는 데 결정적인 역할을 했던 인물 중 하나다. 그런 그가 다시 크렘린의 고문으로 임명됐다는 소식은 당연히 큰 관심을 일으킬 수밖에 없었다.

한바탕 소동이 일었지만 대체로 다음과 같은 의견으로 수렴됐다. 유마셰프는 지난 2000년 이후 단 한 번도 크렘린 고문 자리를 놓은 적이 없다. 크렘린 대변인인 드미트리 페스코프(Dmitry Peskov)도 그가 옐친의 사임 연설을 작성한 이후 현재까지 크렘린에서 고문 자리를 유지했다고 말했다.[4]

페스코프의 발언은 유마셰프가 그동안(2000년 이후 18년 동안) 공식적으로는 등장하지 않았지만 크렘린의 고문 자리를 유지하면서 러시아의 올리가르흐들과 크렘린을 연결하는 중요한 역할을 담당해 왔다는 것을 의미한다. 하지

3 6) Interfax, 'Yumashev appointed Russian president's pro bono advisor' (Part 2) http://www.interfax.com/newsinf.asp?pg=6&id=840420

4 Gleb Pavlovsky, 'Putin and Yumashev: Survivors of the Nineties', Carnegie Moscow Center, 29.06.2018. https://carnegie.ru/commentary/76716

만 왜 지난 18년 동안 대중에게 알려지지 않았던 내용이 새삼스럽게 푸틴의 집권 4기 출범 이후 특히 '포스트-푸틴' 체제에 대한 관심이 높아지는 시점에 공식적으로 알려졌느냐가 더 중요했다. 단순히 실수로 유마셰프와 크렘린의 연계가 밖으로 알려졌다고 해석하는 의견들은 적었다.

당시 크렘린 관측통들은 이를 의도적 유출로 봤다. 즉 푸틴 집권 4기에도 유마세프를 비롯한 크렘린 내 옛 옐친 계보들, 특히 '세미야' 그룹이 영향력을 유지하고 있다는 사실을 의도적으로 알린 것으로 해석했다. 또한 '포스트-푸틴' 체제를 형성하는 과정에서 이들 '세미야' 그룹이 또다시 일정한 역할을 할 것이라는 점을 알린 것으로 해석했다. 이에 따라 푸틴이 집권 4기에 권력 이양의 복잡한 노하우를 유마세프를 비롯한 구 옐친 패밀리 세력으로부터 얻으려 했다는 해석이 한동안 득세했다.

이러한 해석이 유포되는 데에는 충분한 이유가 있다. 이제 그 이유를 상세히 알아보자.

유마셰프는 옐친 말기인 1997~1998년 크렘린 행정실장을 했다. 그의 전임자는 아나톨리 추바이스였다. 추바이스는 옐친 시기 기업 로비의 핵심이었다. 그는 올리가르흐들과 친했고 경제에 대한 영향력을 놓고 다른 관료 및 정치인들과 수시로 갈등을 빚었다.

추바이스는 자신이 책임자로 있는 크렘린 행정실에 경제뿐 아니라 정치에 관한 더 많은 권한을 집중시키려 했다. 그는 이 문제를 놓고 당시 대중적 인기가 높던 알렉산드르 레베드와 충돌했다. 추바이스는 당시 레베드가 장악한 국가안보위원회의 권한을 약화시키기 위해 국방위원회라는 유사한 조직을 만

들어 권한을 분산시켰다.[5]

레베드는 추바이스 및 국방위원회와 국방부 등의 보수파들과 충돌했고 결국 1996년 10월 해임된다. 1996년 여름 추바이스는 옐친을 움직여 국세청이 대통령 행정실의 영향력하에 들어오도록 하는 대통령령을 발령하게 한다.[6]

추바이스는 여기서 멈추지 않았다. 1997년에는 대통령령으로 국세청을 재무부에서 내무부 산하로 이동시켰다. 이는 러시아의 권력 구조상 내무부가 대통령에게 직속된 부서라는 측면에서 총리의 국세청 장악권을 뺏은 것으로 간주됐다. 크렘린 행정실장인 추바이스의 경제에 관한 권한이 총리보다 더 강화된 것을 의미했다.

추바이스의 이러한 행동은 옐친의 재선 이후 은행가를 중심으로 한 올리가르흐, 정부, 크렘린 행정실 간에 형성됐던 권력의 균형을 깨는 것이었다. 추바이스를 반대하는 세력들이 옐친을 움직였다. 옐친은 서둘러 균형을 맞추기 위해 내각을 개편했다. 1997년 2월의 개각으로 추바이스와 친했던 블라디미르 포타닌이 재무장관에서 물러났다. 포타닌은 오넥심 방크의 회장이자 7명의 은행가(세미방크로슈치나)의 일원으로서 옐친 재선 후 재무부 장관 자리를 요구해 재무부를 지배하고 있었다. 대신 옐친은 추바이스와 보리스 넴초프를 각각 부총리로 임명해 경제개혁과 재무부 및 전력 독점 문제를 해결하는 역할을 맡겼다.

5 네자비시마야 가제타, 1996. 07월 06일

6 세보드냐, 1997년 9월 11일

추바이스가 떠난 크렘린 행정실장 자리는 발렌틴 유마셰프가 임명된다. 유마셰프는 옐친의 측근이자 크렘린 행정실장을 지낸 '세미야' 그룹의 핵심인 알렉산드르 볼로쉰과 관계가 깊었다. 둘 다 러시아 기업들과 친했고 올리가르흐와도 관계가 좋았다, 이들은 자연히 이후 기업과 추바이스의 관계를 견제하는 역할을 맡았다.

추바이스와 유마셰프 모두 친기업적 인물이었다. 하지만 서로 가까운 기업이 달랐다. 유마셰프는 보리스 베레좁스키와 긴밀했고 추바이스는 블라디미르 포타닌과 더 긴밀했다. 유마셰프는 옐친의 딸인 타티야나 디야첸코와 긴밀했고 타티야나는 보리스 베레좁스키와 가까웠다. 올리가르흐들은 추바이스와 유마셰프 사이에서 최대한 이익을 확보하고자 했다. 당연히 대규모 민영화 및 경제 개혁 프로그램의 향방이 이들 기업인들의 초미의 관심이 됐다. 추바이스와 유마셰프의 팽팽한 긴장은 옐친이 유마셰프 쪽의 힘을 들어주면서 결판이 난다.

옐친은 1997년 7월 자신의 딸 타티야나를 크렘린 고문에 임명한다. 이에 따라 추바이스의 영향력이 약화됐다. 또 동시에 가즈프롬을 대변하던 체르노미르딘의 경제 및 산업 정책에 대한 영향력이 유마셰프에 의해 견제되는 상황이 확실하게 정립된다.[7]

하지만 이러한 균형과 재균형 잡기는 결과적으로 실패했다. 민영화를 추진하는 러시아 정부의 정책에 따라 이루어진 알짜 기업들을 인수하는 과정

7 Neil Robinson, 'Institutions and Political Change in Russia', pp31-pp35, Mcmillan Press 2000. 세보드냐, 1997.07월 01일 자 등 참고.

에서 추바이스의 지지를 받은 포타닌의 오넥심 방크는 다른 경쟁자들을 압도했다.

베레좁스키 등 다른 올리가르흐들은 자신들의 이익을 확보하기 위해 정부를 압박하는 한편 포타닌 세력과 갈등을 빚었다. 이러한 결과는 올리가르흐들의 분열과 그들과 결탁한 정치인들 그리고 관련 산업 이해 당사자들 간의 치열한 경쟁을 초래했다. 러시아의 1997~1998년의 금융 위기는 이러한 갈등도 한 원인이 됐다.

크렘린은 한편으로는 이러한 갈등을 물밑에서 잠재우려 했다. 하지만 올리가르흐들에 반발하는 민심의 향배도 신경을 쓰지 않을 수 없었다. 키리옌코 총리와 정부의 일부 관료들은 올리가르흐들의 요구를 거부해야 한다는 압력에 시달렸고 결과적으로 올리가르흐들에게 결정타를 가했다. 국가가 올리가르흐들이 서방 은행에서 빌린 사적인 채무를 보증하지 않겠다고 선언한 것이다. 키리옌코 내각은 총사퇴했다. 하지만 이 과정에서 유마셰프는 살아남았다. 그리고 그는 '세미야' 세력과 함께 푸틴을 옐친의 후계자로 선정하고 푸틴 체제가 착근하는 과정에서 상당한 기여를 한다.

이러한 복잡하고도 은밀한 배경 때문에 2018년 유마셰프의 크렘린 고문 재임명 사실이 크렘린 대변인을 통해 흘러나오면서 크렘린 관측통들의 주목을 받은 것이다.

유마셰프가 옐친 시대 '세미야' 그룹을 대표하는 인물이지만 '세미야' 그룹은 사실 하나의 지향점과 이해가 일치하는 세력은 아니었다. 이들은 옐친에 대한 충성심을 바탕으로 서로 지향점이 달랐고 개인적으로 그렇게 친하지도 않았다.

대표적으로 경호실장이었던 코르자코프(Korzhakov), 그리고 옐친의 측근으로 오랫동안 옐친 곁에 있었던 바르수코프(Barsukov), 일류신(Ilyushin), 코스티코프(Kostikov)등은 유마셰프와는 여러 면에서 이견을 노출했다.

이런 그룹에 일체감을 불러일으킨 인물은 옐친의 딸인 타티야나였다.[8] 타티야나는 옐친을 설득해 푸틴을 후계자로 받아들이게 했고 유마셰프 및 볼로쉰과 함께 전국에 걸쳐 선거 캠프를 조직하고 수직적인 통제력을 발휘할 수 있는 조직을 구성했다. 때문에 타티야나가 아니었다면 푸틴은 대통령의 자리에 올라갈 수 없었을 것이라는 전문가들도 많다.

이러한 이유로 푸틴은 푸틴 체제 형성 이후에도 타티야나와 그의 남편인 유마셰프에 대해 오랫동안 배려를 했다. 푸틴의 이러한 배려가 '세미야' 그룹의 영향력이 현재에도 잔존하는 이유 중 하나다.

실제로 푸틴이 대통령으로서 내린 첫 대통령령은 초대 대통령 보리스 옐친 및 그의 가족에 대한 집권 기간의 행위들에 대한 사면과 보호에 관한 것이었다. 푸틴의 측근 그룹 중 실로비키들은 이 사면령이 광범위하게 해석되지 않기를 바랐다. 하지만 푸틴은 '세미야' 그룹에 대해서는 2021년 9월 현재까지도 배임이나 횡령, 혹은 다른 사건과 연루시켜 응징하지 않고 보호했다.

'세미야' 그룹의 일원이었지만 단죄를 받은 유일한 예외는 보리스 베레좁

8 '코메르산트 블라스티' №44 11/10/2003, p. 20
https://www.kommersant.ru/doc/426342

스키였다. 베레좁스키는 초기에 푸틴을 옹립하는 데 적극적이었다. 하지만 푸틴 집권 이후 반 푸틴파로 돌아섰다. 푸틴과 대립하던 당시에는 '세미야' 그룹에서도 배제된 상황이었다. 베레좁스키의 푸틴과의 대립과 관련해서는 재미있는 해석도 있다. 러시아 소식통들에 따르면 푸틴이 베레좁스키를 적극적으로 응징한 것이 아니라 유마셰프를 비롯한 '세미야' 그룹이 스스로의 안전을 위해 베레좁스키를 배제하고 응징했으며 푸틴은 이를 수용했을 뿐이라는 의견도 있다.

푸틴은 일부 '세미야' 그룹 멤버들을 응징하자는 실로비키 강경파들 특히 이고리 세친 등의 주장에도 불구하고 2003년까지는 '세미야' 그룹의 핵심뿐 아니라 그들과 긴밀했던 7명의 은행가(sembankirschiny)들도 응징하지 않았다. 오히려 푸틴 체제의 첫 총리로 '세미야' 그룹의 일원으로 간주되는 미하일 카시야노프를 임명했다. 이런 푸틴의 행동은 그 자신도 '세미야' 그룹의 일원임을 보여주는 행동으로 간주되기도 했다.

푸틴이 대통령이 되기까지 그는 '세미야' 그룹의 신임을 받기 위해 최선을 다했다. 푸틴이 '세미야' 그룹의 이익을 위해 일한다는 느낌을 준 사건 중 대표적인 것이 트란스네프티에 대한 것이다. 1999년 가을 총리였던 푸틴은 당시 트란스네프티의 지배권을 놓고 격렬하게 대립하던 세력 싸움에 관여하지 않겠다는 듯 외유를 떠난다.

그리고 그의 외유 기간 중 '세미야' 그룹의 일원이었던 당시 니콜라이 악쇼넨코와 빅토르 칼류즈니가 트란스네프티(Transneft)의 지배권을 뒤흔드는 일종의 회사 쿠데타를 감행한다. 그리고 귀국한 푸틴은 이 사태에 자신은 개입하

지 않았다는 언급을 하고 개입하지도 않을 것임을 선언한다.[9]

체포와 구금, 그리고 사내 갈등 및 파벌 갈등의 상황에서 푸틴이 종종 개입하지 않거나 국내에 없었기 때문에 본인은 내용을 잘 알지 못하며 순전히 사법기관의 판단이라는 식의 태도는 이미 이때부터 관측된 일이라고 할 수 있다.

구신스키에 대한 응징도 '세미야' 그룹 내부의 갈등과 이권으로 해석하는 시각도 있다. 볼로쉰과 유마셰프는 개인적으로 구신스키에 대한 엄청난 반감을 가지고 있었으나 그를 파멸시킬 힘이 없었고 푸틴이 대통령에 당선되자 이를 진행했다는 해석이다.[10]

하지만 푸틴 체제 내내 베레좁스키와 구신스키를 제외한 '세미야' 그룹에 대한 수사나 탄압은 없었다. 실로비키 세력이 이들을 상대로 수사를 진행했어도 그 수사는 초기 단계에서 즉각적으로 멈춰 섰다.

대표적인 것이 2001년 중반 로만 아브라모비치가 소유하고 있던 시브네프티에 대한 검찰 수사의 중단이다. 이는 볼로쉰에 대한 수사의 중단과도 연관되는 사건이다. 볼로쉰은 1990년대 초 이미 횡령 등에 대한 수사를 받다가 이 수사가 중단된 적이 있다. 이러한 이유로 푸틴을 세미야 그룹의 새로운 보스로 간주하기도 한다.

다음은 '세미야' 그룹의 주요 구성원들과 그들의 핵심 이력이다.

9 Коммерсантъ Власть" №44 'Колода Российской Федерации', p. 20, 10.11.2003, https://www.kommersant.ru/doc/426342

10 Коммерсантъ Власть" №44 'Колода Российской Федерации', p. 20, 10.11.2003, https://www.kommersant.ru/doc/426342

### 알렉산드르 볼로쉰(Alexander Voloshin)

타티야나가 세미야 그룹을 실질적으로 지배하고 강력하게 만들었다 해도 사실 세미야 그룹의 핵심은 볼로쉰이다. 그는 1990년대 초반부터 보리스 베레좁스키와 가까웠다. 그는 베레좁스키가 설립한 AVVA의 지분을 차라방크(Chara Bank)에 매각하는 데 성공하면서 부를 쌓는다. 하지만 그 이후 차라방크(Chara Bank)는 파산했다. 1997년 볼로쉰은 크렘린의 고문으로 유마셰프를 움직인다. 볼로쉰은 베레좁스키와 친했지만 후일 그를 압박해 러시아로부터 영국으로 망명을 하도록 실질적인 역할을 맡는다.

그는 크렘린 행정실장을 역임하면서 올리가르흐들과도 인연을 맺어 실로비키 세력들이 올리가르흐들을 압박할 때 그들 편에서 옹호하기도 하면서 재계와 좋은 관계를 유지했다. 이 때문에 볼로쉰은 푸틴이 대통령이 된 후에도 2년 반 동안이나 크렘린 행정실장으로 근무하는 등 푸틴의 신임을 받았다. 볼로쉰은 호도르콥스키의 체포 후 사임 의사를 밝히는 편지를 푸틴에게 썼다. 푸틴은 그를 매우 고상한 사람이라고 했지만 실로비키들은 그를 탄압하고자 했다.

### 미하일 카시야노프(Mikhail Kasyanov)

재무부에서 잔뼈가 굵은 카시야노프는 1999년 격동이 시작되는 시점부터 세미야 그룹의 일원이 됐다. 당시 그는 재무부 차관으로 임명되면서 세미야 그룹과 인연을 맺는다. 당시는 러시아 대중의 강력한 지지를 받던 예브게니 프리마코프 총리를 끌어내리려던 상황이었고 세미야 그룹은 처음에는 제1부총리이자 교통부 장관이던 니콜라이 악쇼넨코를 지원하고 그에게 실권을 몰아주었다. 하지만 세미야 그룹은 악쇼넨코보다 더 젊은 리더를 원했고 악쇼넨코가 점점 자신들의 통제가 쉽지 않은 노회한 인물이라는 사실이 알려지면서 카시야노프가 점점 관심을 끌게 된다. 카시야노프는 튀지 않고 조용한 인물이었고 시장의 평가도 예측 가능한 인물이라는 것이었다. 다가오는 새 시대는 예측 가능하고 안정적인 세상이 될 것이라는 이미지가 필요했던 푸틴은 그에게 총리직을 제안하고 그는 이후 세미야의 지지하에 푸틴의 눈에 들게 된다.

카시야노프는 악쇼넨코의 실각 후 정부를 안정시키는 한편 유코스 사태의 마무리를 깔끔하게 처리했다. 2003년 이후 카시야노프는 세미야 그룹 및 볼로쉰 등과 거리를 두는 움직임을 보이기도 했다.

### 올렉 데리파스카(Oleg Deripaska)와 로만 아브라모비치(Roman Abramovich)

보리스 베레좁스키와 친했던 젊은 기업가 로만 아브라모비치는 이름 없던 석유 중개상에서 1999년 이후 베레좁스키의 도움을 받아 세미야 그룹에 가깝게 됐고 이들의 재정적 후원자가 된다. 베레좁스키는 1999년 로만 아브라모비치를 설명하면서 그는 정치적 전략과 상황을 이해하는 데 재질이 있다고 말한 바 있다. 알렉산드르 코르자코프는 그를 '세미야 그룹의 돈지갑'이라고 묘사하기도 했다.[11] 그는 얼마 지나지 않아 베레좁스키보다 세미야 그룹과 더 가까

11 Журнал "Коммерсантъ Власть" №44 от 10.11.2003, стр. 20, ' Колода Российской Федерации', №44 11/10/2003, p. 20

워진다.

그는 옐친의 딸이자 크렘린 고문인 타티야나 디야첸코 및 발렌틴 유마셰프와 직접적인 친분을 맺고 그들과 긴밀한 관계를 유지하는 데 성공한다. 이후 그는 러시아에서 가장 큰 석유 및 알루미늄 회사들을 인수하는 데 성공한다. 그의 나이 34세 때다.

이때 타티야나 디야첸코 및 발렌틴 유마셰프 등 세미야 그룹은 푸틴을 후계자로 선정했고 대통령에 당선시키는 데 성공한다.

아브라모비치는 푸틴의 당선에도 일조했지만 당선된 후 푸틴의 정책이 성공하는 데 큰 노력을 기울인다. 대표적인 것이 언론에 대한 정부의 통제력을 강화하려는 푸틴의 의중을 간파하고 러시아에서 가장 영향력이 큰 ORT TV의 베레좁스키의 지분을 인수하고 추코트카의 빈곤 타파를 위해 자금을 지원하고 나중에는 직접 주지사를 맡기도 한 것이다.

그는 정치적 감각도 뛰어나 러시아에 있는 자신의 지분 상당수를 팔아 국제적인 비즈니스맨으로 발돋움하기 위해 런던으로 이주하고 첼시 축구단을 인수하기도 한다. 그는 자신의 역할을 점점 세미야 그룹의 올리가르흐에서 국제적인 비즈니스맨으로 변모시키고자 했다.

로만 아브라모비치는 자신의 알루미늄 회사(루스키 알루미늄)를 올렉 데리파스카의 회사와 합병하고 나중에는 그의 지분 전체를 데리파스카에게 팔아치운다. 이때 세미야 그룹의 돈줄에 상당한 변화를 몰고 올 사건이 발생한다.

---

https://www.kommersant.ru/doc/426342

바로 데리파스카가 유마셰프와 전처 사이에서 난 딸 폴리나와 결혼하면서 실질적으로 옐친의 손자사위가 된 것이다.

그는 세미야 그룹과 불가분의 관계를 맺고 자신이 소유한 TVS 채널을 활용해 푸틴 정권이 추진하는 정책을 지원한다. 러시아의 WTO 가입의 필요성, 외국산 수입 자동차에 대한 관세 인상의 필요성, 러시아 전력공사(RAO EEC) 개편 필요성 등을 강조하고 여론을 형성하는 데 일조한다.

### 블라디슬라프 수르코프(Vladislav Surkov)

수르코프(Vladislav Surkov)는 세미야 그룹의 일급 정치 참모이자 크렘린의 최고 전략가였다. 그는 1998년 베레좁스키와의 인연으로 크렘린과 가까워진다. 당시 그는 베레좁스키가 지배하던 ORT 채널의 부사장이었다. 그 이전까지 수르코프는 알파 그룹 산하의 에너지 회사 로스프롬(Rosprome. 후일 유코스(Yukos)라는 이름으로 더 유명해진 석유 그룹)에서 근무했다. 당시 그는 이미 뛰어난 로비스트로 유명세를 타고 있던 상황이었다.

1999년 그는 크렘린의 행정실 차장이 된다. 그리고 알렉산드르 볼로쉰을 충실히 보좌하면서 그의 측근이 된다.

크렘린에 반대하는 세력이 강했던 국가 두마 선거에서 단합당(Unity)의 승리, 그리고 그 뒤를 이어 대통령의 당이라는 칭호를 듣는 통합 러시아 당(United Russia)의 결성, 크렘린에 반대하는 주지사들을 상원에서 축출하고 주지사들에 대한 크렘린 통치력의 강화 등의 작업이 모두 수르코프에 할당됐고 그는 이를 훌륭하게 수행해 냈다.

그는 국회직 배분에서 철저하게 제1야당이던 공산당을 배려하지 않았다. 그리고 상원의원 선출 방식을 개혁하도록 주지사들을 압박했다. 하지만 그는 2003년 즈음부터 점점 영향력을 상실했다. 그리고 2004년 대통령 선거 과정에서는 별다른 역할을 수행하지 못했다.

### 미하일 레신(Mikhail Lesin)

미디어 전문가인 레신은 러시아에서 가장 큰 광고 회사인 비디오 인터내셔널(Video International)의 공동 설립자 중 한 명이다. 레신은 세미야 그룹에 1996년에 합류했다. 그는 언론 및 홍보 매체를 활용해 대중에 대한 직접적인 영향력을 미치는 선거 전략 일 등을 담당했다. 1996년 옐친 대통령 재선 후 크렘린 행정실 언론 책임자가 됐고 대통령의 주례 라디오 연설을 기획하는 등 기여했다. 레신은 후일 전 러시아 라디오 텔레비전 관장위원회의 부위원장을 맡았다.

하지만 그는 1999년 제2차 체첸 전쟁과 올리가르흐들의 미디어 전쟁, 그리고 대통령 선거와 국가 두마 선거의 캠페인이 점점 달아오르는 상황에서 다시 미디어부 장관으로 복귀한다. 그는 NTV의 소유 구조 변경을 시도했고 TV6 채널을 폐쇄시켰다.

### 알렉세이 2세(Alexy II) 대주교

알렉세이 2세 대주교는 옐친이 대통령이 되기 1년 전에 총대주교가 됐다. 당시 그는 옐친과 별다른 인연이 없었다. 알렉세이 2세와 옐친의 인연은 1993

년 옐친이 의회 반대파들을 제압하기 위해 의사당에 탱크 포격을 하던 시점에 시작된다. 당시 알렉세이 2세는 내전의 위험을 경고하며 대립하는 세력의 자제를 촉구해 사태를 진정시키는 데 일조한다.

이후 옐친은 알렉세이 2세에 대해 우호적 감정을 갖게 됐고 크리스마스 행사 등에 참석한다. 옐친은 이후 알렉세이 2세와 인간적인 교분을 이어갔고 자신의 후계자로 푸틴을 선정하고 그를 추대할 때에도 알렉세이 2세와 상의했다는 말이 정설이다.

푸틴이 대통령이 된 후 내린 최초의 명령들 가운데에는 알렉세이 2세 주교관 및 주교에 대한 보호를 경찰이 아닌 크렘린 경호국(FSO)이 하도록 하는 내용들이 포함된 것은 우연이 아니다. 또 알렉세이 2세는 푸틴이 대통령 취임식을 마친 후 곧바로 크렘린 내 블라고베센스크 성당에서 축복하기도 했다. 푸틴은 알렉세이 2세와 관계를 우호적으로 유지했으며 알렉세이 2세의 요청을 받아 소련 시절 해외로 망명한 러시아 정교회 세력들과 러시아에 남아있는 러시아 정교회의 통합을 추진했다. 그가 미국 방문길에 미국에 망명한 러시아 정교회의 수장들과 만나 알렉세이 2세의 메시지를 전한 것도 이러한 과정 중의 하나였다.

### 보리스 옐친(Boris Yeltsin)

세미야 그룹의 우두머리는 옐친이었다. 하지만 그는 일 년에 몇 번 정도만 세미야 그룹 사람들을 만날 수 있었다. 그는 재선 후 심각한 병마에 시달리고 있었다. 모스크바 언론계에 떠도는 소문에 의하면 그는 보리스 베레좁스키를 별로 좋아하지 않았다. 실제로 베레좁스키는 푸틴이 대통령에 당선되기 이전부터 크렘린으로부터 상당한 압력을 받고 있었다.

옐친은 자신의 딸인 타티야나 디야첸코나 사위인 발레틴 유마셰프를 제외하고는 세미야 그룹들과 그렇게 인간적으로 친한 관계를 유지하지 않았다. 그는 오히려 세미야 그룹과는 거리가 있던 국방장관 출신의 파벨 그라초프(Pavel Grachev), 샤밀 타르피슈체프(Shamil Tarpishchev) 등과는 정말로 깊은 인간적인 관계를 유지한 것으로 알려졌다.

옐친은 자신의 사임 후 둘째 날 자신이 좋아하는 우랄 지방 만두인 우랄 펠메니를 먹자며 푸틴과 볼로쉰, 국방장관 이고리 세르게예프와 그의 부인을 초청했다고 한다.

1999년 그의 정적들이 자신의 가족들의 부동산과 개인 계좌 등을 가지고 공격할 때 옐친은 실제로 무슨 일인지를 이해하지 못했다는 증언들이 많다. 그는 자신들의 가족들의 생계는 책 출간 등을 통해 들어오는 인세 등으로 충당하는 걸로 생각했다고 알려져 있다.

이 때문에 옐친은 2000년 가을 발렌틴 유마셰프가 작업을 한 자신의 세 번째 자서전인 '대통령의 마라톤'(Presidential Marathon) 책 출간을 매우 즐거워했다고 한다. 그는 이 책 '대통령의 마라톤'(Presidential Marathon)에서 '세미야' 그룹으로 분류될 인물들에 대한 개인적 인연 등을 풀어놓았다. 그리고 '세미야' 그룹과는 관계가 좋지 않았지만 크렘린 행정실에서 근무했던 추바이스 등에 대해서도 언급했다.

### 타티야나 디아첸코 & 발렌틴 유마셰프(Tatyana and Valentin Yumashev)

타티야나 디야첸코 & 발렌틴 유마셰프는 옐친의 딸이자 사위라는 신분 때문에 세미야 그룹의 핵심이라고 할 수 있다. 이 때문에 옐친은 유마셰프에게 자신의 정치적 고백과 비밀들을 담은 자서전을 대필하도록 허용했던 것이다.

베레좁스키는 이들과 가까웠고 이 때문에 그는 1996년 옐친의 재선 당시 올리가르흐들을 모아 재선을 위해 노력했고 영향력을 행사할 수 있었다. 이는 옐친의 2기 동안 강력하게 작동했다.

물론 옐친이 이들의 말을 맹목적으로 받아들인 것은 아니었다. 하지만 이들은 옐친을 설득해 그들이 원하는 결과를 도출하도록 하는 방법을 알고 있었다. 베레좁스키는 1996년 타티야나를 크렘린에 정식으로 고문으로 일하도록 하면서 그가 원하는 정책을 실제로 도출했다. 3년 후 타티야나의 남편 발렌틴 유마셰프는 이런 방법을 배워 푸틴을 대통령 후보로 선출하고 그를 대통령에 당선시키도록 한다.

추바이스는 이 때문에 "발렌틴은 정치적 천재다. 모든 것을 고안한 것은 발렌틴 유마셰프다"라고 말한 바 있다.[12]

그러나 타티야나 디야첸코와 발렌틴 유마셰프는 베레좁스키와 달리 자신들의 의중대로 푸틴을 대통령에 당선시켰지만 더 이상 푸틴에게 영향력을 행사하려 하지 않았다. 물론 그렇다고 해서 그들이 푸틴과의 친분을 포기하지도

12 Журнал "Коммерсантъ Власть" №44 от 10.11.2003, стр. 20, ' Колода Российской Федерации', №44 11/10/2003, p. 20
https://www.kommersant.ru/doc/426342

않았다.

그들은 장막 뒤에서 자신들을 보호할 만한 권력과 부를 유지하면서도 정치적으로는 푸틴의 독자적 행동과 영역에 일체의 간섭이나 개입을 하지 않은 채 복속했다. 그들은 이런 방식으로 '세미야' 멤버들을 보호했다.

2001년 10월 타티야나 디야첸코와 발렌틴 유마셰프는 공식으로 결혼했다. 그리고 2002년 4월 그들 사이엔 딸 마리야가 태어났다.

### 2) 푸틴을 지탱한 엘리트 세력의 본거지- 상트 페테르부르그 마피아

지역 연고주의(Zemlechestvo)는 러시아 정치의 오랜 전통이다. 러시아 정치의 최고 통치자들은 혼자서 광활한 러시아를 통치할 수 없었기 때문에 일찍부터 자신의 출신 지역 엘리트들과 함께 통치 권력을 행사했다. 푸틴도 이런 예외가 아니었다. 푸틴은 자신의 출신지인 상트 페테르부르그 출신들인 이른바 페테르마피아 그룹을 데려왔다.

빅토르 이바노프, 세르게이 이바노프, 보리스 그리즐로프, 빅토르 체르케소프가 이들 페테르마피아 그룹의 대표적인 인물들이다.

푸틴이 이들 지역 연고주의 세력에 의존하는 이유는 여러 가지다. 이들이 페테르부르그 출신이라는 점 이외에도 전문 분야에서 이미 인정을 받은 인물들이라는 점도 있다. 더 중요하게는 이들이 푸틴과 마찬가지로 철저하게 자신들을 발탁한 인물에 대해 충성스러운 모습을 보였다는 점도 있다.

세르게이 이바노프는 방첩 업무를 담당하는 FSB의 부국장으로 임명됐고 후일 국가안보위원회의 서기가 됐다. 푸틴은 그를 전적으로 신뢰했고 국방장관, 크렘린 행정실장 등 요직을 맡긴다.

보리스 그리즐로프는 코민테른의 후신인 상트 페테르부르그 연구소의 연구원이었다. 그는 발트 기술대학에서 센터장을 맡았으며 이때 이미 KGB 요원이었다는 주장도 있다. 그는 국가 두마에서 '단합당'(Unity)의 대표로 정치에 발을 들여놓았다. 후에 다시 내무장관이 되었고 다시 2003년 이후 선거를 앞두고 통합 러시아당의 지도부의 일원으로 컴백했다. 하원의장을 지내기도 했다.

빅토르 체르케소프는 KGB 제5국(이데올로기 담당) 소속이었다. 그는 푸틴 당선 후 북서연방구에 파견된 대통령 전권대표 역할을 맡았다. 이후 상트 페테르부르그 주지사인 블라디미르 야코블레프의 반대 세력 결성을 주도했다. 푸틴과 이들과의 관계는 리더와 부하의 관계라기보다는 동료 관계로 보는 것이 타당하다는 주장들이 많다.[13] 이는 이들이 푸틴을 부를 때 적어도 2000년대 중반까지는 대통령이라는 호칭보다는 '포르트레트'(러시아어로 초상화를 의미)라는 말로 호칭한 데에서도 알 수 있다.

초상화 속의 인물 즉 국가지도자라는 말을 대통령이라는 말 대신 사용함으로써 복속보다는 중립적인 의미를 강조한다는 해석이다.[14]

13 Журнал "Коммерсантъ Власть" №45 от 17.11.2003, стр. 36 https://www.kommersant.ru/doc/428218

14 Сослуживцам, коллегам и приятелям не так уж и просто было смириться с этим — многие из них считали себя ничем не хуже Путина. Именно ревностью можно объяснить то, что многие питерцы в разговорах друг с другом называют Путина не президентом, а "портретом": "пойду на прием к 'портрету'", "мы говорили 'портрету'", "'портрет' так решил".

다음은 상트 페테르부르그 출신 엘리트 그룹의 주요 인사들 및 그들의 핵심 이력이다.

세르게이 이바노프(Sergey Ivanov)

푸틴과 함께 KGB 학교인 붉은기(旗) 학교(Краснознаменном институте КГБ СССР)에서 공부했다. 푸틴은 연방보안부(FSB) 부장에 임명되자마자 그를 차장으로 임명하는 등 진한 우정을 과시했다. 이후 연방보안부장, 국가안보위원회 서기, 국방장관, 크렘린 행정실장 등을 역임했다. 푸틴은 대통령 권한대행으로 선임된 2000년 "조언이 필요할 때 누구와 상의하느냐"는 질문에 세르게이 이바노프라고 응답하기도 했다.[15] 그는 푸틴의 후계자로 강력히 거론되기도 했으나 메드베데프에게 밀렸다.

발렌티나 마트비엔코(Valentina Matvienko)

푸틴보다는 에브게니 프리마코프와 더 가까웠다. 콤소몰 출신의 열렬한 활동가였던 그녀는 프리마코프의 배려로 몰타 대사, 그리스 대사를 지냈고 프리마코프 총리 시절 그 밑에서 사회 담당 부총리를 지냈다. 그 후 푸틴의 지원

"Коммерсантъ Власть" №45 , 17.11.2003, стр. 36 https://www.kommersant.ru/doc/428218

15 "В 2000 году тогда еще и. о. президента, отвечая на вопрос, к чьим советам он прислушивается и кому доверяет, назвал Сергея Иванова: "Есть такое понятие, как чувство локтя. Вот с Ивановым такое чувство возникает".
"Коммерсантъ Власть" №45, 17.11.2003, стр. 36 , 'Колода Российской Федерации', https://www.kommersant.ru/doc/428218

하에 페테르부르그 주지사, 상원의장 등을 지냈다.

#### 보리스 그리즐로프(Boris Gryzlov)

그리즐로프와 푸틴이 처음 어떻게 만났는지에 대해서는 설이 분분하다. 그리즐로프는 1999년 즈음이라고 말하지만 러시아 내 관측통들은 푸틴과 그리즐로프는 그 이전부터 교류하고 있었다고 말하고 있다. 관측통들은 둘이 KGB에서 함께 근무했거나 공부했을 가능성을 제기하고 있다. 그리즐로프는 자신의 KGB 근무 가능성에 대해 단 한 번도 부정하지 않고 있지만 그렇다고 그의 공식적인 경력에 KGB 근무 이력을 넣은 적도 없다. 어쨌건 푸틴이 총리가 된 후 그리즐로프는 국가 두마 내 단합당(Unity.Единство)의 대표가 된다. 이후 내무장관, 통합 러시아 당 대표 등이 된다. 내무장관 시절 그는 내무부와 경찰에 대한 국민들의 신뢰를 회복하기 위해 범죄와의 전쟁에 적극적이었으며 내무부를 연방 경찰, 시경찰, 그리고 내무부 소속 군대를 국민근위대로 개혁하겠다(превращения внутренних войск в национальную гвардию)고 약속하고 이를 추진한다.

하지만 그는 이후 내무부 개혁에 대해 소극적이고 오히려 크렘린과 연관된 연출과 정치에 대해 더 관심을 기울였다. 이는 그가 이후 국가 두마 의장 등을 지내면서 더욱 강화됐다.

#### 알렉세이 밀러(Alexey Miller)

밀러와 푸틴과의 인연은 1990년대 초반부터 이어진다. 그는 당시 레닌그라드시 경제개혁 위원회 산하 분과위원장이었다. 이후 푸틴이 직접 관장하는 대외경제위원회로 이 분과의 일이 이양되면서 그와 푸틴의 인연이 시작된다. 1996년 소브착 주지사 선거에서 패배한 후 밀러는 항구에 투자하는 사업가로 변신했다. 이후 푸틴은 총리가 된 후 즉각 밀러를 발탁해 파이프라인 회사(AO Балтийская трубопроводная система) 사장으로 임명한다. 푸틴이 대통령이 된 후 밀러는 에너지부 차관이 된다. 이후 1년도 안 돼 푸틴이 가즈프롬을 개혁하기 위해 밀러를 가즈프롬 사장에 임명한다. 푸틴은 밀러를 가즈프롬에 안착시키기 위해 밀러의 방해자 역할을 할 가능성이 있는 에너지 거물들을 수뢰나 횡령 등의 혐의로 수사하거나 구금시키기도 했다. 밀러는 대통령에게 직보하면서 가즈프롬에 대한 실로비키 등의 간섭을 배제하면서 자신이 생각하는 개혁을 추진했다. 실로비키 세력들은 한동안 가즈프롬에 입성하지 못했고 밀러는 독자적인 세력을 구축하면서 가즈프롬을 운영했다. 이 모든 것은 푸틴이 가즈프롬을 사실상 직접적으로 관장하고 관심을 보였기 때문에 가능했다.

### 드미트리 메드베데프(Dmitry Medvedev)

2003년 10월 드미트리 메드베데프가 크렘린 행정실장이라는 러시아 권력 구도의 핵심 직위를 획득하자 도대체 드미트리 메드베데프가 누구인가라는 의문이 제기됐다. 왜냐하면 그가 볼로쉰을 대체해 2003년 크렘린 행정실장으로 임명되기 전까지 3년 동안 행정실 차장으로 근무하면서 법률 및 행정서비스 현대화 이외 정치적인 역할을 거의 하지 않았기 때문이다. 물론 푸틴은 메드베데프와 1990년대 초 상트 페테르부르그 시 정부에서 일할 때부터 잘 알고 있었고 신뢰도 깊었다.

하지만 당시에도 그는 특별히 정치적인 일보다는 그의 전공 분야인 법률 관련 쪽 일에 전념했다. 더군다나 1995년에는 다시 대학(상트 페테르부르크 법대)으로 복귀하기도 했다. 대통령 선거 캠프에서도 열정적으로 활동하지 않았다.

### 드미트리 코작(Dmitry Kozak)

코작은 2003년까지 크렘린 행정실 제1 부실장으로 근무했다. 그는 페테르부르그파 인물들 가운데 가장 비정통파적 이력의 인물이다. 첫 번째 그는 페테르부르그 출신이 아니다. 코작은 키로보그라드 지역(Кировоградской области) 출신으로 23세 때 레닌그라드 대학 법대를 입학하면서 레닌그라드로 이사했다.

두 번째 그는 푸틴의 도움 없이 이미 모스크바에서 고위직을 역임하고 있었다. 이 점이 다른 페테르부르그파 인물들과 확연히 다른 점이다. 1999년 5월 그는 이미 크렘린 행정실에서 법률 문제를 담당하는 차장 후보로 거론되고 있었고 이러한 이유로 이미 1999년 초 페테르부르그주 부지사 자리를 사임했다.

푸틴과는 상트 페테르부르그시에서 근무하면서 인연을 맺었지만 그는 소브착 시장의 패배 후 소브착 시장 측근들이 대부분 사임했던 것과 달리 계속해서 상트 페테르부르그시에서 근무했다. 하지만 이런 그의 이력에도 불구하고 그의 직업적 전문성은(프로페셔널리즘) 높은 평가를 받았고 푸틴과의 관계도 계속 잘 유지됐다. 푸틴이 총리가 된 직후 그는 총리실 실장이 됐고 푸틴이 대통령이 된 후에는 크렘린 행정실 차장이 됐다.

2000년 봄 모스크바에서는 푸틴이 코작을 검찰총장으로 임명하려 한다는 소문이 돌았다. 인준 청문회를 담당하기 위해 상원의 관련 위원회 위원들과 크렘린이 접촉한다는 구체적인 말들도 떠돌았다. 하지만 푸틴은 마지막 순간에 블라디미르 우스티노프를 임명했다. 후일 코작은 자신이 후보자로 거론된 것은 사실이었지만 그가 크렘린의 지시에 따라 국가에 새로운 질서를 세우는 역할을 담당해야 할 검찰총장 자리를 담당하길 싫어했다고 말한 바 있다.[16]

코작은 푸틴과 친했지만 구체제 및 친옐친계 인사들 중 보수적인 견해를 견지한 인물들과도 관계가 좋았다. 이 때문에 그는 정치적으로 전위대의 역할을 담당하는 업무에서 가급적 멀어지려 했다는 평가를 받는다. 이 때문에 그의 집무실도 크렘린 행정실의 다른 차장들과 달리 크렘린 내가 아니라 정부 사무실이 몰려있는 '스타라야 플로샤지'에 둘 정도였다.

코작은 여기에서 연방과 지방 정부의 역할과 법률적 권한을 재조정하고 연방 중앙정부의 권한을 강화하는 개혁과 연방 정부 내 주요 부처의 권한은 재조정하는 법률 개혁을 추진했다. 이 과정에서 그는 연방 검찰의 권한을 조금

16 Весной 2000 года ходили слухи о том, что Козак будет новым генпрокурором и профильный комитет Совета федерации даже успел одобрить его кандидатуру. Но президент неожиданно предложил сенаторам кандидатуру Владимира Устинова. Позднее сам Козак признался, что категорически не хотел становиться генпрокурором — потому что не хотел играть ту роль, которая отводилась прокуратуре в процессе наведения порядка в стране.
"Коммерсантъ Власть" №45, 17.11.2003, стр. 36 , 'Колода Российской Федерации', https://www.kommersant.ru/doc/428218

씩 약화시키는 방향의 개혁을 진행했고 이러한 견해를 가진 그가 검찰 총장의 자리를 거부했다는 것은 논리적으로 당연했다는 평가가 모스크바 관측통들 사이에 떠돌았다.

2003년 10월 말 그는 크렘린 행정실 제1 차장으로 승진했고 그 이후에도 비교적 정치적으로 눈에 띄는 역할보다는 뒤에서 실무적으로 일을 처리하는 역할을 담당했다.

### 빅토르 체르케소프(Victor Cherkesov)

마약 단속을 책임지는 마약 통제국장(Председатель Госкомитета по контролю за оборотом наркотических и психотропных веществ)을 역임한 빅토르 체르케소프는 평생 푸틴과 이력을 같이하고 곁에 있었던 인물이다. 그는 레닌그라드 법대를 푸틴과 함께 입학했고 KGB에도 같이 들어갔다. 또 KGB 레닌그라드 지부에도 같이 배속받았다. 푸틴이 소브착 시장에 의해 부시장으로 임명됐을 때 체르케소프는 레닌드라드 KGB 담당 책임자였다. 푸틴은 옐친 대통령에 의해 FSB(KGB의 후신) 국장이 되자 체르케소프를 차장으로 임명했다. 또한 푸틴은 대통령이 되자마자 그를 북서연방관구를 책임지는 대통령 전권대표로 임명해 푸틴 세력에 대항하면서 페테르부르그주를 철옹성같이 지키던 블라디미르 야코브레프 주지사를 무력화시키는 임무를 맡겼다.

하지만 체르케소프의 북서관구 대통령 전권 대표로서의 역할에 대해서는 평가가 엇갈린다. 그럼에도 불구하고 그는 푸틴의 신임을 잃지 않았고 푸틴은 지금까지도 그를 측근으로 중용하고 있다.

### 세르게이 미로노프(Sergey Mironov)

미로노프는 푸틴에 의해 벼락출세한 대표적인 인물이다. 지질학자 출신인 그는 상트 페테르부르그 시의회 의원이었다. 그는 정치적으로도 그렇게 능력이 뛰어난 인물도 아니었다. 그는 '페테르부르그의 의지'("Воля Петербурга")라는 조그만 정파의 리더였다.

미로노프는 1994년 푸틴과 인연을 맺었다. 그 당시 그는 시의회의 제1 부의장이었다. 당시 푸틴은 소브착 시장의 제1 부시장이었고 업무 관계로 시의회를 상대해야 했다.

이후 미로노프는 푸틴과의 인연을 이어갔고 푸틴의 선거 캠프에 참여했다.

2001년 4월 당시 상트 페테르부르그 시의회 의장이었던 세르게이 타라소프는 당시 블라디미르 야코블레프 주지사에게 푸틴이 전화를 걸어 미로노프를 상원의원이 되도록 도우라는 말을 했다고 폭로했다. 미로노프는 이러한 폭로는 전혀 사실이 아니라고 말했다. 하지만 몇 개월 후 연방 상원 의장이던 예고르 스트로예프는 푸틴과의 면담 후 사임하고 미로노프를 후임으로 추천했다. 이후 2001년 12월 상원의장에 미로노프가 선출됐다. 이 모든 것은 상트 페테르부르그 출신 체키스트들(KGB 출신들)이 주도했다. 그들은 자신들이 추진하는 정책을 달성하기 위해 국가 조직과 정부 내 다양한 자리들을 장악할 필요가 있었고 상원의장 자리는 그러한 자리 중 하나였던 것이다.[17]

미로노프는 정치적으로 지위는 높았지만 영향력은 미미했다. 그가 당수로

17 Коммерсантъ Власть, 'Колода Российской Федерации', №45, стр. 36, 17.11.2003. https://www.kommersant.ru/doc/428218

있던 생명당은 별로 영향이 없었고 그는 그저 기행과 과격한 성명으로 각인됐을 뿐이다. 그는 상원의장으로 있으면서 대통령의 임기를 4년에서 7년으로 연장해야 한다고 주장[18]하는 등 친푸틴적 행동을 계속했다.

### 3) 푸틴의 대외 이미지를 보강해 주는 리버럴 세력들

러시아에서 리버럴 세력의 역할에 대해 어떤 평가를 할 것인가는 여전히 의문이다. 실질적으로 개혁을 진행하는 세력이라는 평가에서부터 단지 '쇼 윈도우'의 진열품에 불과하다는 평가도 있다.

경제개발통상장관을 지낸 게르만 그레프는 2003년 하버드 심포지움에서 유코스 사건에 관한 질문을 받고 "그 문제에 대해 걱정할 게 전혀 없다. 푸틴은 마음에서 우러나는 뿌리 깊은 리버럴이다"라고 대답했다.

그러나 리버럴 세력은 러시아에서 힘이 약하다. 인텔리겐차들이 잇달아 정부에 참여하면서 리버럴 세력이 형성되었지만 그들의 업무 수행 능력에 대한 평가는 완전히 다른 문제다. 또 그들끼리의 정책 목표와 추진 방법에 대한 이견도 항상 존재한다. 아나톨리 추바이스와 안드레이 일라리오노프가 좋은 예다. 알렉세이 쿠드린과 보리스 넴초프의 경우도 비슷하다.

그들은 서로 친하지만 실제 정치와 연관되면 이해가 갈린다. 쿠드린은 정부 내 경제부처의 리더다. 넴초프는 주로 정부와 다른 견해를 내는 집단의 대변인 역할을 했다.

18 Коммерсантъ Власть, 'Колода Российской Федерации', №45, стр. 36, 17.11.2003. https://www.kommersant.ru/doc/428218

리버럴 세력을 대표하는 미하일 호도르콥스키, 예고르 가이다르, 세르게이 키리옌코, 보리스 넴초프는 레닌그라드(상트 페테르부르그) 출신이 아니다. 그들은 오히려 러시아의 친개혁파의 모태였던 옐친 정권 시절 엘리트 그룹인 '세미야'와 가깝다.

리버럴 세력에 푸틴도 포함해야 할까? 푸틴이 모든 파벌의 핵심이고 경제정책에 있어 푸틴이 리버럴 세력의 후원자 역할을 한다는 점에서 그를 포함하는 의견들이 많다. 푸틴을 포함한 리버럴 세력의 주요 인물들에 대해 알아보자.

### 블라디미르 푸틴(Vladimir Putin)

푸틴 대통령이 리버럴 세력의 후원자인 것은 맞다. 하지만 그것은 경제 이슈에 관한 것이고 정치적 자유주의에 대한 견해는 매우 강경한 편이다. 권력의 수직화에 대해 집착하는 것처럼 그는 연방의 통제력을 강화하는 데 열심이다.

푸틴은 집권 초기 리버럴한 경제정책에 대해 우호적이었다. 2001년 13%의 개인소득세 단일화 안이 채택된 것이 대표적이다. 이후 소득세 인하도 논의됐다. 가즈프롬의 독점에 대한 개혁도 진행됐다.

하지만 푸틴은 개혁파들의 능력만으로는 가즈프롬을 개혁할 수 없다는 것을 잘 알고 있었고 또한 가즈프롬을 개혁한다고 해서 러시아의 국내 총생산(GDP)이 두 배로 증가하는 것이 아니라는 사실도 잘 알고 있었다. 그렇다고 가즈프롬으로 상징되는 에너지 산업의 개혁을 추진하지 않을 수도 없었다. 이 때문에 그는 리버럴 개혁파들이 필요했다.

푸틴은 지금까지 러시아를 통치해 오면서 한 세력의 완전한 승리를 방치하지 않은 경향을 보여왔다. 그는 세력 균형을 통해 견제와 충성을 담보해 그의 권력 기반을 공고히 하는 모습을 보여왔다. 이 때문에 러시아 리버럴 세력들의 힘과 영향력은 때때로 매우 강력해 보이기도 했다. 하지만 그들의 힘이 강력해 보이던 그 시점에도 그 힘의 한계는 항상 경제라는 테두리 안에 국한됐다고 보는 것이 타당하다.

리버럴 그룹은 여러 세력이 있다. 미하일 호도르콥스키와 같은 올리가르흐 리버럴도 있다. 아나톨리 추바이스, 예고르 가이다르, 보리스 넴초프와 같은 '세미야' 그룹과 가까운 정부 주변에 포진한 리버럴 강경파들도 있다. 알렉세이 쿠드린, 게르만 그레프, 안드레이 일라리오노프 같은 상트 페테르부르그 리버럴들과 세르게이 키리옌코 같은 친위 리버럴 들도 있다.

이 중에서 푸틴은 알렉세이 쿠드린과 게르만 그레프를 특히 신뢰하는 것으로 알려져 있다.

#### 아나톨리 추바이스(Anatoly Chubais)

추바이스는 러시아 리버럴의 대부로 불린다. 그는 강경파 리버럴로 이념적이거나 지식인적인 다른 리버럴들과 달리 정치 게임에도 매우 능했다.

그는 대규모 사유화와 정부 개혁, 1996년 옐친의 대통령 재선 운동 등을 성공적으로 지휘했다. 또한 알렉산드르 코르자코프(Alexander Korzhakov), 미하일 바르수코프(Mikhail Barsukov), 올렉 소스코베츠(Oleg Soskovets)와 같은 옐친 왕당파들의 사임도 이끌어냈다.

또한 푸틴 집권 후에는 전력 분야 개혁을 담당했고 그 결과 전력공사(RAO

UES) 회장 자리를 물러나기도 했다. 러시아의 초창기 리버럴 세력들의 보수파들에 대한 승리는 대부분 추바이스의 지도력과 그의 정치적 판단력에 기초한 것들이다.

그는 권력 구조에도 매우 민감했고 의회 내 리버럴 세력의 진출에도 열심이었다. 우파 연합의 결성 등에 그가 적극적이었던 이유다.

그는 경제뿐 아니라 정치 및 안보에서도 개혁과 친서방 정책을 통해 러시아가 동시대 선진국들을 따라잡아야 한다는 입장이었다. 민주주의 연대를 강조해 미국-유럽-러시아-일본의 연대를 강조하기도 했다.

그는 1997~1998년의 경제 위기 때 리버럴 세력들의 수괴이자 러시아 국력 약화의 원흉으로 지목되기도 했다. 하지만 그는 푸틴 4기까지 건재하면서 자신의 영향력을 과시하고 있다.

### 미하일 호도르콥스키(Mikhail Khodorkovsky)

호도르콥스키는 올리가르흐의 대표적 인물이다. 그는 1996년 옐친 재선을 지지했고 당선을 위해 열정적인 지원을 했던 세미방크로슈치나(семибанкирщина)로 불리던 올리가르흐 세력의 대표적 인물이다.

그는 옐친의 재선 후 "진짜 권력은 누구와 상의해야 하는가? 그것은 당연히 우리다. 브레인이 여기에 있다. 왜? 권력은 우리에게 대가를 지불해야 하기 때문이다"[19]라는 말을 공개적으로 하기도 했다.

19 "С кем они (реальная власть.— 'Власть') советуются? Надо бы с нами. Мозги-то здесь, потому что за них платить надо!"

호도르콥스키는 소련 해체 후 러시아 사유화 과정에서 가장 큰 수혜를 입은 올리가르흐 중 한 명이다. 그는 사유화의 과정에서 막대한 부를 축적했고 자신이 현 정부의 그 누구보다 더 효율적으로 러시아를 리버럴 국가로 만들 능력이 있다고 주장했다. 하지만 그의 이런 자만심과 국가를 무시하는 행동은 결국 푸틴 재집권 후 올리가르흐에 대한 단죄의 첫 타깃이 되는 길이 되었다.

### 알렉세이 쿠드린(Alexey Kudrin)

어떤 정치 권력 그룹 내에서도 항상 권력의 핵심 자리에 위치하는 사람이 있다. 알렉세이 쿠드린(현 회계 감사원장)이 그런 인물이다.

1996년 아나톨리 소브착이 상트 페테르부르그 주지사 자리를 상실했을 때 알렉세이 쿠드린은 부시장 중 한 명이었다. 그는 실업자가 됐지만 당시(1996) 크렘린 행정실장은 아나톨리 추바이스였다. 그는 추바이스의 도움으로 크렘린 행정실의 행정담당 부서의 장으로 임명됐다. 그리고 그 다음엔 역시 추바이스의 도움으로 재무부 차관이 됐다. 그는 당연히 추바이스의 힘이 미치는 한 중요 보직을 계속해 유지했다.

하지만 쿠드린은 추바이스와 다른 면모도 있었다. 1996년 그는 추바이스가 푸틴에게 새로운 일자리를 찾아 주는 걸 주저했을 때 확신을 가지고 푸틴을 도와준다. 그의 도움으로 푸틴은 크렘린에 자리를 잡을 수 있었다.

2000년 3월 대통령 선거 직전 쿠드린은 자신은 추바이스와 아무런 연관이

---

"Коммерсантъ Власть" №46 от 24.11.2003, стр. 30 https://www.kommersant.ru/doc/430202

없다고 공개적으로 선언한다. 단지 그는 항상 대통령 팀의 일원이었다고 말한다. 그는 또한 올리가르흐에 대한 실로비키의 공격을 리버럴 관점에서 옹호한다. 그는 러시아 역사에서 그러한 공격은 필연적인 상황이라고 말하고 호도르콥스키의 사례를 들어 역외 은행이나 조세 회피처를 활용해 올리가르흐들이 세금 회피를 하는 경향을 강력하게 금지해야 한다고 주장한다.

### 게르만 그레프(German Gref)

게르만 그레프(German Gref)는 리버럴 진영에서 매우 특이한 인물이다. 그레프는 급격한 개혁론자로 시장의 역할을 강조하고 국영 기업 체제의 폐해를 주장하는 인물이다. 이 때문에 푸틴은 그레프를 중용했다. 하지만 그는 일반적인 리버럴 인사들과 달리 크렘린과 러시아 정치의 주요 파벌들 사이에서 어떻게 행동해야 하는지를 잘 아는 정치적 센스가 있다는 평을 듣는다.

이 점에서 그레프는 알렉세이 쿠드린(Alexey Kudrin)과 다르다. 쿠드린은 자신이 제안한 세제 개혁을 끝까지 고수하는 모습을 보인다. 물론 개인소득세 13% 단일 세제 개혁을 끝까지 추진한 사람은 그레프였다. 그레프는 정부에 입각한 후 급격한 개혁 정책 추진에 대한 반발이 격화하자 후퇴하고자 했으나 당시 카시야노프 총리가 더 강력한 개혁을 주문해 떠밀려 하는 듯한 모습을 보이기도 했다.

그레프가 담당한 경제개발부의 업무는 대통령의 특별한 신임을 받기는 했지만 반대로 항상 시급하고 민감한 부처 간 업무의 영역을 넘나들어야 했기 때문에 기존 부처의 반발도 컸고 이 때문에 경제개발부 장관은 장수하는 자리가 아니었다.

하지만 푸틴의 신임하에 그레프는 경제개발부 장관직을 수행하면서 개혁을 추진했다. 그는 경제개발부 핵심보직들을 리버럴 성향의 인물들로 채웠지만 자신의 부처에 고향 출신의 인물들을 충원하는 데에는 다른 페테르부르그 출신들에 비해 소극적이었다.

그레프와 다른 리버럴 개혁론자들의 가장 큰 문제는 자신들의 구상을 현실화하는 집행 능력이었다. 이러한 능력은 그들이 서방 언론이나 개혁을 바라는 일반 국민들 사이에서 유명세를 누리게 했지만 러시아의 실로비키들을 비롯한 일부 세력들이 공격하는 빌미가 되기도 했다. 리버럴 개혁 세력들 대부분은 부처를 장악하고 목표를 달성하기 위한 업무 집행 능력을 제대로 겸비하지 못해 정책들은 항상 혼란스럽게 진행되거나 더디게 진행됐다. 대표적인 것이 가즈프롬에 대한 개혁이었다.

#### 안드레이 일라리오노프(Andrey Illarionov)

러시아에서 가장 독립적인 리버럴 경제학자다. 대통령 경제 고문이었던 일라리오노프는 정부 지출 감소를 지속적으로 추진했다. 그는 정부 지출 감소와 에너지 수출 증대를 통해 GDP를 두 배 정도 증대시킬 수 있다고 주장했다. 일라리오노프는 추바이스 등 다른 개혁파들의 정책에도 비판적이었다. 그는 끊임없이 전력 부문 개혁을 추진하는 추바이스 등과 개혁 프로그램의 유효성을 놓고 논쟁을 벌였다.

그는 고집이 셌고 어떤 정파와도 상관없이 자신의 논리를 밀어붙였기 때문에 개혁파뿐 아니라 크렘린 내 주요 정파들과의 관계도 악화됐다. 원래 일라리오노프는 볼로쉰이 추천한 인물이다. 당시 볼로쉰은 일라리오노프가 카시야노프와 추바이스 사이의 균형을 잡아줄 것으로 기대했지만 그는 이런 기대를 저버리고 오로지 자신의 논리를 고집했다.

푸틴은 일라리오노프를 단 한 번도 이너서클에 받아들이지 않아 그의 역할은 한계가 명확했다. 하지만 일라리오노프의 역할은 나름 의미가 있었다. 그는 현 푸틴 정부가 추진하는 경제 정책의 주요한 이데올로그였고 또한 러시아 정부가 진정한 개혁 대신 오로지 레토릭에 사로잡혀 있다고 주장하는 주요한 비판자였다.

**예고르 가이다르(Yegor Gaidar)**

가이다르는 러시아의 살아 있는 시장 경제화의 신화적 상징적 인물이다. 1992년 빅뱅으로 불리는 충격적 가격 자유화 정책을 추진한 그는 시장 환율로 루블화 태환 등을 진행했다.

그는 후일 정치인으로 변신해 우파 연합(Union of Right Forces)의 부의장, 국가 두마 의원 등을 지냈다. 그는 정부의 재정에 대해 쿠드린 등보다 더 많이 알고 있었기 때문에 예산 논쟁에 주로 참여했고 정부 정책에 도움이 되는 자료 등을 자신의 연구소인 이행기 문제 연구소(Institute for Problems of Transition) 등을 통해 많이 생산해 냈다. 이 때문에 그는 푸틴 정부 들어 단 한 번도 정부 관련 직책을 맡지 않았지만 그림자 장관이라는 칭호를 듣기도 했다. 현재는 그의 업적을 기리는 '가이다르 경제 연구소'가 모스크바 가제타나야

울리차에 위치해 있다. 2018년 이후 이 건물에는 푸틴의 선거 공약을 입안하고 리버럴 세력들의 배출지로 유명한 전략 문제 연구소가 입주해 있다.

### 세르게이 키리옌코(Sergey Kiriyenko)

그는 1998년 8월 러시아 경제 위기 때 총리직을 사임한 대표적인 개혁파이자 양심적 관료로 알려져 있다. 그는 총리직 사임 후 정치적으로 매우 유연한 모습을 보였다. 그는 우파 연합의 공동 창설자였고 정부에 비판적인 정치인이고자 했다. 하지만 그는 볼가 지역에 대한 대통령 전권 대표를 맡으면서 푸틴과 관계를 우호적으로 정립해 정치적으로도 성공한 인물이 된다. 그는 타타르스탄과 바슈키리아의 공화국 헌법을 러시아 연방법에 기초한 권한 내로 끌어내는 데 성공하는 등 정치적 수완을 보였다. 이 때문에 푸틴은 그를 신임했다. 그는 볼가 지역에서의 경험을 바탕으로 자신의 사람들을 요직에 심는 데 성공했다.

### 보리스 넴초프(Boris Nemtsov)

넴초프는 1997~1998년 제1 부총리로 한때 옐친의 후계자로 간주되던 인물이다. 그는 화려한 언변을 과시했고 특히 국가 두마 내에서 군 개혁의 주창자였다. 하지만 푸틴이 권좌에 오른 2000년 이후 푸틴의 반대파로 활동하는 등 야당 정치인의 길을 갔다. 공식적으로 우파 연합의 대표였지만 그는 야블린스키의 야블로코 당과의 연합 등에서 실패하면서 정치적 비중이 점점 낮아졌다. 그는 2015년 2월 27일 암살당한다.

### 4) 푸틴 체제의 힘을 뒷받침하는 강경파 엘리트들—실로비키

실로비키의 득세는 옐친 말기에 시작됐다. 그리고 이런 경향은 필연적이었다. 푸틴을 자신의 후계자로 낙점한 것 자체가 실로비키의 득세를 예고하는 것이었다. 이는 러시아가 옐친 1기와 2기에 선택했던 친서방 개혁 정책이 '국민들로부터 불신을 받는다'는 점에서 시작된 것이다. 당시 러시아의 각종 여론 조사는 무기력한 상황을 탈출하기 위해선 강력한 지도자가 필요하다는 쪽이었다.

하지만 푸틴 선택 이전에 이미 이러한 경향은 나타나고 있었다. 1996년 옐친 재선 당시 알렉산드르 레베드가 보여준 놀라운 득표력은 바로 강력한 지도자에 대한 러시아 국민들의 선호를 분명히 보여준 사건이었다고 할 수 있다. 때문에 1997년 옐친이 연방 의회에서 행한 연두교서 연설의 제목이 "권력에 질서를, 국가에 질서를"(Порядок во власти — порядок в стране)이라고 명명한 것은 당연한 것이었다.

하지만 옐친은 이러한 연설에도 불구하고 질서를 가져오는 데 실패했다. 그리고 강한 지도자를 원하는 여론은 점점 커졌다.

옐친의 후계자로 선정된 푸틴의 2000년 선거 캠페인은 질서와 강력한 러시아의 부활에 초점이 맞춰졌다. 당연히 KGB 출신을 비롯한 무력 기관 출신들의 득세가 예고된 것이라고 할 수 있다. 러시아 국민들은 처음 국가 권력 구조에 질서와 강력한 통제와 규율이 강화되는 것을 환영했다. 올리가르흐, 주지사들, 미디어 황제들이 법률 위반을 근거로 새 정부와의 갈등 혹은 질서 강화에 대항하다 처벌을 받았다.

실로비키들은 이러한 질서 잡기의 선봉에 섰다. 하지만 점점 시간이 지나면서 실로비키들은 자신들의 전략적 이해와 관련해서도 권력을 사용하기 시작했고 그들끼리도 이해의 갈등을 노출시켰다. 처음엔 올리가르흐에 대한 국민의 감정을 활용해 일부 올리가르흐를 단죄하고 나머지 올리가르흐들을 압박했던 그들은 점점 영역을 넓혀 비즈니스 전반, 그리고 최근에는 정치 및 경제의 노선에도 개입하면서 경쟁 세력들과 갈등을 빚고 있다. 이 과정에서 실로비키들은 검찰을 장악하는 것을 매우 중요시했으며 FSB도 실로비키의 이익과 경쟁 그룹과의 갈등에서 중요한 역할을 했다.

물론 푸틴 시대 새로운 실로비키들은 과거 소련 시대와 달리 사유 재산 제도에 반대하지 않고 사유화의 결과에 대한 회귀를 요구하는 것은 아니다. 또 실로비키들이 모두 국가 부문 및 정부 기관에서만 일하는 것도 아니다.

실로비키 출신들 중 일부는 이미 대기업인으로 변신했다. 대표적인 것이 메주프롬방크(Mezhprombank)의 세르게이 푸가초프(Sergey Pugachev)다. 세르게이 푸가쵸프는 실로비키 세력의 일원으로 간주된다. 물론 실로비키들 중 국가 기관에서 근무하는 부류는 민간 자본에 대한 국가의 통제력의 강화가 필요하다는 의견들을 갖고 있고 그들은 자신들이야말로 국가의 이익을 대변하고 궁극적으로 러시아 국민들의 이익을 대변하는 세력이라고 생각한다.

이처럼 푸틴 치하 실로비키들은 출신 기관도 검찰, FSB, 내무부, 군 등 다양하다. 실로비키의 실세들은 대부분 FSB 출신들이지만 그렇다고 해서 그들이 반드시 하나의 동질 그룹이라고 말할 수도 없다.

이들 중 일부는 대중에게 자신들의 직위를 노출시킬 수 있는 검찰이나 경찰, 내무부 등에 있지만 일부는 비밀 기관에 종사한다. 때문에 대중에게 노출된 숫자나 비중이 꼭 그들의 실제 힘을 반영한다고 보기도 어렵다. 대중에게 자주 노출된 실로비키들은 FSB 출신인 블라디미르 푸틴을 비롯해 검찰의 블라디미르 우스티노프, 빅토르 카잔체프 등이다. 반대로 비밀 기관에 종사하는 사람들과 체질적으로 대중 노출을 싫어하는 정보기관 출신들은 정부에 종사한다 하더라도 언론 및 대중과의 접촉을 극도로 싫어한다. 대표적인 인물들이 빅토르 이바노프, 이고리 세친, 니콜라이 파트루셰프, 유리 자오스트로프체프(Yuri Zaostrovtsev) 등이다.

### 블라디미르 푸틴(Vladimir Putin)

푸틴은 KGB 출신의 대통령이다. 당연히 실로비키의 최고 리더이다. 그는 KGB 출신들에 대한 신뢰가 대단하다. 그가 대통령이 된 후 연방관구를 신설하면서 그 기초를 군(軍)관구와 유사하게 설계한 것도 실로비키에 대한 신뢰를 반영한다. 그는 각 관구에 파견하는 대통령 전권대표에 대부분 실로비키를 임명했다. 그는 연방 상원에서 연방 정부의 권위에 도전하는 (선거로 선출된) 주지사들을 핍박하고 면책 특권을 폐지하고 축출하기도 했다. 그리고는 다시 이를 대통령이 임명하는 자리로 변경하기도 했고 다시 선출제 그리고 최근에는 선출제와 임명제를 혼합하는 방식으로 운영하고 있다.

### 빅토르 이바노프(Viktor Ivanov)

빅토르 이바노프는 2003년 크렘린 행정실 차장을 역임하는 등 푸틴의 지근거리에서 푸틴과 항상 함께했다. 많은 전문가들은 빅토르 이바노프를 실로비키 출신으로 푸틴과 가장 가까운 인물로 꼽는다. 또한 실로비키 출신 중 가장 영향력이 강한 인물로 꼽는다. 푸틴과 빅토르 이바노프는 KGB 레닌그라드 지부에서도 같이 근무했다. 1994년 푸틴이 상트 페테르부르그시 제1 부시장이던 당시 빅토르 이바노프는 푸틴 밑에서 상트 페테르부르그시 정부에서 일했다. 당시 그의 업무는 이 지역 법 집행 기관(실로비키 소관 부처들)을 감독하는 일이었다.

그는 소브착의 재선 실패 후인 1996년 비즈니스를 한다며 공직을 떠났다. 하지만 1998년 푸틴이 FSB 국장으로 임명되자 푸틴은 그를 다시 KGB로 불러들였다. 당시 처음에는 보안 담당 업무를 맡았지만 이후 경제 업무를 담당하는 제1 부국장 자리로 영전했다.

2000년 대통령에 당선된 푸틴은 대통령 명령으로 빅토르 이바노프를 크렘린 행정실 차장으로 임명하고 인사 담당을 맡겼다. 당시 그는 시민권 부여, 훈장 등 공훈 업무 외에도 사면 업무를 담당했다.

이바노프는 크렘린 행정실 차장이 된 후 사면 업무를 담당하던 사면위원회의 권한을 각 주지사들에게 이양하고 당시 위원회 위원장이던 작가 아나톨리 프리스탑킨(Anatoly Pristavkin)을 해임했다.

그는 당시 CIS 지역 국민들이 러시아 시민권을 얻는 절차를 까다롭게 하는 등의 법안을 입안하기도 했지만 푸틴에 의해 이 법안은 수정되어 현실화되지는 못했다. 하지만 푸틴의 빅토르 이바노프에 대한 신임은 대단해 푸틴은 그의 업무 범위를 확장해 러시아의 방대한 국방 산업을 군산 복합체 홀딩으로 수직 계열화해 경쟁력을 강화하고 재편하는 개혁안을 만들도록 요청했다. 이에 그는 러시아 국방 산업체를 40개 정도의 군산 복합체 홀딩 회사로 재편하는 구조 개혁을 단행했다.

빅토르 이바노프는 이 외에도 러시아 내무부 재편안의 기획자로도 알려져 있다. 그는 자신과 같은 KGB 출신의 콘스탄틴 로모다노프스키(Konstantin Romodanovsky)를 내무부에 파견해 구조 개혁의 기초를 닦도록 했다.

그는 이후에도 러시아 지방 정부 개혁 및 선거 업무에도 관여해 '통합 러시아'당을 비롯한 러시아의 각 정당에 자신과 관련 있는 인물들을 추천하거나 중요 보직을 맡도록 해 주지사 선거 등에도 영향력을 미친 것으로 알려져 있다.[20]

코메르산트 블라스티 등 러시아 언론들에 따르면 이바노프는 유코스(YUKOS) 사태를 기획하고 감독한 핵심 인물들 중 한 명으로 러시아 인문대(PГГУ) 레오니느 네브즐린(Леонид Невзлин) 총장 해임도 그가 주도한 것으로 알려져 있다.

## 이고리 세친(Igor Sechin)

크렘린 행정실 차장을 지내다 현재는 국영 석유회사 로스네프티 회장인 이고리 세친은 지난 20여 년 동안 푸틴의 충실한 조력자로서 근무했다. 그가 KGB 출신이라는 설은 많지만 공식적인 문건으로 그가 KGB 출신이라고 밝히는 증거는 아직 없다.

그는 크렘린 행정실에 근무할 때 푸틴의 스케줄 업무를 담당했으며 후에

20 'Коммерсантъ Власть','Колода Российской Федерации', №47, стр. 34, 01.12.2003. https://www.kommersant.ru/doc/432263

는 대통령 명령 및 지시 등을 준비하는 업무를 담당했다. 이 말은 그 어떤 문서라도 세친을 건너뛸 수 없다는 것을 의미하며 그만큼 푸틴의 세친에 대한 신뢰를 보여주는 일이기도 하다.

세친은 이러한 권한을 활용해 푸틴에게 자신이 생각하는 중요한 일에 대해 보고서를 제출하거나 결정에 영향력을 행사한 것으로 관측되고 있다. 러시아 언론 및 관측통들에 따르면 푸틴이 '올리가르흐들이 쿠데타를 준비하고 있다'는 식의 관념을 갖게 되는 과정에서도 세친이 중요한 역할을 했다.[21]

푸틴은 에너지 부문 개혁을 비롯한 경제 정책에도 관심이 높아 가즈프롬의 개혁안이 수차례 변경되는 과정에도 개입한 것으로 알려졌다. 그는 가즈프롬 등 에너지 기업에 대한 국가 통제의 강화가 필요하다는 논리에 동조했고 이러한 논리가 득세하는 데에도 영향을 미친 것으로 알려졌다.

실제로 지난 2003년에는 러시아 언론 및 인터넷에 유코스에 대한 공세의 필요성과 사법당국의 직접적 개입의 필요성을 강조하는 세친의 전화 통화 내용이 공개되기도 했다.[22]

### 니콜라이 파트루셰프(Nikolay Patrushev)

FSB 국장을 역임한 니콜라이 파트루셰프도 레닌그라드 KGB에서 푸틴과

21 'Коммерсантъ Власть' №47, 'Колода Российской Федерации', стр. 34, 01.12.2003. https://www.kommersant.ru/doc/432263 및 저자의 개인 취재.

22 "Коммерсантъ Власть" №47 от 01.12.2003, стр. 34, 'Колода Российской Федерации',https://www.kommersant.ru/doc/432263

함께 근무했다. 하지만 이후 푸틴은 동독에 파견됐고 파트루셰프는 방첩 업무를 담당하면서 카렐리아 지방으로 전근했다.

페트로자봇스크에서 그는 소련 첩보 기관 중 하나인 FSK에서 근무했다. 1994년 그는 중앙 본부로 영전했고 FSK 국장이 됐다. 1998년 그는 푸틴의 뒤를 이어 대통령실 중앙 행정 업무 담당(총무 및 인사 담당)이 됐고 푸틴이 FSB 국장이 되자 푸틴과 함께 FSB로 옮겼다.

처음에 그는 경제 업무를 담당했으나 이후 부국장으로 승진했다. 푸틴이 총리가 되자 그는 푸틴의 뒤를 이어 FSB 국장이 됐다. 이후 FSB의 각 주 및 지방 간부들이 영향력을 확대했고 몇몇은 주지사가 됐다. 특히 잉구셰티야 등 카프카스 지역의 경우 FSB의 영향력이 막강해 선거를 비롯한 많은 업무에 직간접적인 영향력을 미친 것으로 알려져 있다.

2003년 들어 FSB의 영향력은 더욱 확대됐고 예산도 증액됐다. 국경 수비대와 통신 감청 업무가 다시 FSB 관할로 복귀했다.

파트루셰프는 세친과 함께 러시아 국유 재산의 민영화 과정에 FSB도 참여해 감독하는 권한을 가져야 한다는 지론을 펼친 것으로 알려져 있다.

### 블라디미르 우스티노프(Vladimir Ustinov)

블라디미르 우스티노프는 소치에서 검사 생활을 했고 북카프카스에서 지역 검찰국장을 역임했다. 그는 '포스트-옐친' 시대의 운명을 결정하는 데 결정적인 기간이 된 1999년 중반 무렵부터 러시아 검찰총장으로서 중요한 역할을 한다.

당시 그는 '세미야' 그룹 등과 갈등을 빚어 검찰총장에서 해임된 유리 수크라토프 전 검찰총장 세력이 여전히 영향력을 행사하는 검찰을 장악하고 옐친 및 '세미야' 그룹의 의중을 따라 정국에 영향을 미치는 중요 사건 등을 다루었다.

수크라토프(Skuratov) 전 검찰총장의 부하들은 여전히 '세미야' 그룹에 대한 수사를 지속했지만 우스티노프가 검찰총장이 된 후 이러한 수사는 점점 동력을 상실해 갔다. 아에로플로트(Aeroflot) 수사의 경우 보리스 베레좁스키(Boris Berezovsky)에 대한 기소는 철회되었다.

푸틴 대통령의 권력 승계와 함께 우스티노프는 새로운 지시를 충실히 따랐다.

검찰은 FSB와 함께 보리스 베레좁스키에 대한 수사를 진행했다. 베레좁스키, 아흐메드 자카예프(Ahmed Zakayev), 언론 재벌인 블라디미르 구신스키(Vladimir Gusinsky) 등이 주요 타깃이 됐다. 2000년 여름 구신스키가 체포돼 레포르토보(Lefortovo) 감옥에 갇힐 때 그는 구신스키가 푸틴에게 전화를 걸 수 없도록 하는 등 적극적으로 올리가르흐를 단죄하는 데에도 참여했다. 이후 러시아 검찰은 우스티노프 치하에서 권력과 영향력이 점점 커져갔다.

올리가르흐 관련한 소송이 일부 해외에서 여전히 진행 중이지만 이러한 사실이 우스티노프의 지위에 영향을 미치지는 않았다. 현재 그는 새로운 권력 집단의 주력 세력이 되었다.

### 세르게이 푸가초프(Sergey Pugachev)

상트 페테르부르그 은행인 메주프롬방크(Mezhprombank)의 전 회장 세르게이 푸가초프는 투바주 상원의원을 역임했다. 그는 정교회를 기반으로 한 올리가르흐로 간주된다. 그는 1990년대 초반 푸틴과 인연을 맺는다. 둘은 정교회를 기반으로 교분을 이어간다. 푸틴도 정교회에 대해 매우 우호적이었다.

러시아 관측통들은 후일 푸틴의 종교적 지도 수사가 돼 푸틴이 신앙 고백 등을 할 때 찾는 인물인 스레첸스키 수도원의 티혼 주교에게 푸틴을 소개한 사람이 푸가초프라고 믿고 있다.

러시아 언론 등에 따르면 스레첸스키 수도원의 개축에는 메즈프롬방크의 기부가 큰 힘이 됐고 푸틴을 비롯해 니콜라이 파트루셰프, 빅토르 이바노프, 유리 자오스트롭체프(Юрий Заостровцев) 등이 이 수도원을 자주 찾은 것으로 알려져 있다. 푸틴을 포함해 이들과 푸가초프는 같은 종교와 수도원을 다닌다는 측면에서 형제애와 같은 친근힘을 갖고 있는 것으로 알려져 있다.

물론 소식통들에 따라 푸가초프의 크렘린에 대한 영향력을 다르게 평가하는 의견들도 있다. 몇몇은 푸가초프를 크렘린 내 실로비키의 그림자 실세로 분류한다. 하지만 다른 이들은 단지 그런 이미지를 푸가초프 스스로 조성하고 이를 활용할 뿐이라고 말한다. 또 다른 이들은 그의 영향력은 매우 제한적이며 그가 단지 실로비키의 주요 구성원들 중 FSB와 검찰 쪽의 몇몇과 친분이 있을 뿐이라고 말한다.

그럼에도 불구하고 푸가초프가 소유하고 있는 3번 채널(과거 모스코비야 방송 "Московия)은 TVZ(ТВЦ) 채널을 통해서도 수 시간 동안 프로그램이 중계되기도 한다. 이런 점에서 그가 실로비키의 주요 대중 홍보 창구 중 하나로 간주된다.

푸가초프가 2003년 투바주 상원의원이 되고 역시 메즈프롬방크의 이사회 일원이었던 세르게이 베레미엔코가 바슈키리야 대통령 선거의 선거 캠프에 적극적으로 가담한 것을 들어 러시아 정교회가 정치에 좀 더 깊숙이 관여하고 싶은 욕망의 표현이라고 보는 사람들도 있다. 현재 메즈프롬방크는 러시아의 주요 은행 중 하나다.

**빅토르 카잔체프(Victor Kazantsev)**

러시아 남부 지역 대통령 전권 대표를 지낸 그는 실로비키의 덜 알려진 인물 중 하나다. 하지만 그는 푸틴이 1999년 여름 총리로 임명됐을 때부터 푸틴의 강력한 참모 역할을 했다. 그는 선거구 개혁 등을 담당했다.

그는 북코카서스 군관구 사령관으로 근무하면서 체첸 전쟁으로 인해 무기력한 상태였던 러시아군의 위상을 회복하는 데 큰 기여를 한 상징적인 인물이기도 하다. 푸틴은 카잔체프의 이러한 상징성과 능력을 알아보고 그를 중용했다. 2000년 초 카잔체프는 체첸 전쟁의 승리를 사실상 확정한 후 자신의 측근들에게 이제 현역에서 물러나 군사아카데미 같은 후방에서 근무하고 싶다는 의향을 나타냈다.

하지만 푸틴은 그를 곧바로 북코카서스 관구 (후일 남부 관구) 대통령 전권 대표로 임명했다. 그는 이 지역 군관구를 관할하는 지역 사령관으로 근무할 때부터 다져 놓은 인맥과 자신의 영향력을 활용해 북코카서스 지역을 안정화시켰다.

그는 잉구셰티야의 무기력하고 불가예측적인 루슬란 아우셰프 대통령을

FSB 출신의 마라트 쟈지코프(Marat Zyazikov)로 교체하는 데 절대적인 역할을 한 것으로 알려져 있다.

### 유리 자오스트롭체프(Yuri Zaostrovtsev)

2003년 FSB 부국장과 FSB 경제담당 책임자를 역임한 유리 자오스트로프체프는 푸틴 정권하 실로비키 실세들과 달리 모스크바 출신이다. 하지만 그는 레닌그라드 KGB학교에서 공부를 해 레닌그라드 KGB 세력들하고도 일찍부터 인연을 맺었다.

그의 후원자는 항상 니콜라이 파트루셰프였다. 파트루셰프는 카렐리야 책임자로 근무할 때 자신의 부관으로 자오스트롭체프를 데려갔다. 파트루셰프가 FSB 본부로 전보됐을 때 자오스트로프체프는 막 FSB를 사직하고 조그마한 지역 은행(트베르우니베르살방크)에 자리를 잡고 있었다. 그리고 거기서 그는 시베리아 알루미늄 그룹의 자회사인 메독스라는 회사로 옮긴다.

1998년 여름 파트루셰프는 이런 자오스트롭체프를 다시 불렀다. 처음에는 대통령 행정실 총무부의 차장으로 그리고 나중에는 총무부장으로 승진시킨다. 그리고 푸틴이 파트루셰프를 FSB 국장으로 임명하자 파트루셰프는 다시 자오스트롭체프를 FSB로 전근시킨다.

2000년 자오스트롭체프는 FSB 내에서 경제 관련 업무를 총괄하는 부국장이 된다. 당시 모스크바에서는 자오스트롭체프가 유코스 사건을 비롯해 실로비키가 관심을 갖고 있던 모든 올리가르흐 관련 사건을 담당한 것으로 알려져 있었다. 자오스트롭체프는 실로비키가 내세웠던 원칙인 경제계에 질서를 가져와야 한다는 업무를 담당하고 있었다.

자오스트롭체프는 경제계에 잠시 몸담았던 전력을 반영하듯 경제 관련 업무에 능했다.

### 살라바트 카리모프(Salavat Karimov)

살라바트 카리모프는 바슈키르 공화국 지방 검찰청 검사였다. 당시 그는 지방 공화국 주요 경제 관련 사건을 담당하고 있었다.

2000년 여름 카리모프는 인사 순환에 따라 모스크바로 전보됐다. 그리고는 곧바로 구신스키 사건 수사팀에 배속됐다. 2000년 겨울 그는 구신스키 사건 수사팀장이 됐다. 2000년 12월 그는 구신스키가 이끄는 미디어 모스트 그룹의 핵심 실세이자 재무관련 총책임자인 안톤 티토프를 체포한다. 구신스키 사건을 끝낸 후 카리모프는 다른 사건을 책임진다. 이번엔 통신부 장관 니콜라이 악쇼넨코 사건이었다.

이러한 사건을 책임지면서 역량을 보여 신뢰를 쌓은 구신스키는 점점 더 중요한 사건을 담당한다. 2002년이 되면서 그는 시브르(SIBUR)로 알려진 시베리아-우랄 석유 및 가스 화학 회사 사건을 책임지게 된다.

2002년 가을에는 보리스 베레좁스키, 바드리 카타르카츠슈빌리 및 율리 두보프가 연관된 아브토바즈 사건을 담당한다. 당시 사건은 아브토바즈의 탈세와 사마라 주정부의 예산 관련이었다. 2003년 6월 카리모프는 실로비키들 간의 전쟁이라고 알려진 사건을 담당한다. 당시 그는 EMERCOM 회사의 경비 관련 총책임자인 가네예프 장군을 체포해 심문한다. 그리고 10일 후 그는 유코스 사건을 총 책임지는 수사팀을 이끌게 된다.

특이한 것은 카리모프 담당 사건의 희생자들의 이후 재판 결과와 운명이다. 티토프는 2년을 복역한 후 3년형을 선고받고 이 직후 사면을 받았다. 시브르의 회장은 7개월 형을 선고받았으나 이미 구금돼 수사를 받은 기간이 7개월이 지난 곧바로 석방됐다.

이는 러시아의 수사 기관과 사법부가 흔히 쓰는 수법으로 자신들의 목표가 이미 달성됐기 때문에 취해진 조치로 해석됐다.

제7장

# 러시아는 실로비키의 나라인가?

'포스트-푸틴' 체제를 준비하는 현재의 러시아에서 신엘리트 형성의 과정이 안정적으로 이루어지려면 2014년 이후 서방과의 대립과 갈등 속에서 영향력을 확대한 실로비키들의 역할과 이들의 이해관계를 어떤 형태로든 재정립해야 한다. 과연 이러한 과정이 순탄하게 이루어질 수 있을까? 이에 대한 이해를 도모하려면 실로비키에 대해 좀 더 깊은 이해가 필요하다.

### 7-1 푸틴 시기 최대의 수혜 집단-실로비키

푸틴 통치 기간 내 가장 수혜를 받은 집단이 어디냐는 질문에는 FSB라고 답하는 의견이 많다. 또 조금 넓게는 실로비키라는 의견들이 대다수다. 실제로 실로비키의 규모가 커졌다. 또 이들은 통치 구조의 핵심일 뿐 아니라 '국가 속의 국가' 이른바 '딥 스테이트'(Deep State)라고 할 정도로 모든 부문에 진출해 그들의 강력한 네트워크를 구축하고 있다. 하지만 이들도 지난 20여 년 동안 나름의 변화를 겪었다.

2000년 5월 푸틴의 대통령 당선 이후 러시아 통치 구조 내에 실로비키 출신들이 득세한 것은 분명의 일이다.[1] 실로비키의 영향력을 상징하는 각종 사

1 이러한 내용을 실증적으로 추적 연구한 것이 올가 흐루슈타노프스카야 (Olga Kryshtanovskaya)와 스테판 화이트(Stephen White)의 2003년 연구다. 이들은 2003년 러시아 입법부와 행정부 관료 8백 명 가운데 군 관련 교육을 받은 사람의 숫자가 1993년에 6.7%이던 것이 2002년에는 26.6%로 급등했다고 밝혔다. 또 군대와 관련한 경력이 있는 사람의 비율은 1988년 3.7%에서 2002년에는 25.1%로 급증했으며 2008년에 그 비율이 32%로 높아졌다고 2009년 개정판에서 다시 주장했다. 이들이 발표한 2009년 연구 개정판 결과에 따르면 푸틴의 '이너 서클'로 불리는 숫자 중 67%, 정부 관료의 40%, 지역 정부 지도부의 21%, 연방 상원의원의 17%, 연방 국가두마(하원) 의원 14%가 군 관련 경력이 있는 것으로 나타났다. 두 사람은 푸틴이 공산당 서기장을 역임한 유리 안드로포프의 아이디어에 자극받아 대항하는 모든 세력들의 기회를 박탈하는 정치적 소비에트화를 시도하고 있다고 주장했다.

건들이 언론을 통해 쏟아져 나오고 이를 입증하는 연구들도 잇달아 출간됐다.

푸틴과 푸틴 시대의 이미지는 전임 옐친 정부 때와는 완전히 다르게 형성되기 시작했다. 특히 푸틴이 대내외에 천명한 '강한 러시아의 부활'이라는 구호와 2차 대전 승전 상징물 등 역사적 상징물의 건립과 복고 분위기의 확산, 국영기업체의 역할 강화 및 석유 산업 재국유화 등의 정책 등은 국제사회에 러시아가 과거 소련으로 회귀하는 것이 아니냐는 분위기를 일거에 확산시켰다. 2008년의 조지아 전쟁, 2014년의 크림반도 병합 등이 이어지면서 이런 분위기는 더욱 강해졌다.

크렘린의 정책 결정 과정과 이너 서클의 영향력 순위에서 자유주의 성향의 인물들이 실로비키들에 밀려 영향력을 상실하는 듯한 모습이 연출됐고 러시아 언론들도 이를 자세히 보도했다. 이에 따라 당시 이런 경향을 분석한 보고서들이 모스크바와 서방에서 많이 발간됐다. 대표적인 것이 글렙 파블로프스키나 예브게니 민첸코 같은 인물들의 분석이다.

푸틴 집권 기간 실로비키(siloviki)가 득세했다는 점에 대해서는 이견이 없다. 그러나 푸틴의 러시아가 추진한 정책이 모두 실로비키나 강경파의 주장대로 서방과의 대립 일변도로만 진행된 것도 아니다. 푸틴이 당선된 후 러시아는 국제사회에 더 적극적으로 편입하고자 했다. 푸틴 체제에서 진행된 경제 관련 조치들, 특히 사유재산 및 기업 관련 제도도 개혁적인 내용이 상당수

---

Kryshtanovskaya, O., & White, S. 'The Sovietization of Russian Politics'. Post-Soviet Affairs, 25(4), pp. 283-309. Published online: 16 May 2013. https://www.tandfonline.com/doi/abs/10.2747/1060-586X.24.4.283

존재한다.

러시아 국민들은 물론이고 푸틴도 공산당 체제의 과거로 회귀하자는 데에는 반대의 입장이다. 푸틴의 개혁에 대한 가장 강력한 저항 세력이 적어도 취임 3기까지는 공산당이라는 점도 분명하다.

이 때문에 푸틴의 러시아가 '소련으로의 회귀' 정책을 추진한다는 주장에는 동의하지 않는 의견들이 상당수다. 저자 또한 이에 동의하지 않는다. '소련으로의 회귀'라는 단어는 냉전 종식 이후 진행되고 있는 긍정적 변화들을 부정하는 의미가 강하기 때문에 더욱 동의하기가 어렵다.

소련은 이데올로기의 제국이었고 냉전은 이데올로기의 대립이었다. 그런데 푸틴의 러시아가 추진하는 정책은 그것이 실로비키 중심의 정책이었다 하더라도 공산당 이데올로기와는 상관없는 것이었다.

푸틴은 의회와 지방에서 공산당과 대립하고 있었고 세계무역기구(WTO), G8에 참여하는 등 러시아의 세계화와 글로벌 사회에의 편입에 적극적이었다. 푸틴이 민족주의를 강화하고 러시아 중심의 세계관에 경도된 것은 분명하지만 그것이 새로운 냉전을 의미하는 것은 아니다.

그러면 '소련에서 러시아로의 이행' 과정에서 이루어진 수많은 긍정적 변화들을 외면하지 않으면서 실로비키의 득세라는 현실을 어떻게 설득력 있게 설명할 수 있을까?

이는 러시아가 실로비키만의 나라가 아니라는 사실을 입증하면 해결될 일이다. 푸틴 시대 추진된 많은 정책들이 통치 엘리트의 역학관계를 반영하는 것은 분명한 사실이다. 하지만 대표적인 리버럴 세력인 드미트리 메드베데프가 실로비키 경쟁자들을 누르고 푸틴의 후계자로 선정돼 2008년 대통령이 됐던 사실을 상기한다면 러시아는 실로비키의 독주로만 통치되는 나라가 아니라는 점을 알 수 있다. 실제로 실로비키의 영향력이 과도하게 포장됐다는 주장과 연구들도 상당하다.[2]

실로비키의 힘이 절대적이라는 이미지가 강화된 마지막 시기는 2014년 크림반도 병합을 전후해서다. 이 시기 이전까지 실로비키는 자유주의적 리버럴 그룹과 함께 국가 중대사에 대한 결정권을 사실상 분점하거나 공유한 형태였다.

하지만 2014년 이후 테크노크래트들과 자유주의 리버럴 그룹은 실로비키의 안보 중심주의적 결정 구조를 대체하거나 경쟁할 수 있는 상황이 아니다. 이러한 현상은 모스크바시 의회 선거에서 그대로 드러난 바 있다. 실로비키들은 제1 순위 후보로 추천된 인물들이 못마땅하자 그들을 내무부나 FSB 출신들로 대체했다. 그 결과 저항이 발생하자 이들은 법정과 러시아 근위대, 연방수사위원회(СКР,Следственный комитет Российской Федерации) 등을 동원해 그들을 탄압하는 그런 방식을 쓰고 있다. 현재 러시아에서 집권 세력이 선거에

2 데이비드 리베라와 샤론 리베라(David Rivera & Sharon Werning Rivera)의 연구는 이런 점에서 새로운 힌트를 준다. 두 사람은 자신들의 데이터 베이스를 활용해 2539명의 러시아 엘리트를 분석했다. 그 결과 푸틴 정권 내 엘리트 중 실로비키의 숫자는 미디어나 학계 통념의 절반 수준이며 2002년 현재 10.7%는 군과 관련한 어떠한 경력도 없으며 8.9%만이 군사 교육 등 군 관련 경력이 있다고 주장했다. 그들은 자신들의 연구 결과를 통해 푸틴 정권 내 엘리트 그룹은 "군사적이라기보다는 부르조아적"("more bourgeois than militocratic")이라고 말했다. 유진 허스키(Eugene Huskey)도 비슷한 연구를 했다. 그는 2010년 러시아 정부와 크렘린 행정실의 관료들을 중심으로 한 실증 연구를 통해 푸틴 정권의 엘리트들은 무력기관 출신들보다 사업 및 민간 경력의 배경을 가진 숫자가 더 많다는 결론을 냈다.

개입하고 승리하기 위해 사용하는 방식 중 하나다. 사회적 분위기가 안보 우선주의에 경도됐고 그 결과 현재 이들이 수행하는 역할은 실로비키의 안보 중심주의적 결정이 초래할 부정적 영향력을 약화시키는 정도라는 것이 일반적인 분석이다. 이 때문에 실로비키의 힘이 강력하게 묘사되는 것이다.

그러면 실로비키는 푸틴 집권 후 항상 승승장구했을까? 앞서 언급한 대로 집단 전체로는 그렇다고 할 수 있다. 소련 시절 실로비키를 상징하는 치안기관은 군(軍), KGB, 내무부로 구성됐다. 이 세 기관은 서로 견제하면서도 안보 우선론을 외친다는 점에서는 똘똘 뭉쳤다. 이들은 소련 시절 대서방 보수 강경파의 입장을 대변하는 강력한 기지였다.

특히 FSB는 실로비키 중의 실로비키라는 말이 나올 정도로 각 영역에 활발히 진출했다. 국방장관에 전통적으로 군부 세력의 강력한 경쟁 세력인 KGB(FSB) 출신의 세르게이 이바노프가 임명될 정도였다.

하지만 기관별로는 차이가 컸다. 우선 내무부(МВД)는 주요 전력(戰力)의 상당 부분이 로스그바르디야(러시아 근위대, Росгвардия)가 신설되면서 축소됐다. 동시에 2003년에 로스나르코콘트롤(Роснаркоконтроль)과 군사화된 연방이민국(ФМС)이 설립됐다. KGB도 FSB를 위주로 해 몇 개의 기구로 재편됐다. 실로비키를 구성하는 각 집단별로 이해관계가 변한 것이다.

물론 현재의 러시아에서 실로비키는 전체로 보면 영향력과 실제 보유 인력이 옛 소련 시절보다 커졌다. 자료에 따르면 육군(190만), 내무부 산하 병력(90만), 로스그바르디야(러시아 근위대(40만), 비상사태부(30만), 연방교도대(ФСИН, Federal Penitentiary Service, 30만) 등 약 450만 명이 있고 국경 경비대를 포함한 FSB(0.2 백만) 숫자가 있다.

이는 러시아 전체 생산가능 인구의 6%에 해당한다. 현재의 러시아 인구가 1억 4천 3백만 명 수준으로 소련 시절 인구(2억 3천만 명 정도)의 절반 정도라는 사실을 감안하면 소련 시절보다 인구 비율상 더 많다.

로스그바르디야(러시아 근위대), 연방교도대(ФСИН), 연방관세청(ФТС) 그리고 비상사태부(МЧС)는 모두 실로비키가 장악한 주요한 기관들이다. 이들 기관의 구성원 중 1/3은 그들이 소속했던 옛 기관 (예를 들어 로스그바르디야의 경우 내무부) 출신이지만 나머지는 다른 기관 출신이거나 새롭게 충원된 숫자들이다. 하지만 이러한 기관들의 수장은 전부 옛 KGB(КГБ), 현재는 연방 보안국(ФСБ, FSB), 연방 경호국(ФСО,FSO) 출신들이다.

2014년을 전후로 극점에 달했던 실로비키의 권력과 안보 중심적 사회적 분위기는 수그러들었다. 실로비키 천하는 채 2년을 넘기지 못했다. 2016년 실로비키가 장악한 보안 기관 및 무력 기관에 대한 개혁이 단행됐고 세대교체가 시작됐다.

연방 경호국(ФСО, Федеральная служба охраны), 연방 관세청(ФТС, Федеральная таможенная служба), 사법부 내의 연방보안관 서비스(ФССП, Федеральная служба судебных приставов) 등에 강력한 개혁의 바람이 몰려온 것이다.

이 과정에서 연방 마약유통감독국(ФСКН, Федеральной службы по контролю за оборотом наркотиков), 연방 이민국(ФМС, Федеральная миграционная служба)등은 흡수 통합됐다. 내무부(МВД)도 대대적인 개

편으로 힘이 약화됐다. 연방 검찰부, 연방 수사위원회(СКР,Следственный комитет Российской Федерации) 연방 보안국(ФСБ, Федеральная Служба Безопасности) 등에는 세대교체와 함께 새로운 엘리트들이 충원됐다.

그 결과 세르게이 이바노프(Сергей Иванов)와 예브게니 무로프(Евгений Муров)가 일선에서 물러났다. 그들 간의 내부 경쟁과 알력도 발생했다. 결과적으로 실로비키의 힘은 약화됐다.

하지만 모든 영역에서 세대교체가 곧바로 이어지지는 못했다. 연방 검찰청장 유리 차이카(Yuri Chaika), 연방 수사위원회(СКР) 의장인 알렉산드르 바스트리킨(Алекса́ндр Бастры́кин), FSB 국장 알렉산드르 보르트니코프(Alexander Bortnikov) 등은 10년 이상 자리를 지켰다.

여기나 체첸 공화국을 중심으로 무력 부대를 보유하고 있는 람잔 카디로프(Ramzan Kadyrov)도 장기 집권을 하고 있다. 비록 본인 휘하에 직접적인 병력을 보유하고 있지는 않지만 국가안보위원회(Security Council)의 니콜라이 파트루셰프(Nikolai Patrushev)도 장기간 권좌를 유지하고 있다.

러시아의 법집행기관 및 무력 기관들의 수장들은 대부분 푸틴과 동년배들이다. 이들보다 나이가 적은 인물로는 체첸 공화국 대통령 람잔 카디로프와 연방 보안관 서비스(ФССП, Федеральная служба судебных приставов)의 드미트리 아리스토프(Dmitry Aristov) 정도다.

실로비키가 러시아 전체에서 차지하는 비중은 적다. 하지만 2014년 이후 실로비키가 사회적 분위기를 장악하고 행사하면서 과거 '실로비키 기업가 주의(силовое предпринимательство)'라고 불렸던 현상들이 이제는 '실로비키 정치(силовая политика)'라는 용어로 대체되고 있다.

때문에 2001~2003년의 개혁과 2016년의 개혁을 함께 놓고 생각한다면 실로비키는 푸틴 시기에 확장된 힘의 절반 정도만 약화됐다고 보는 것이 타당하다.

### 7-2 실로비키가 득세한 이유

푸틴 집권 후 실로비키들이 군 관련 정책, 예산 등에 있어 막강한 영향력을 행사한 것은 분명하다. 이들은 러시아군의 현대화와 전력의 첨단화를 계속해서 방치할 경우 러시아의 국방산업 및 국가의 안보가 심각하게 위협에 빠진다는 논리로 푸틴을 설득했다. 이에 따라 푸틴 집권 1기 이후 4기까지 러시아군의 현대화와 국방 산업의 경쟁력 강화 정책은 국가 산업 정책 및 국정의 우선순위에 포함됐다.

푸틴이 정권을 잡던 시기인 2000년은 러시아 내에서 민족주의적 분위기가 득세하고 러시아의 미래에 대한 위기감이 커지던 시기였다. 북대서양조약기구(NATO)의 동진과 옛 유고 연방 코소보 사태 등으로 인해 안보적 위기감도 고조되던 상황이다. 이 기간 러시아와 국경을 맞대거나 가까운 위치에 있는 NATO에 가입한 동유럽 국가들의 국방비도 계속해서 증가했고 러시아의 위기감도 커졌다.

집권 직후 체첸 전쟁을 재개한 푸틴은 군부의 개혁과 현대화에 대한 필요성을 절감했다. 하지만 이는 국방예산의 증액 없이는 착수조차 불가능했다. 푸틴은 군 관련 예산을 대폭 증액했다. 그 결과 2005년 약 1백억 달러 규모였던 예산이 2015년에는 530억 달러 규모로 급증했다. 2016년은 6백 92억 달러 규

모였지만 2017년에는 6백 63억 달러로 2016년 대비 20%나 줄어들었다.[3]

푸틴 집권 후 러시아의 국방비 증가가 같은 기간 동유럽 국가들 혹은 NATO의 국방비 증가액 및 비율과 비교해 특별히 두드러진 것은 아니다. 2017년만 보더라도 29개 NATO 회원국의 국방 예산은 9천억 달러 규모로 전 세계 국방비의 52% 수준이었다.

즉 실로비키의 득세가 러시아의 국방 예산의 증액 로비에 도움을 주었을 수는 있지만 그렇다고 해서 실로비키의 득세 때문에 러시아의 국방비가 증액되었다고는 말할 수 없는 것이다.

현재 러시아는 국내 경제 상황 등의 이유로 국방 예산을 2017년 GDP의 4.3%로 동결해 놓은 상태고 향후 5년 이내에 이를 GDP의 3% 수준으로 내릴 계획이다. 이에 따라 2017년 러시아의 국방비는 감소세로 돌아섰다. 이는 푸틴이 권력을 잡은 2000년 이후 러시아의 안보와 위상을 보장하기 위해서는 증액이 불가피하다는 논리로 증가하기 시작한 지난 30년 만에 처음이다.

## 7-3 푸틴과 실로비키는 이익과 행동의 합일체인가?

실로비키가 푸틴의 중요한 권력 원천인 것은 틀림없다. 하지만 그렇다고 해서 푸틴이 실로비키 출신들의 환심을 사는 정책만을 펼친 것은 아니다. 또 실로비키가 하나의 단일 이익 집단인 것도 아니다. 푸틴은 실로비키들의 내부

---

3 SIPRI, 'Global military spending remains high at $1.7 trillion', 2 May 2018 https://www.sipri.org/media/press-release/2018/global-military-spending-remains-high-17-trillion

경쟁과 그들 내부의 이익 갈등을 활용해 이들을 분할 통치하고 자신에게 충성을 맹세하게 하는 정책을 펼치기도 했다.

대표적인 것이 실로비키를 구성하는 주요 무력 기관의 구조 개혁 및 신규 무력 기관의 창출이다. 여기다 무력 기관을 시대에 맞게 선진화하는 구조 개혁 작업도 중요한 정책이다.

이러한 구조 개혁 작업에서 KGB의 개혁은 푸틴 본인이 KGB 출신인 데다 옐친 시절 이미 상당 부분 구조적 개혁이 이루어져 푸틴은 군(軍) 구조 개혁에 집중하는 경향을 보였다.

푸틴은 러시아의 국익을 수호하고 강한 러시아의 재건을 위해선 러시아군을 개편할 필요성을 절실히 느끼고 있었다. 수호할 영토 공간과 공간 간의 접점이 소련 시절과 비교해 확연히 달라진 상황을 반영할 필요가 있었다. 여기다 서방과의 이데올로기 대결의 위협이 사라진 상황에서 경제 이익과 군사 이익을 조화시킬 전략이 필요했다. 또 전면 핵전쟁의 위협은 약화됐지만 핵무기의 첨단화와 기술 투자 등은 여전히 중요했다.

푸틴과 러시아 통치 엘리트들은 전쟁의 양상이 변화하는 상황에서 테러리즘 및 국지적 분쟁에 효율적으로 대응하기 위한 전략적 기동성과 첨단 무기 등을 활용한 수월성이 필요한 시대로 전환이 필요하다는 생각을 가지고 있었다. 푸틴과 러시아의 군 전략가들은 과거 소련식의 방만한 군대로는 러시아의 국익을 더 이상 수호할 수가 없다는 생각을 명확히 하고 있었다.

푸틴과 러시아 지도부는 이런 인식을 기초로 러시아군 선진화 전략을 추진했다. 그리고 그 추진 전략으로 제도적 전환, 재정의 보장, 개혁 리더십의 구축이라는 3개의 방향을 설정한다.

첫 번째 목표인 제도적 전환은 군 개혁안의 법제화 작업으로 이는 1996년의 국방법, 2004년의 국방개혁법 등의 제정을 통해 추진됐다.

두 번째 목표인 재정의 보장은 군 구조 개혁의 채찍을 완화할 방안으로 러시아의 국방비를 지속적으로 증대하는 것이다. 이를 위해 국방비를 연 25% 정도씩 매년 증액했다.

세 번째 목표인 개혁 리더십의 구축은 군 구조 개혁을 추진하면서 과거 소련 시절의 당(黨) 우위 및 당 통제의 기능을 민군 관계의 구조로 전환하는 것이다. 이를 위해 대통령이 국방 개혁을 직접 주관하는 한편 군대에 대한 문민 통제를 강화하는 작업을 추진했다.

이런 원칙과 방향성을 가지고 러시아군 구조 개혁이 시작됐다. 제일 먼저 선진국과 같은 3군 체제로의 전환 작업이 시작됐다. 러시아군은 1995년까지도 지상군, 해군, 공군, 전략군, 우주·방공군으로 구성된 6군 체제를 유지하고 있었다. 푸틴은 이를 2001년 지상군, 해군, 공군의 3군과 전략 미사일군, 우주군, 공정군 등 3병종(兵種) 체제로 바꿨다. 그리고 2010년 이후 이를 통폐합해 다시 완전한 3군 체제로 전환하고자 했다. 이런 구조 변화는 군관구의 축소, 군 병력의 감축 등을 요구하는 것이며 당연히 군부의 강력한 반발이 예상되는 일이다.

소련 해체 이후 러시아에서 진행된 수많은 개혁 중 가장 어려운 개혁 작업 중 하나였다. 이는 병력 감축만 놓고 보더라도 1992년 2백 75만 명 수준이던 러시아군을 2012년 이후에는 100만 명 수준으로 대폭 줄이고 장교도 35만 5천 명에서 15만 명 수준으로 줄이는 일이다. 러시아군을 시대에 맞는 고도화된 전문 군대로 전환하는 정책의 필요성에는 공감할 수 있지만 이는 쉬운 일이 아니었다.

이를 집행하기 위해서는 강력한 개혁가가 군을 직접 장악해야 했다. 푸틴은 이를 위해 군 출신이 아닌 인사를 파견했다. 세르게이 이바노프가 처음에 이를 담당했다.

세르게이 이바노프는 푸틴과 같은 KGB 출신에 크렘린의 실세로 오랫동안 군림했던 인물이다. 하지만 이런 그도 국방부에 대한 개혁에서 별다른 성과를 내지 못했다. 이바노프는 군 구조 개혁의 핵심은 국방비 지출 과정을 단순화하고 군사 장비 구매 예산 비중을 늘리는 채찍과 당근 정책임을 잘 알고 있었다.

하지만 러시아 군부는 전통적인 라이벌인 KGB 출신이 와서 군 개혁을 한다는 것에 대해 처음부터 불만이었다. 세르게이 이바노프의 군 구조 개혁 작업은 속도를 내기가 어려웠다. 그러자 그는 방향을 좁혀 군 내부의 구매를 담당하는 조달 관련 구조에 대한 대수술을 단행했다. 그는 "내가 처음 국방장관에 임명됐을 때 국방부 내에서 조달 업무와 국방연구 분야 업무를 담당하는 부처가 52개나 됐다. 하지만 그것을 처음에는 20개로 그리고 지금은 1개로 줄였다."[4]

나름의 성과라면 성과인 것이다. 이바노프는 이 외에도 군수 물품 및 국방기술 구매 및 조달 업무에 처음으로 민간인을 충원해 투명성을 높였다. 하지만 이런 이바노프도 더 이상의 본질적인 개혁을 담당하지는 못했다.

이바노프의 뒤를 이어 군 개혁을 담당한 아나톨리 세르듀코프(Anatoli

4 Dale Herspring (2008) Russian Military Reform and Anatoly Serdyukov, Problems of Post-Communism, 55:6, pp. 20~32, https://doi.org/10.2753/PPC1075-8216550602

Serdyukov)는 전문 지식을 활용하고 돈세탁을 추적하는 등의 방식으로 강력하게 구조적 개혁을 추진했다. 그가 단행한 개혁의 핵심은 이바노프 때와 마찬가지로 부패 구조 청산이었다. 일단 예산 낭비를 줄여 국방 현대화 예산을 확보하자는 것이다. 이런 논리로 그는 여러 가지 구조적 개혁을 단행했다. 하지만 그의 개혁 작업이 강화되면 갈수록 군 내부의 반발도 점점 거세져 갔다. 그들은 때로는 다른 실로비키 세력 및 정부 내의 우호 집단과 연계해 반발했다.

2012년 당시 총리였던 드미트리 메드베데프가 세르듀코프의 군 구조 개혁이 더디며 성과가 미미하다고 공개 비판한 것도 이러한 군부의 반발과 연계된 것이었다. 그러나 아나톨리 세르듀코프도 만만치가 않았다. 그는 군부의 반발과 상관없이 푸틴의 전적인 신임하에 군 구조 개혁을 강력하게 밀어붙였다. 세르듀코프가 당초의 예상과는 다른 강성 개혁가의 모습을 보이자 의아해하는 사람들이 많았다. 그가 크렘린 실세도 아니고 실로비키들과 같은 업무 이력이 있는 것도 아니었기 때문이다.

실제로 그의 경력은 보잘 것이 없었다. 대표적인 경력은 가구 사업가 출신의 기업인이라는 것과 국세청장을 역임한 것이었다. 때문에 그가 세르게이 이바노프를 대체해 국방장관에 임명되던 2007년 러시아 언론과 군 내부에서는 그가 전임자에 비하면 정치적 비중이 매우 낮은 인물이라고 큰 기대를 하지 않았다. 오히려 관심은 그가 "국방장관직을 과연 얼마나 오랫동안 버틸 수 있을 것인지?"로 집중됐다. 이처럼 세르듀코프는 처음 임명되면서 기대보다는 회의적인 의심의 눈초리 속에서 임무를 시작했다.

하지만 세르듀코프는 임명 후 이런 회의적 분위기를 완전히 바꿔 놓았다. 그는 반부패를 구조 개혁의 제1 원칙이자 수단으로 활용했다. 그는 예산 유용과 낭비를 막기 위해 군 간부의 상당수를 퇴역시키거나 전배했고 군 감축을 단행했다. 이른바 육군, 공군, 해군 체제의 3군 체제로의 전환을 강력하게 추진한 것이다.

그 결과 국방부, 합참 등 군의 핵심부에서 일하는 숫자가 거의 반으로 줄어들었고 군부 출신들의 반발이 거세게 일었다. 하지만 그는 푸틴의 신임을 배경으로 5년 동안 러시아군의 구조 개혁을 추진했다.

부패가 만연한 러시아군에서 개혁 작업은 사실 성공보다는 실패가 예견된 죽음의 작업이었다. 이런 상황에서 세르듀코프가 강력한 신임을 바탕으로 군 구조 개혁을 단행해 나가자 그와 푸틴과의 연결 고리를 찾아보려는 사람들이 많아졌다.

세르듀코프가 워낙 정치적으로 주목을 받지 못하던 인물이고 실로비키 출신이 아니어서 그와 푸틴과의 인연은 별로 알려진 것이 없었다. 하지만 세르듀코프와 푸틴과의 인연은 푸틴이 페테르부르그시 정부에 근무하던 1990년대 말부터 시작됐다. 그 인연의 끈은 세르듀코프의 장인이자 푸틴의 오랜 심복인 빅토르 쥬브코프(Victor Zubkov)였다.

쥬브코프는 소련시절 레닌그라드주 공산당 간부로 오랫동안 근무하고 후일 러시아 총리가 된 인물이다. 쥬브코프는 푸틴이 상트 페테르부르그시에서 대외 관계 업무를 총괄하던 대외관계위원회 의장을 맡던 시절 푸틴 밑에서 부의장으로 근무했다. 이후 그는 상트 페테르부르그시 세무위원회 부의장을 맡았고 예브게니 프리마코프 총리 시절인 1998년 말 조직 개편으로 러시아 연방 국세청 북서관구 지부장을 맡았다. 2001년 그는 러시아 재무부 제1 차관으로 임명됐고 돈 세탁 및 금융 범죄 등을 주로 담당했다. 푸틴 2기 말기인 2007년 9월부터 2008년 5월까지 러시아 총리를 지냈다. 또 그는 메드베데프와 푸틴이 총리 자리와 대통령 자리를 교환해 통치하던 이른바 2두 정치 시절 푸틴 총리를 보좌하는 제1부총리를 지내기도 했다. 그는 2021년 10월 현재까지 가즈프롬의 이사회 의장을 맡고 있다. 또 가스 수출국 기구 포럼(Gas Exporting Countries Forum)에서 러시아를 대표하는 대통령 특별 대표의 자리도 맡고 있다.

이런 장인의 이력과 배경 그리고 푸틴과의 친분을 바탕으로 세르듀코프는 강력하게 구조적 개혁을 추진했다. 본인 자신이 국세청 출신이라는 장점과 돈 세탁 등 부패 구조에 대한 전문적 지식이 있던 그는 상당한 성과를 냈다. 푸틴과 같은 KGB 출신에 크렘린의 실세로 오랫동안 군림했던 그의 전임 장관 세르게이 이바노프가 국방 개혁에서 별다른 성과를 내지 못했던 것에 비하면 대단한 성과였다.

세르듀코프가 단행한 개혁의 핵심은 부패 구조 청산이었다. 그는 이를 자신의 세무와 관련한 전문 지식을 활용하고 돈세탁을 추적하는 등의 방식으로 강력하게 밀어붙였다. 그는 군비 예산의 증액에만 기대지 말고 예산 낭비를 줄여 국방 현대화 예산을 확보해 군대의 현대화를 가속화하자는 논리를 폈다. 이런 방식이 군에도 이익이라는 논리였다. 이런 논리로 그는 여러 가지 구조적 개혁을 단행했다. 하지만 그의 개혁 작업이 강화되면 될수록 군 내부의 반발도 점점 거세져 갔다.

대표적인 것이 해군 본부의 상트 페테르부르그로의 이전 계획이었다. 그의 계획이 발표되자 해군 참모총장을 비롯한 해군 전체가 들고 일어났다. 가뜩이나 군 내부에서 가장 예산 지원을 받지 못한다는 설움을 느끼는 분위기 속에서 나온 해군 본부 이전 계획은 해군의 불만을 더욱 격화시켰다. 해군 참모총장까지 나서서 공개적으로 거세게 반발했다.

또 다른 분야에서 세르듀코프가 직면한 반발은 국방부 소속 부동산 자산의 처분과 관련된 것이었다. 국방부는 러시아에서 크렘린 행정실 다음으로 가장 많은 부동산 자산을 소유한 집단이었다.

군 기지와 주변 시설들뿐 아니라 학교, 병원, 각종 병참 보급 시설, 훈련장 등 국방부가 소유한 부동산은 엄청난 규모였다. 세르듀코프는 이런 시설들 중 일부를 군 병력의 감축과 연동해 처분해 재원을 마련하고자 했다. 군부의 반발은 당연한 수순이었다.

하지만 세르듀코프는 부동산을 처분해 마련한 재원을 군 장교 및 병사들의 가족을 위한 주택과 군 현대화를 위해 필요한 무기 구매 예산으로 쓰겠다고 발표하면서 이를 강행했다.

2008년 5월 세르듀코프의 계획에 따라 국방부 부동산에 대한 최초의 공개 경매가 시작됐다. 모스크바의 핵심 거주지로 유명한 '류블료프스코예 쇼세' 거리의 국방부 소유 부동산이 당시 가격 2.6조 루블로 낙찰됐다.

세르듀코프가 추진한 또 다른 개혁은 국방 업무의 상당 부분을 민간인에게 개방하자는 것이었다. 이 또한 반발이 필연적으로 뒤따랐다.

세르듀코프의 개혁은 앞서 언급한 러시아군의 현대화 계획에 따른 것이었다. 푸틴과 러시아의 전략가들도 동의하고 군에도 필요한 것이었다. 하지만 누구도 쉽게 진행할 수 없는 것이었고 군의 전통적 이익과 군부 고위층들의 이익을 침해하는 것이었다.

하지만 세르듀코프는 군의 라이벌인 KGB 출신도 아니었고 사업가 경험이 있는 개혁파였다. 때문에 그는 자신이 추진하는 개혁을 임명권자인 대통령의 전폭적인 신임하에 진행했다. 크렘린은 이런 세르듀코프를 지지했다. 하지만 군부의 반발도 만만치가 않았다.

군부는 때로는 다른 실로비키 세력 및 정부 내의 우호 집단과 연계해 반발했다. 2012년 당시 총리였던 드미트리 메드베데프가 세르듀코프의 군 구조 개혁이 더디며 성과가 미미하다고 공개 비판한 것도 이러한 군부의 반발과 연계된 것이었다.

특히 세르듀코프와 대립했던 인물들 가운데에는 전임자인 세르게이 이바노프, 세르게이 체메조프, 드미트리 로고진 등이 있었다. 이들과 세르듀코프의 대립에는 이해의 충돌이 개재되어 있었다.

국방산업과 관련해 세르듀코프는 로고진과 매우 심한 충돌을 겪었고 러시아 방위 산업 및 군수 물자 수출과 관련해서는 체메조프와 대립하고 있었다. 체메조프와의 대립은 러시아 군산 복합체의 대외 수출 창구인 '로스오보론엑스포르트'의 독점을 깨고 경쟁적 조직을 창출하는 것었기 때문에 매우 격렬했다.

세르듀코프는 '로스오보론엑스포르트'를 대신할 새로운 기구를 만들어 자신이 국방장관직을 사임하고 그 자리를 맡고자 하는 의향도 있었다. 물론 이러한 희망은 실현되지 않았다. 하지만 그러한 생각 자체도 체메조프로서는 받아들일 수 없는 도발이었다. 2012년 여름을 지나면서 세르듀코프에 대한 군부 및 반대파들의 불만은 점점 극점으로 치닫고 있었다.

그럼에도 푸틴의 세르듀코프에 대한 신임은 절대적이었다. 푸틴은 그를 계속 지지했다. 2012년 군부는 드디어 세르듀코프에게 치명적인 반격을 가했다. 개혁을 추진하던 그가 군내 부패 스캔들에 연루됐다는 폭로가 나왔다. 군 자산 매각 과정에서 그가 배임을 했다는 것이 주요한 혐의였다. 2012년 11월 2일 결국 그는 군내 부패 스캔들에 연루돼 사임했다. 하지만 푸틴은 그에 대한 실형을 면제했다. 그리고 그의 후임으로 정치적 야망이 없고 푸틴에 절대적으로 충성하는 세르게이 쇼이구 비상사태부 장관을 임명했다. 군부와 실로비키 세력 중 세르듀코프를 반대했던 라이벌 파벌들이 원했던 자리를 제3의 인물에게 주고 군 구조개혁을 계속 추진하겠다는 의지를 표명한 것이다.[5] 그리고는 몇 년의 세월이 흐른 2014년 초 세르듀코프는 푸틴 대통령 명령에 의해 사면을 받았다.[6]

세르듀코프가 사면을 받았지만 그가 군 소유 부동산의 매각 과정에서 부패에 연루되었다는 증거는 이후 몇 차례에 걸친 폭로에 의해 불거진다. 대표적인 것이 알렉세이 나발니의 폭로다.[7] 나발니의 폭로에 따르면 세르듀코프의 아들 세르게이 세르듀코프는 국방부의 재산이었다가 경매로 불하된 상트 페

5 당시 세르듀코프이 후임을 노리던 인물 중에는 세르게이 체메조프, 드미트리 로고진 등 실로비키 내 다른 파벌 출신 인물들 및 국방부 주변 인물들도 있었다는 소문이 모스크바에서 나돌았다. 이와 관련해서는 2013년 1월 7일 자 러시아의 인터넷 신문 '가제타.루'를 참조.

Сергей Смирнов, 'Шойгу придется «воевать» на два фронта',07.01.2013, https://www.gazeta.ru/politics/2012/12/29_a_4911809.shtml

6 Radio Free Europe/Radio Liberty, 'Russia's Ex-Defense Minister Serdyukov Amnestied', March 07, 2014. https://www.rferl.org/a/russia-serdyukov-amnesty-corruption/25288817.html

7 The Moscow Times, 'Son of Russian Minister Sacked in Land Sale Scandal Owns Privatized Land - Report', March 23 2015. https://themoscowtimes.com/articles/son-of-russian-minister-sacked-in-land-sale-scandal-owns-privatized-land-report-45046

테르부르그 역사 사적지 근처의 핵심 주거지 중 한 곳에 1.9헥타르에 달하는 주거지를 소유하고 있다. 이 주거지를 포함한 부지는 2010년 그의 아버지가 국방장관이던 시절 경매에 부쳐졌던 국방부 소유 부지였다. 당시 이 부지는 사업가 표트르 우소프에 1조 5천 4백 40만 루블(약 2백 60만 달러)에 낙찰된 바 있다. 그런데 우소프의 사업 파트너가 바로 당시 국방장관이었던 아나톨리 세르듀코프의 아들 세르게이였다. 세르듀코프는 치명타를 입었다. 하지만 이처럼 개혁을 추진하던 세력이 개혁에 저항하던 세력에게 뒤집기를 당한 사례는 사실 국방부의 특정한 장관에게만 국한된 것이 아니었다.

러시아와 같이 거대한 제국적 영토와 각 지역 및 산업 부문의 이해 집단이 내밀하게 얽혀 있는 국가가 국유제에서 사유제로 이행하는 과정에서 비롯된 이행기의 병폐 중 하나였다.

이행기에 나타난 이러한 부패 구조를 개혁하려는 정부의 시도도 때로는 새로운 형태의 이해관계에 포획되는 일이 많았다. 이러한 사례들은 때로는 개혁에 저항하는 이익 집단의 반발의 소재로 활용됐고 때로는 권력층의 부패에 분노하는 대중의 반발을 희석하려는 수단으로 사용되기도 했다.

때문에 이행기 러시아에서 나타난 부패 청산 과정과 기업 간의 유착, 외국 자본의 유치와 사유화 및 부패 구조, 그리고 권력과 개혁 정치의 문제를 재단하기가 쉽지 않다.

### 7-4 실로비키도 다양한 이익의 결집체

세르듀코프의 재임 5년 기간 명확해진 사실 하나는 실로비키들이 하나의 단합체가 아니라는 사실이었다. 실로비키들 중에서도 연방보안부(FSB)를 중심으로 한 옛 KGB 출신들과 국방부 등 군부 출신들의 세계관과 이익은 많이 달랐다. KGB 출신 세르게이 이바노프의 개혁은 그가 군부의 오랜 경쟁 집단인 KGB 출신이라는 점 때문에 라이벌 간 갈등과 불신이 극에 달했고 이 때문에 별다른 성과를 내지 못했다.

세르듀코프의 사례만이 아니라 군의 개혁을 놓고 실로비키 내부의 갈등이 표출된 사건은 한둘이 아니다. 군산복합체의 개혁과 전략 산업에 대한 지원 등을 놓고는 실로비키 내부뿐 아니라 실로비키와 개혁파 경제 관료들 사이에서도 갈등과 충돌이 있었다. 그리고 이러한 갈등들은 업계의 이익, 라이벌 파벌 간 갈등, 스캔들 등으로 점철되면서 소련에서 러시아로의 이행의 과정에서 러시아 정국을 더욱 혼란스럽게 보이게 만들었다.

실로비키의 갈등은 직업적 경쟁 관계에 의한 이익 갈등이다. FSB는 당연히 군(軍) 정보 기관인 GRU와 직업적 경쟁 관계에 있었다. 또 이들은 2011년 1월 15일 검찰 조직을 개편해 만든 연방 수사위원회(СКР,Следственный комитет Российской Федерации, Следком)와도 경쟁을 벌였다.

연방 수사위원회(СКР,Следственный комитет Российской Федерации, Следком)는 경찰 비리뿐 아니라 지방 정부 조직 및 연방 정부 조직에 대한 조사 권한을 부여받았고 대통령에게 직보할 수 있었다. 이를 통해 검찰도 실로비키 내 경쟁 관계 집단으로 부상한 것은 분명했다.

이들의 경쟁 관계는 때때로 라이벌 집단의 이익 추구를 위해 언론을 통해 흘러나오기도 했다. 대표적인 사건이 2006년 검찰이 FSB 고위간부를 포함한

인사들을 돈세탁 혐의로 체포한 것이다.[8]

예산 배분 등을 놓고 실로비키(siloviki)들과 개혁파 자유주의적 관료들은 수시로 갈등을 빚었다. 군산복합체의 개혁과 전략 산업에 대한 지원 등에 대해서 그들은 의견을 달리했으며 개혁파 관료들은 이 과정에서 때때로 민족주의 성향이 강한 의회로부터 신자유주의자들이라는 비난을 받았다.

1990년대 말부터 2000년대 초반 이후 소위 2차 자유화 개혁을 추진하면서 개혁파 관료들은 때때로 러시아 언론을 통해 폭로된 고위층의 부정 축재, 특히 푸틴의 오래된 친구들 중 일부가 갑작스럽게 부자가 됐다는 식의 보도에도 영향을 받아 그들이 추진하던 정책이 좌절되기도 했다.

또 1996년 옐친의 재선을 앞두고는 공산당 및 민족주의 세력의 점증하는 위협에 대응하기 위해 올리가르흐(러시아의 신흥 재벌)들과 결탁하기도 했고 1998년 금융 위기 후에는 권력 기반의 대부분을 상실하고 실로비키와 가까운 민족주의 세력과 보수파 경제학자 그룹에 정책의 주도권을 빼앗기기도 했다.

### 7-5 영향력을 기준으로 한 러시아의 통치 엘리트

권력 기관 및 관료 사회 내에서 어느 집단 출신의 비율이 높다는 것이 반드시 그들 집단이 그 정권의 핵심 세력이라는 증거라고 단정할 수는 없다. 숫자보다 더 중요한 것은 의사 결정 구조의 장악과 정책 및 자원 배분에 대한 영향력이기 때문이다.

8 Yasmann, V. (2006, September 26). Russia: Corruption Scandal Could Shake Kremlin. Radio Free Europe/Radio Liberty.

하지만 영향력이나 자원 배분에 대한 결정권은 정량적인 분석만으로는 분석이 불가능한 영역이다. 세심한 관찰과 정책 결정 과정에 대한 내부 정보를 파악하지 않고서는 측정이 불가능하다. 영향력을 기준으로 한 러시아의 통치 엘리트와 관련해 흥미로운 자료는 러시아판 포브스지가 2018년 8월 발표한 '러시아에서 가장 영향력 있는 인물 100' 랭킹이다.

2018년 8월 포브스가 발표한 이 자료는 '포브스' 러시아판 사상 처음 있는 일이었다. '포브스'지는 부호 리스트 등 각종 리스트를 창간 이후 지속적으로 발표해왔지만 영향력 지수를 활용해 리스트를 발표한 적은 없었다. 이 랭킹은 푸틴 집권 4기 이후의 러시아 엘리트 순위를 가늠해 볼 수 있는 측면에서 관심을 끌었다.

당시 포브스의 순위는 선정된 인물의 직위나 그의 출신 이력 등이 아니라 자체 선정한 다양한 정성 분석을 통한 것이었다. 그리고 이 분류에 따르면 실로비키나 올리가르흐는 상대적으로 숫자가 적었고 오히려 리버럴 성향의 전문가 집단의 부상이 눈에 띄었다.

당시 '포브스'는 영향력 1위에 블라디미르 푸틴 대통령을 선정했고 2위에는 스베르방크(현 스베르 그룹) 회장인 게르만 그레프, 3위는 가즈프롬의 알렉세이 밀러 회장, 4위는 이고리 세친 로스네프티 회장, 5위는 드미트리 메드베데프 총리, 6위는 수르그네프티가즈의 블라디미르 보그다노프 회장, 7위는 엘비라 나비율리나 중앙은행 총재, 8위는 연방보안국(FSB) 국장 알렉산드르 보르트니코프, 9위는 러시아 철도의 올렉 벨로제로프 사장, 10위는 루코일의 바기트 알렉페로프 회장을 선정했다. 또 모스크바 시장 세르게이 소뱌닌이 13위, 재무장관인 안톤 실루아노프가 16위, 세르게이 라브로프 외무장관이 21위를 차지했다.

포브스는 당시 이 리스트를 작성하면서 러시아에서 가장 재산이 많은 부호 200명, 러시아에서 규모가 큰 회사 300개 및 주요 은행, 하원과 상원의장, 각 지방 정부의 수장, 법 집행 기관(실로비키 부서) 들을 망라해 나름의 평가 기준을 적용했다. 여기에는 재산 및 통제하는 인원 및 예산 그리고 집권당 및 대통령에 대한 영향력 및 친밀도 등이 포함되어 있다.

<그림 43>'러시아에서 가장 영향력 있는 인물 100' 랭킹을 발표한 포브스 지 2018년 8월호 표지

하지만 이 기사는 잡지가 발간된 후 저자가 검색한 2018년 8월 말에는 존재했으나 그 이후 러시아판 포브스 홈페이지에서 찾을 수가 없었다.[9]

직위가 아니라 영향력을 기준으로 러시아 권력 엘리트의 위상을 고민해야 되는 이유는 러시아의 정책을 결정하는 크렘린의 정책 결정 과정이 바깥으로 제대로 알려지지 않는 데 이유가 있다.

9 때문에 저자는 관련 기사를 언급한 아래의 자료들을 활용할 수 밖에 없었다. 'Russia's Top 10 Most Influential: A Spy, A Woman And Only One Private Company', Sep 3, 2018, 12:00pm https://www.forbes.com/sites/kenrapoza/2018/09/03/russias-top-10-most-influential-only-one-woman-and-one-private-company/#61efcaf176cd
'Forbes published its first rating of the most influential Russians', August 30, 2018, NM 뉴스 매거진
https://www.archyworldys.com/forbes-published-its-first-rating-of-the-most-influential-russians/

그런데 크렘린보다 총리실이 더 중요해진 시기가 있었다. 푸틴이 메드베데프에게 권력을 이양하고 총리를 맡았던 2008~2012년의 기간이다. 이 시기 러시아의 정책 결정 과정은 크렘린보다 푸틴의 총리실 주변 인물들과 크렘린 외부의 인사들이 더 큰 영향력을 행사한 사례들을 자주 보여줬다. 이 때문에 공식적 지위를 차지한 인물들에 대한 관심보다 비공식적으로 영향력을 행사하는 인물들에 대한 관심과 분석이 많아졌다.

실제로 2008~2012년 러시아의 국가 수반이자 대통령은 메드베데프였지만 누구도 푸틴 총리가 메드베데프 대통령보다 권력이 약하다고 보지 않았다. 특히 조지아와의 전쟁이 발발한 2008년 8월의 정책 결정 과정에서 푸틴의 영향력이 메드베데프 대통령보다 훨씬 더 컸다는 것이 정설이다.

영향력과 관련해 메드베데프 시대에 관심을 끈 인물은 이고리 세친(현 로스네프티 회장)과 러시아 군수 산업 및 군산 복합체의 수출 등을 담당하는 로스테크의 세르게이 체메조프 회장, 새롭게 올리가르흐들의 리더 격으로 부상한 겐나디 팀첸코, 유리 코발축 등이다. 이들의 영향력은 그들의 지위와 상관없이 러시아의 국정에 지대한 영향을 미쳤다. 이들은 2008~2012년 푸틴이 총리의 직위를 유지하던 시절뿐 아니라 2018년 이후의 현재까지도 푸틴 주변에서 그리고 러시아의 정책 결정의 과정에서 중요한 영향력을 행사하고 있다.

이러한 사례들 때문에 당시 러시아를 관찰하는 전문가들은 직위가 아니라 영향력을 중심으로 크렘린 권력을 이해하고자 했다. 2012년 '민첸코 컨설팅'이 발표한 소위 '정치국(politburo) 2.0' 리포트는 이런 당시의 상황을 보여주는 분석서 중 하나다.

'민첸코 컨설팅'은 2012년 60명 이상의 러시아 정치 및 경제 엘리트들에게 질문지를 보내 이들이 응답한 설문을 기초로 보고서를 발간했다. 당시 참여자들을 철저하게 익명으로 처리했다. 민체코 컨설팅의 '정치국 2.0' 보고서는 큰 반향을 일으켰다.

'푸틴의 큰 정부와 정치국 2.0'(Vladimir Putin's Big Government and Politburo 2.0)이라는 이름으로 발간된 이 보고서는 러시아의 통치 엘리트 집단 전체를 푸틴과의 친소(親疏) 관계를 기준으로 해서 분석한 것이다.

이 보고서는 옛 소련 공산당 시절의 공산당 서기장과 정치국원들처럼 당시 푸틴 집권 3기의 통치 엘리트들의 역할과 영향력을 구분해서 발표했다. 가장 강력한 영향력을 행사하는 집단 및 사람들을 정치국원으로, 그 다음 순위를 정치국 후보위원으로, 그리고 그 다음 영향력 인사들을 중앙위원회 위원으로 분류해 발표한 이 보고서는 실제로 러시아 사회에서 받아들여지는 영향력과 이미지를 반영한 것으로 큰 관심을 끌었다.

2012년의 보고서를 분석해 보면 푸틴을 정점으로 해서 새롭게 출범한 푸틴 3기 러시아 엘리트들의 영향력 순위는 지난 4년 (2008~2012)년 동안의 메드베데프 대통령 시절 형성됐던 크렘린을 중심으로 한 친메드베데프 성향의 권력자들에 대한 새로운 견제장치와 배제로 나타났다.

'민첸코 컨설팅'이 보고서를 발간한 2012년은 푸틴이 메드베데프와 다시 자리를 맞바꿔 집권 3기를 연 시기다. 2008년-2012년의 기간 러시아는 푸틴과 메드베데프가 국정의 양축을 형성하면서 통치했다. 비록 메드베데프가 대통령이었지만 푸틴은 총리실을 중심으로 대통령에게 영향력을 행사할 수 있는

'대통령실-총리실 간 정책 협의체'인 정책 조정 기구를 신설하거나 자신의 측근 인물을 주요 각료나 산업체의 회장 혹은 연합체의 의장으로 임명해 메드베데프를 견제했다. 쌍둥이 통치 혹은 이중권력이라는 묘사가 정확하게 들어맞는 이 시기는 푸틴이 2012년 집권 3기를 열면서 종식됐다.

<그림 44> 2012년 푸틴과 메드베데프의 권력 관계 및 영향력 집단

자료 : 'Vladimir Putin's Big Government and Politburo 2.0'을 기초로 저자가 재작성

2012년 다시 대통령의 권좌에 오른 푸틴은 러시아 정치의 중심을 다시 크

렘린으로 집중시켰다. 그는 메드베데프가 국가 정책이나 부처 혹은 산업에 대해 과도한 영향력을 행사하거나 직접적인 결정을 내릴 수 없도록 구축했던 각종 장치나 인물들을 제거하고 다시 대통령 직할 통치로 변경했다.

2008~2012년의 소위 2중 권력 혹은 쌍둥이 권력 구조를 푸틴 단일 구조로 변경하는 이러한 조치들은 당연히 많은 추측과 의혹들을 쏟아냈다. 이러한 시

<그림 45> 2012년 메드베데프 팀

자료 : 'Politburo 2.0: Renovation instead of dismantling'을 활용해 저자가 재작성.

기에 나온 이 보고서는 러시아 내 권력 및 비즈니스 엘리트들이 보는 푸틴 3기 러시아의 새로운 정치적 의사결정 구조와 영향력 정도를 가늠하는 하나의 정보를 제공했다.

민첸코 컨설팅은 2017년 10월 12일 푸틴의 집권 4기를 앞둔 상황에서 러시아의 현재와 미래 권력 엘리트의 향방을 예측할 수 있는 또 다른 보고서 '정치국 2.0, 해체가 아닌 리노베이션'('Politburo 2.0: Renovation instead of dismantling')을 발간한다.

이 보고서는 지난 5년 동안의 러시아 통치 엘리트 세계의 부침을 보여주며 2018년 5월 이후 푸틴의 집권 4기 동안 영향력을 유지할 가능성이 높은 엘리트들에 대한 분석을 다뤘다.

아래의 그림에서 알 수 있듯 2017년 가을을 기준으로 작성된 이 보고서에 따르면 쇼이구 국방장관, 소뱌닌 모스크바 시장 등이 영향력을 신장 혹은 계속 유지한 반면 측근 세력이자 실로비키 세력의 상징 중 한 명인 세르게이 이바노프, 올리가르흐 중 강력한 친분을 과시한 겐나디 팀첸코 등은 영향력이 축소됐다.

또 안톤 바이노(크렘린 행정실장), 알렉세이 쿠드린, 게르만 그레프 등 전문가 집단의 영향력이 증대했다. 동시에 람잔 카디로프, 졸로토프 등 새로운 실로비키들도 영향력을 키웠다.

흥미로운 것은 쿠드린 회계감사원 원장, 투르트네프 극동 지역 대통령 전권 대표(부총리), 키리옌코 크렘린 행정실 차장, 졸로토프 그레프 등 전문 관료들과 리버럴한 전문 직업인들이 정치국원 반열까지는 아니더라도 정치국원과 정치국 후보 위원 사이에 위치해 푸틴 3기와 비교해 상대적으로 상승한 것으로 평가되고 있다는 점이다.

<그림 46> 2017년 러시아의 권력 분포 및 푸틴과 실세들의 영향력도

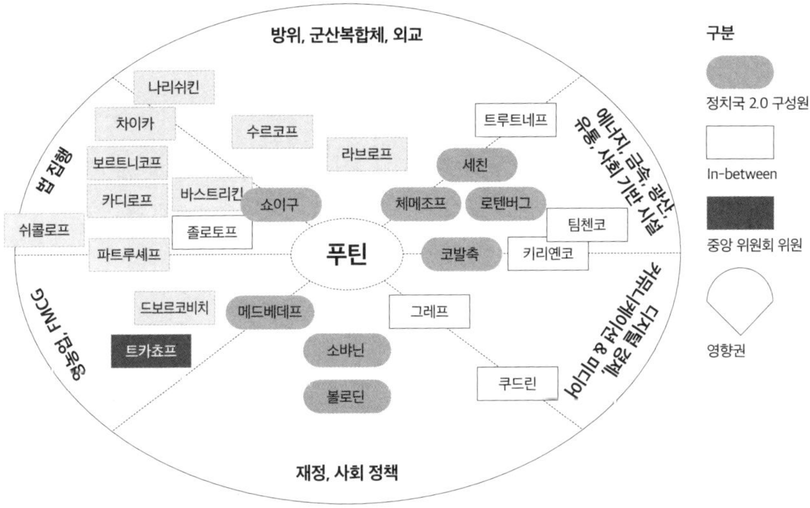


자료 : 'Politburo 2.0: Renovation instead of dismantling'을 활용해 저자가 재작성.

이를 좀 더 직역과 산업별, 정책별로 분석하면 다음과 같다.

직역별, 산업별로 분류할 경우 푸틴을 정점으로 해서 가장 강력한 영향력을 행사하는 집단인 '정치국2.0'(Politburo 2.0) 그룹에는 에너지 및 자원 그리고 인프라 영역에서 영향력을 굳힌 체메조프, 세친, 로텐브루그가 있고 디지털 경제 코발축이 금융 및 사회정책 분야에서는 소뱌닌, 볼로딘이 국방 및 치안에서는 쇼이구가 그리고 금융 및 사회정책 그리고 농업 분야를 포괄해서는 메드베데프가 정치국원 반열로 분류됐다.

### 7-6 주목할 변화–러시아 관료 집단의 비대화

푸틴 집권 기간 러시아의 관료 집단은 급격하게 숫자를 늘려가기 시작했다. 1999년 48만 6천 명 수준이던 관료는 2011년에는 82만 8천 명으로 늘었고 2014년에는 75만 5천 명이었다.[10] 관료 숫자의 증가는 이행기(transitional period)의 특성에 따라 특히 사유화와 연관된 금융 및 행정 분야에서 급증했다. 소련에서 러시아로의 이행기는 많은 행정 개혁을 요구했다. 이는 당연히 테크노크래트들에게 전문성을 바탕으로 한 승진의 기회와 함께 부패에 노출될 가능성을 동시에 제공했다. 비록 소련은 해체됐지만 당시 소련의 인재 등용 시스템의 한축이었던 공산당 인재 양성 기관들은 이름을 바꿔 재탄생했다. 대표적인 것이 '러시아 국민경제 및 국가 서비스(공무) 아카데미'(Academies of National Economy and State Service)다. 이런 기관과 새롭게 부상한 정치 엘리트와 연관된 개인적 연줄을 가진 그들과 같은 대학 출신들의 등장은 때로는 기능을 연계로 때로는 연줄을 매개로 관료가 될 기회를 보장했다.

이런 식의 경향은 옛 짜르 시대부터 공산당 시대 그리고 민주 러시아 시대로 이행하는 과정에서 예외 없이 반복됐다. 새로운 기관은 기존 기관의 조직을 인수하면서 혼란과 개혁의 극단에서 길을 잃는 경우가 많았다. 또 중복되는 기능을 수행하는 별도의 위원회 조직과 마찰을 빚기도 하고, 신설된 연방 조직과 아직 옛 조직의 산하에 있는 지방 조직은 통제권과 권한을 놓고 혼란과 갈등을 빚었다. 이런 비효율을 감시하고 부패를 감독하기 위해 탄생시킨 특별 조직

10 Rosstat: http://www.gks.ru/free_doc/2011/gos-kadr/tab1.htm; http://gossluzhba.gov.ru/News/Details/a3627499-509a-4b37-adfb-47148aadde18

들은 기존 조직들과의 갈등과 경쟁을 벌였다. 이를 해결하는 유일한 방법은 오로지 황제, 공산당 서기장, 대통령과 같은 최고 통치권자뿐이었다.

푸틴 집권기도 비슷했다. 푸틴은 관료제 개혁을 단행하기 위해 2004년 대대적으로 정부 조직을 축소하고 기능을 재분산했다. 그 결과 제1 부총리 숫자를 3명으로 축소했고 차관(급)의 숫자는 각 부처별로 2명에서 4명 정도로 유지했다. 그러나 2010년 정부 구조도를 보면 제1 부총리의 숫자는 9명으로 늘었고 차관(급)의 숫자는 평균 7명에서 9명 정도였다. 각 부처 내에서도 부처의 이익과 부문별 이익의 수호를 위해 좁은 인재 풀에 의존했고 이들이 주요 보직을 순환해 맞는 등의 악습이 반복됐다.

오구쉬(Ogushi)는 1999~2013년 기간의 차관들(deputy ministers) 총 618명을 분석해 내부자와 외부자의 충원 패턴 및 갈등을 연구했다.[11] 그 결과 외무부, 정보 관련 부처, 철도부의 경우는 외부인에게 대단히 폐쇄적이었던 반면 에너지 및 경제부는 개방적이었고 재무부 등은 중간 정도의 경향을 보인 것으로 조사됐다. 이 기간 동안 각 부처에서 상호 교환 근무를 하거나 타 부처로 전출된 고위직 관료의 경우는 약 13% 정도였으며 그들 중 35%는 실로비키였다.

이런 경향은 각 부처가 확보하고 있는 인허가권 및 각종 이권과 결부되면서 관료직을 일종의 신세습주의적(neo-patrimonial) 속성 혹은 후견주의적(patronal) 속성의 대상물로 착근시켰다.

---

**11** Ogushi, A. (2015, August). Bureaucratic Elites in Russia Revisited: Modernity and Patrimonialism (pp. 3-8). International Congress of Central-East European and Eurasian Studies, Makuhari.

이들 관료들은 자신들이 관장하는 부처의 권한을 활용해 기업들에게 국가 계약을 체결할 수 있도록 편의를 봐주거나 자신들의 추천권과 채용권을 활용해 특정한 자리에 채용될 수 있도록 힘을 써 주었다. 그리고 기업들과 신규 채용자들은 자신들의 충성을 이들 관료 및 조직에 바쳤다. 이것이 과거 후견주의나 전통적 세습주의와 다른 점은 혈연이나 특정 지역에 근거하기보다는 그들이 소속된 직업적 네트워크 혹은 직업적 전문성을 기초로 한 기능적 거래 관계에 기초한다는 점이다.

러시아뿐 아니라 옛 소련권 이행기 국가들에서 관찰되는 부패 혹은 부패에 기초한 매관매직은 이행기 지도자들에게도 큰 골칫거리였다. 하지만 이들은 싱가포르나 다른 서방 국가들에서처럼 반부패 작업을 과감하게 진행하지 못했다.

푸틴 또한 마찬가지였다. 푸틴은 집권 후 여러 차례에 걸쳐 반부패를 언급하고 처벌도 강화했지만 영향력 있는 고위직 인사들 중 수감되거나 처벌 받은 경우는 많지 않았다. 대신 푸틴은 이들 대립하는 파벌들의 갈등을 중재하거나 조정하는 역할을 수행하는 경향을 보였다. 푸틴 집권 2기 이후 국가의 경제에 대한 관여의 증가는 푸틴의 이같은 영향력과 중재력을 강화했다. 그 결과 국가 고위직의 자녀들이 경제계의 실세나 떠오르는 실력자로 등장하는 경향성이 높아졌다.[12]

러시아에서 푸틴이 등장하던 1990년대 말과 2000년의 상황은 국가의 힘

12 Maternovsky, D. (2005, April 29). Top Jobs for Children of the Elite. Moscow Times.

이 약해지던 시기다. 소련 해체 후 국가는 사유화의 동력을 확장하기 위해 올리가르흐의 탄생을 방기했고 올리가르흐는 국가 재산에 대한 배타적 접근권과 그들의 경쟁자들보다 유리한 고지에 올라서기 위해 국가와 대통령 등 지도적 정치인들과의 유대 관계가 필요했다.

푸틴은 이런 상황 속에서 이들의 후원과 암묵적 동의하에 대통령에 당선됐지만 이후 국가 분열의 원심력을 되돌려 국가의 경제에 대한 장악력을 강화했다.

푸틴은 정치에 관여하지 않는 올리가르흐들은 용서하면서 이들의 힘을 적절히 통제하거나 활용해 왔다. 그 결과 러시아에서 자원의 배분과 예산의 배분은 비합리적으로 이루어졌고 경쟁이 제품과 아이디어 혹은 혁신에 의해서 결정되는 것이 아니라 국가 및 정치 엘리트와의 긴밀함의 여부로 판가름이 나는 형국이 지속됐다. 이는 국가와 연계되지 않은 사적 경제 특히 중소기업의 성장에 큰 걸림돌이 됐다. 이것이 2000년 이후 푸틴의 개혁과 강력한 리더십에도 불구하고 러시아 경제가 비약적인 발전을 이룩하지 못하는 원인으로 작용해 왔다.

이러한 경향에 대한 반발은 2009년 이후 알렉세이 나발니(Alexei Navalny) 등 신세대 시민 운동가들에게 강력한 공격의 빌미를 제공했다. 나발니는 2013년에 모스크바 시장 선거에 출마해 반부패 운동을 기치로 선거 운동을 벌이면서 지지를 모아 27%의 득표로 2등을 차지하기도 했다. 이후 러시아에서는 반부패에 대한 국민들의 관심이 높아지게 되고 나발니 등 시민 운동가들의 힘이 강화됐다. 하지만 여전히 푸틴의 대안으로 등장할 정도는 아니다.

제8장

# ‘포스트-푸틴’ 체제와 연관해 주목해야 할 새로운 그룹들

## 8-1 푸틴 4기 – 새로운 파벌의 형성기?

지난 20여 년 동안의 푸틴의 통치 스타일을 보면 그가 '확실한 2인자'를 만들지 않는다는 것을 알 수 있다. 푸틴은 실질적이고 명확한 2인자가 등장하는 그 순간이 바로 권력 엘리트 내부 갈등과 정쟁의 시작이 될 수 있다는 사실을 잘 알고 있다.

이 때문에 푸틴은 집권 4기에 전통적인 친위 그룹인 '피테르 마피아' 외에도 이들을 견제하고 자신을 중심으로 엘리트의 충성심을 조직하기 위해 다른 엘리트 그룹을 활용해 이들과 경쟁을 붙일 가능성이 높다.

그럴 경우 후보가 될 수 있는 그룹이 몇 개 있다. 그중 가장 대표적인 것이 모스크바 시장 세르게이 소뱌닌(Sergey Sobyanin) 그룹이다. 소뱌닌은 튜멘주 지사(2001~2005)와 크렘린 행정실장(2005~2008) 등을 역임했다. 이 과정에서 그는 지방 정부, 연방 정부, 크렘린 행성실 등에 인맥을 구축했다. 현재 소뱌닌은 이때 구축한 인맥들을 중심으로 연방과 지방 정부의 주요 인사들 및 관료 조직의 지지를 받고 있다.

그는 올리가르흐들과도 관계가 좋은 편이다. 튜멘주 지사를 역임하면서 인연을 맺은 러시아 에너지 그룹의 실세이자 막강한 올리가르흐인 수르그트네프테가즈(Surgutneftegaz) 회장 블라디미르 보그다노프와 친분이 두텁고 또 다른 올리가르흐인 로만 아브라모비치와도 친하다.

러시아의 엘리트 연구가들은 소뱌닌이 2005년 크렘린 행정실장이 됐을 때부터 '피테르 마피아'를 견제하고 중화하는 역할을 그가 할 것으로 예측했다.[1]

---

1 Oleg Bratishko, Yelena Ivanova, Yulia Petrovskaya, 'Moskovskii Komsomolets, No. 260', November 16, 2005

그의 전임 크렘린 행정실장은 드미트리 메드베데프였다. 소뱌닌이 크렘린 행정실장으로 있던 시점을 전후해 푸틴은 후계 체제에 대해 고민을 해야 하는 상황이었다. 푸틴은 헌법을 개정할 것인지? 아니면 헌법에 정해진 대로 대통령 임기를 마친 후 자신의 후계자를 선정해야 하는지? 등을 결정해야 하는 상황이었다.

당시는 실로비키를 대변하는 이고리 세친 부총리와 리버럴 세력을 대변하는 메드베데프가 푸틴의 후계자 자리 및 영향력을 놓고 갈등을 빚는다는 소문이 공개적으로 난무하던 시기였다. 각각 대표하는 세력이 다른 메드베데프와 세친의 갈등은 이후에도 계속됐고 이와 관련한 언론 보도도 끊이지 않았다[2]. 또한 이고리 세친과 니콜라이 파트루셰프 FSB 국장(KGB의 후계 조직), 그리고 크렘린 행정실과 드미트리 코작(지역개발부 장관 등 역임) 등이 서로 갈등을 일으키던 시점이었다. 소뱌닌은 이때 메드베데프 후임으로 크렘린 행정실장이 되면서 푸틴의 뜻을 충직하게 대변하면서 갈등을 조정하고 푸틴의 신임을 얻은 후 현재까지 승승장구하고 있다.

'포스트-푸틴' 체제를 준비하는 과정에서 주목해야 할 또 다른 그룹은 세르게이 쇼이구 그룹이다. 쇼이구는 옐친의 패밀리 그룹에서 정치적 행보를 시작한 인물이지만 푸틴 시대에도 계속해서 정치적 비중과 현실적 권력을 장악

2 Radio Free Europe/Radio Liberty, February 24, 2009, THE POWER VERTICAL, Medvedev vs. Sechin, https://www.rferl.org/a/Medvedev_vs_Sechin/1498742.html.
Radio Free Europe/Radio Liberty, March 31, 2011, THE POWER VERTICAL, Conflicts Of Interest. https://www.rferl.org/a/conflicts_of_interest/3543247.html 등 참고

한 대표적인 실세다.

<그림 47> 세르게이 쇼이구의 정치 역정과 역대 대통령과의 관계도

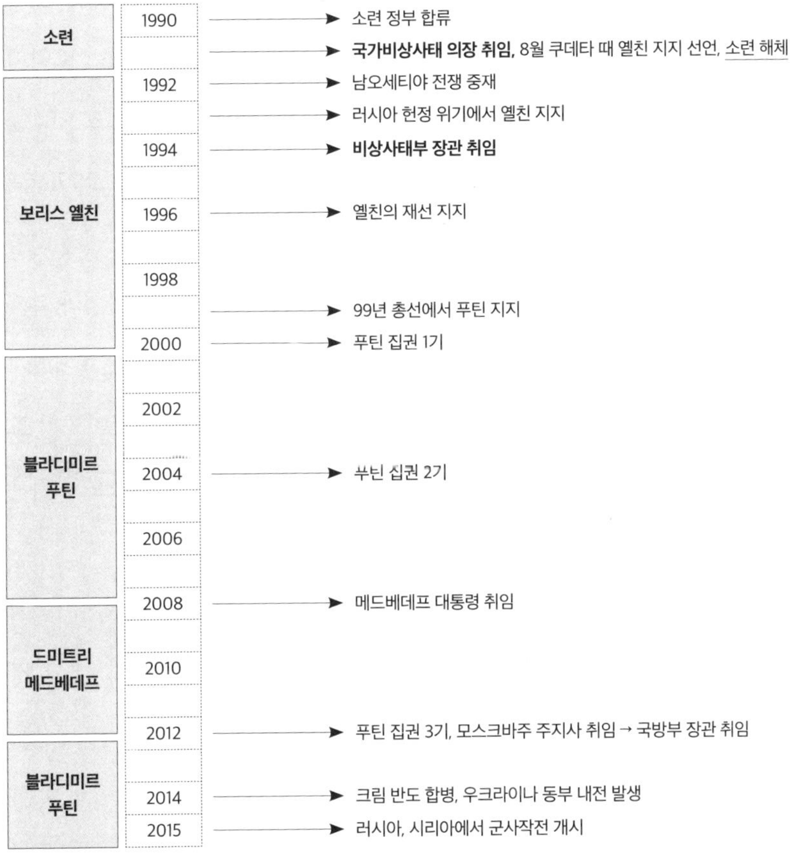


자료 : 저자 작성

크렘린의 고문을 역임한 글렙 파블로프스키에 의하면 푸틴의 애견이자 크렘린의 퍼스트 독인 검은색 래브라도 종인 코니(koni)는 그가 2000년에 푸틴에게 선물한 개다. 그는 동양계로 시베리아의 투바 공화국 출신이다. 출신 지역을 중심에 놓고 보면 쇼이구는 아래에 언급할 크라스노야르스크 그룹과도 연결될 수도 있다.

쇼이구가 대학에서 건축공학(엔지니어링)을 공부한 곳이 바로 크라스노야르스크이기 때문이다. 그는 크라스노야르스크에서 근무하다 1990년 소련이 해체되기 직전 공산당 중앙위원회의 지방인재 발탁 케이스로 모스크바로 옮겨 와 당 건축위원회에서 일을 한다. 그리고는 비상사태부를 만들고 1991년 8월 보수파 쿠데타와 1993년 10월의 의회파와 대통령 간의 대립 시 옐친 편을 일관되게 들면서 크렘린 정치에 관여하게 된다. 이후 그는 옐친의 사임과 함께 새로운 집권당 역할을 할 단합당(Unity) 창당 지도부로 합류하고 현재에까지 이르고 있다. 쇼이구는 옐친 시대에서부터 시작해 푸틴 4기에 이르기까지 모든 정부에서 근무한 유일한 인물이다. 이 때문에 한때 대통령 후계자로도 거론된 바 있다.

이와 연관해 관심을 끌었던 사건은 2015년 2차 대전 승전 70주년 기념식이 열린 모스크바 크렘린 광장의 행사다. 당시 쇼이구는 군중들 앞에서 십자가 성호를 긋는 행동을 취한 후 행사를 진행했다.

쇼이구의 이런 행동은 비기독교인이며 동양계로서 시베리아 라마교 및 샤먼 의식에 젖어 있는 쇼이구가 대통령이 되는 것을 러시아 정교회가 반대한다는 소문을 불식시키기 위한 의도적 연출이라는 소문이 돌았다.

쇼이구는 푸틴 집권 4기에도 여전히 국방부 장관으로서 군부를 기반으로 막강한 영향력을 행사하고 있다. 국방부 이외에도 준군사조직인 비상사태부는 쇼이구가 1990년에 창설한 조직이고 그가 2012년 국방장관으로 임명될 때까지 장악했던 조직이라서 쇼이구에 대한 충성도가 매우 높다.

쇼이구는 푸틴과 마찬가지로 옐친의 패밀리 그룹(세미야 그룹)이 양성한 엘리트다. 옐친에서 푸틴으로 권력이 이양되면서 옐친의 패밀리 그룹은 대부분 정치의 전면에서 사라졌다. 하지만 푸틴과 쇼이구는 여전히 역사의 전면에 있고 구 옐친 패밀리 상당수는 여전히 장막 뒤에서 막강한 영향력과 부를 유지하고 있다.

이 때문에 푸틴 4기 이후 '포스트-푸틴' 체제의 형성과 새롭게 형성될 권력 구도를 예측하는 데 푸틴과 쇼이구의 사례 및 앞으로의 역할을 주의 깊게 살펴볼 필요가 있다.

'포스트-푸틴' 체제를 염두에 둘 때 상트 페테르부르그 그룹과 경쟁할 수 있는 또 다른 그룹으로는 크라스노야르스크 그룹을 꼽을 수 있다. 현재 북카프카즈 대통령 대표이자 전직 주지사 알렉산드르 흘로포닌(Alexander Khloponin)을 비롯해 올리가르흐인 미하일 프로호로프(Mikhail Prokhorov), 부총리 올가 골로제츠(Olga Golodets), 에너지부 장관 알렉산드르 노박(Alexander Novak) 등이 크라스노야르스크 그룹이다.

## 8-2 푸틴 4기와 러시아 엘리트의 미래

### 1) 푸틴 체제의 미래와 권력 실세 2세들의 득세

푸틴 4기와 함께 새롭게 주목받는 세력은 크렘린 실세 2세들과 러시아의 올리가르흐 2세들, 그리고 지방 지도자 2세들 세력이다. 이들 중에는 부친의 후광을 입고 현재 각료급의 자리에 있는 인물들로부터 이제 막 정·관계에 입문하거나 전문 분야에서 경력을 착실히 쌓고 있는 인물들까지 다양한 모습을 보인다.

이들 2세 그룹에는 니콜라이 파투루셰프 국가안보위원회 서기의 아들, 올리가르흐인 유리 코발축의 아들, 역시 올리가르흐인 니콜라이 샤말로프의 아들, '이노 프락티카 재단' 회장인 에카테리나 티호노바[3](푸틴의 둘째 딸), 유리 차이카 검찰총장의 아들, 크렘린 대변인 드미트리 페스코프의 아들, 체첸 공화국 대통령 람잔 카디로프의 아들과 딸이 포함된다.

푸틴 4기 집권 후 각료 임명 과정에서 가장 관심을 끈 사건은 이러한 실세 2세들 중 러시아 국가안보위원회 서기이자 실로비키의 한 축을 담당하는 니콜라이 파트루셰프의 아들 드미트리 니콜라예비치 파트루셰프를 농업장관에 임명한 것이다. 그는 집권 4기의 초대 내각에 입각했고 2020년에 이루어진 미슈스틴 내각에서도 자리를 지켰다.

드미트리 파트루셰프의 각료 입각과 입각 후 보여준 성공적인 역할 수행은 푸틴 집권 4기에서 이루어질 통치 엘리트들의 교체 및 재배치 과정의 룰을 예고하는 것일 수도 있다는 점에서 크렘린 관찰자들의 관심을 끌고 있다.

드미트리 파트루셰프 농업장관 외에도 실세들의 2세들 상당수는 러시아 통치 구조를 뒷받침하는 데 중요한 렌트(Rent)를 제공하는 국영기업체 및 유력기업들에 2019년을 전후해 잇단 인사로 자리를 잡기 시작했다.

대표적인 사례로는 전 국방장관이자 실로비키의 핵심 실세였던 세르게

3 푸틴의 둘째 딸이 쓰고 있는 티호노바라는 성(姓)은 어머니의 성을 따른 것이다. 푸틴의 전처 류드밀라는 결혼 전에 류드밀라 티호노바 였다.

이 이바노프의 아들 세르게이 세르게예비치 이바노프가 다이아몬드 회사 알로사(Alrosa)의 부사장이 된 것이다. 이 외에도 농업은행인 로스셀호즈방크(Rosselkhozbank), 대외경제은행(VTB), 통합 항공기 제작공사(United Aircraft Building Corporation) 등에 지난 20여 년 동안 러시아를 통치해 온 실세들의 2세들이 자리를 잡았다.

실로비키를 비롯한 러시아 통치 엘리트들과 연관이 있는 인물들이 승진을 거듭했다. 현재까지 관심을 끌 만한 자리에 오른 통치 엘리트 연관 2세 및 관련 인물들은 다음과 같다.

### 2) '포스트-푸틴'과 연계해 주목받는 실세 2세들의 명단 및 현직

**이바노프 세르게이 세르게예비치(Ivanov Sergey Sergeevich)** 크렘린 행정실장이자 국방장관을 역임한 세르게이 이바노프의 아들이다. 무기모(MGIMO)를 졸업하고 가즈프롬, 가즈프롬 뱅크, 스베르방크 등에서 근무했다. 2011~2016년 소가즈(Sogaz) 회장으로 근무하다 알로사(ALROSA)로 옮겨 2017년 3월 러시아 최대 다이아몬드 회사인 알로사(ALROSA)의 사장이 됐다.

**블라디미르 세르게예비치 키리옌코(Vladimir Sergeyevich Kirienko)** 총리를 지내고 현재는 크렘린 행정실 차장인 세르게이 키리옌코의 아들이다. 고등경제대학을 졸업했고 이후 모스크바 스콜코보 경영대학원을 졸업했다. 2005~2011년 볼가 텔레콤 사장을 지냈다. 또한 사로프 기업은행(SarovBusinessBank)의 이사회 의장을 겸직했다. 2008~2011년 그는 니제고로드프롬스트로이 은행

(Nizhegorodpromstroybank)의 이사회 의장을 지냈다. 이후 티타늄 인베스트먼트(Titanium Investments) 등에 근무했다. 현재는 러시아 국영통신회사인 로스텔레콤(Rostelecom)의 기업 발전 및 영업 파트 수석 부사장이다.

**보리스 유레비치 코발축(Boris Yuryevich Kovalchuk)** 푸틴의 측근으로 유명한 '방크 로시야' 회장 유리 코발축의 아들. 러시아 최대 우라늄 및 원자력 회사인 '로스 아톰'(Rosatom)에서 근무했다. 현재는 국영전력회사인 '인터 라오'(Inter RAO) 이사회 의장이다.

**무라트 카랄비예비치 쿰필로프(Murat Karalbievich Kumpilovich)** 아디게야 자치 공화국의 전(前) 대통령 부인의 조카. 아디게야 공화국 정부에서 경력을 쌓았고 2017년 1월 전임 대통령인 아슬란 트하쿠시노프가 자리에서 물러난 후 푸틴 대통령으로부터 아디게야 자치 공화국 행정수반(대통령) 권한 대행에 임명됐다. 이후 2017년 9월 자치 공화국 의회의 투표에 의해 아디게야 자치 공화국 행정수반(대통령)이 됐다.

**세르게이 마트비옌코(Sergey Matvienko)** 발렌티나 이바노브나 마트비옌코 상원의장의 아들. '오구스틴 펀드', '렌브네슈토르그' '인콤 방크' 상트 페테르부르그 대외무역은행(VTB) 등에서 근무했다. 2004년 VTB 부사장. 현재는 대외무역은행 자회사인 '대외무역은행-개발'(VTB-Development)의 회장이자 엠파이어(Empire)사 회장이다.

**안드레이 예브게니예비치 무로프(Andrei Evgenievich Murov)** 풀코보 공항 사장을 역임했고 현재는 연방전력망 회사인 ROSSETI의 제1 부사장. 연방 경호국장을 지낸 예브게니 무로프의 아들.

**안드레이 니콜라예비치 파트루셰프(Andrei Nikolayevich Patrushev)** 연방보안부 아카데미 (FSB Academy) 출신으로 연방보안부(FSB)에서 일했다. 첸트르 카스프네프트가즈(TsentrKaspneftegaz), 로스네프트(Rosneft), 비에트소브피에트르(Vietsovpietr), 가즈프롬(Gazprom) 등에서 일했다.

현재는 가즈프롬 네프티의 부사장이다. 대표적인 실로비키이자 국가안보위원회 의장인 니콜라이 파트루셰프의 아들이다.

**드미트리 니콜라예비치 파트루셰프(Dmitry Nikolaevich Patrushev)** 국립경영대학 및 외교 아카데미를 졸업했다. 교통부 및 농업은행에서 근무했다. 현재는 농업부 장관이다. 대표적인 실로비키이자 국가안보위원회 의장인 니콜라이 파트루셰프의 아들이다.

**알렉세이 드미트리예비치 로고진(Rogozin Alexey Dmitrievich)** 모스크바 경제,통계 및 정보기술대학(MESI·2015년 플레하노프 경제대에 통합)을 졸업했다. 이후 무기모(MGIMO) 대학원을 졸업했다. 모스크바 시의회, 프롬테크놀로기(Promtekhnologii), 하르레퀸 화학공장(Harlequin Chemical Plant), 국방부 재산관리과 등에서 근무했다.

현재는 통합항공기제작공사(United Aircraft Building Corporation)의 민항 수송기 부문 부사장이자 항공기 제작사인 일류신(Ilyushin Aviation Complex)의 사장을 지냈으며 2019년 국가두마 경제 정책 및 산업, 혁신 위원회 자문 위원이기도 하다. 그는 2019년 교통센터 및 오피스 허브 구축 사업인 TPU "Nagatinskaya" 개발의 사장을 맡고 있다. 이 사업은 러시아의 부동산 개발 그룹 키예프스카야 플로샤지(Kievskaya Square)의 역점 사업이다. 이 회사는 러시아 올리가르흐 자하르 일리예프(Zakhar Iliev)와 고드 나사노프(God Nisanov)가 설립한 회사다.

러시아 연방 부총리를 지내고 로스코스모스(Roskosmos) 회장을 지낸 드미트리 로고진의 아들이다.

**이고리 아르카디예비치 로텐베르그(Igor Arkadievici)** 러시아국가텔레메틱시스템사 회장(National Telematic Systems). 유전 및 가스전 굴착 회사인 가즈프롬 들링링(Gazprom Drilling, Gazprom Bureniye)의 최대 주주. 고네츠 위성시스템사(Gonets satellite system) 공동 소유주이기도 하다. 2004~2005년 러시아 철도사 부사장을 역임하기도 했다. 대표적인 친푸틴 올리가르흐인 스트로이가즈몬타즈 그룹 (Stroygazmontazh) 회장인 아르카디 로텐부르그의 아들이다.

**파벨 미하일로비치 프라드코프(Pavel Mikhailovich Fradkov)** 연방보안국 아카데미(Academy of the FSB)를 졸업하고 국제관계대학(MGIMO)을 졸업했다. 외무부에 근무했으며 프라드코프 전 총리의 아들이다.

**표트르 미하일로비치 프라드코프(Petr Mikhailovich Fradkov)** 국제관계대학(MGIMO)을 졸업하고 킹스턴경영대학(Kingston Business School)을 졸업했다. 대외경제관계은행(Vnesheconombank)에 입사한 후 러시아 수출보험공사(Export Insurance Agency of Russia, EXIAR) 사장으로 근무했다. 현재는 대외경제관계은행(Vnesheconombank) 부총재다.

또한 아에로플로트 항공사 자회사인 'OJSC 터미널' 이사회 의장을 겸하고 있다. 프라드코프 전 총리의 아들이다.

**키릴 니콜라예비치 샤말로프(Kirill Nikolayevich Shamalov)** 가즈프롬 및 가즈프롬은행에서 근무했고 현재는 석유회사 시브르(Sibur)의 부회장이다. 푸틴의 둘째 딸 카테리나 티호노바와 2018년 이혼했다. 니콜라이 샤말로프의 아들이다.

**유리 니콜라예비치 샤말로프(Yury Nikolayevich Shamalov)** 2003년부터 가즈프롬의 연금 펀드인 가즈폰드 NPF(Gazfond NPF)의 사장이다. 가즈폰드는 유리 샤말로프가 소유하고 있는 리더 에셋 매니지먼트(Leader Asset Management)와 소가즈(Sogaz) 등과 긴밀하다. 가즈폰드는 2014년부터 가즈프롬 뱅크의 최대 주주이다. 가즈프롬 뱅크는 가즈프롬 미디어의 최대 주주다. 니콜라이 샤말로프의 아들이다.

**데니스 보르트니코프 알렉산드로비치(Bortnikov Denis Alexandrovich)** 상트

페테르부르그대 경제 및 금융학부 졸업. 유력 은행인 '프롬스트로이방크'(Promstroybank) 상트 페테르부르그 지사에서 근무했고 이후 대외경제은행(VTB)을 거쳐 현재는 대외경제은행(VTB) 이사회 일원이다. 알렉산드르 보르트니코프 연방정보국(FSB) 국장의 아들이다.

<u>**크세니아 솝차크(Ksenia Anatolyevna Sobchak)**</u> 푸틴의 정치 대부로 불리는 아나톨리 솝차크의 딸.(상트 페테르부르그 초대 민선 시장) 어머니는 국가두마 의원을 지낸 류드밀라 나루소바.

대학은 상트페테르부르그 소재 게르첸대학을 입학했으나 상트페테르부르그대 국제관계학과를 거쳐 모스크바로 전학 가 졸업은 모스크바 국제관계대학에서 했다.

언론계에서 활동을 시작해 사교계의 명사가 됐다. 정치적 입장은 매우 복잡하다. 블라디미르 푸틴 대통령에 비판적인 입장이고 2011~2013년 러시아 반정부 시위에 적극 참여했지만 애국주의, 민족주의적 요소가 다분하다. 일부에서는 알렉세이 나발니를 견제하기 위한 위장 시민 운동 세력이라고도 부른다. 2018년 러시아 대통령 선거에 야당 후보인 '시민 발의당(Civic Initiative, Гражданская инициатива)' 소속으로 출마했지만 1.68%의 지지율을 얻어 낙선했다.

<u>**올레그 게르마노비치 그레프(Oleg Germanovich Gref)**</u> 크레딧 스위스 퍼스트 보스턴(Credit Suisse First Boston), 도이치 방크(Deutsche Bank), 도이치 방크

(Deutsche Bank) 러시아 지사, 컨설팅 회사 '네오 센터'(NEO-Center) 등에서 근무했다. 게르만 그레프 스베르 그룹 회장의 아들이다.

**로만 빅토로비치 졸로토프(Roman Viktorovich Zolotov)** 내무부에서 근무하다 모스크바시로 옮겨 현재는 모스크바시 스포츠 및 관광국 부국장이다.

**이그나토바 아나스타시아(Ignatova Anastasia)** 체메조프의 의붓딸. 러시아 유수의 제약회사 포르마트(Formatt)에서 근무 중이다.

**인가 이고레브나 카리모바(세친)(Inga Igorevna Karimova(Sechin))** 이고리 세친 로스네프티 회장의 딸. '굿 피플'LLC(Good People LLC)의 창설자이자 사장.

**안드레이 세르게예비치 나리슈킨(Andrey Sergeevich Naryshkin)** 현 FSB 국장이자 국회의장을 지낸 세르게이 나르슈킨의 아들. 에네르고 프로엑트사(Energoproekt CJSC) 부사장.

**알렉세이 게오르기예비치 폴타프체코(Alexey Georgievich Poltavchenko)** 에티카&컴퍼니(ETIKA & Co LLC) 알렉세예프스키 제빵 공장(Alekseevskiy Bread Plants), 페테르부르그 건설 및 투자국(Peterburgstroy and Investbureau) 등에서 근무했다.

현재는 그리스 건설회사 악토르(Aktor)사의 러시아 및 CIS 지역 사업 개발 담당이다.

**이반 이고레비치 세친(Ivan Igorevich Sechin)** 이고리 세친 로스네프티 회장의 아들. 가즈프롬뱅크(Gazprombank)에서 근무하다 현재는 로스네프티의 제1부사장이다.

**에카테리나 블라디미로브나 티호노바(Ekaterina Vladimirovna Tikhonova)** 푸틴 대통령의 둘째 딸. 모스크바대학 국가 지성 보존 센터(Center for National Intellectual Reserve)의 책임자, 이노프락티카 재단(Innopraktika Foundation)의 책임자.

**프랑크 글렙 세르게예비치(Frank Gleb Sergeevich)** 겐나디 팀첸코의 사위.

러시아 낚시 협회 이사회 등재 이사. 스트로이트란스가즈(Stroytransgaz)이사회 의장(회장) '노르드&인포테크-발틱컴퍼니' 공동 오너.

**스타니슬라프 세르게예비치 체메조프(Stanislav Sergeevich Chemezov)** 로스테크 그룹 회장 체메조프의 아들.

인터 비지니스 그룹(Interbusiness Group)의 공동 소유자. 메드팜 테크놀로지(Medpharm Technology) 공동 소유자, 파이낸셜 시스템스(Financial Systems) 주주.

**율랴 세르게예브나 쇼이구(Yulia Sergeyevna Shoigu)** 세르게이 쇼이구 국방장관(전 비상사태부 장관) 딸. 비상사태부에서 근무하다 현재는 비상사태부 산하 비상 심리지원 센터 책임자. 치안기관 소속 심리학자 모임 공동 회장.

**안드레이 블라디미로비치 야쿠닌(Andrei Vladimirovich Yakunin)** 영국계 투자 회사 벤처 인베스트먼트&일드 매니지먼트(Venture Investments & Yield Management)의 공동소유자. 모스크바 소재 매리엇 코트야드 호텔(Marriott Courtyard Moscow hotel)을 소유하고 있다.

러시아 철도 회장을 지냈던 블라디미르 야쿠닌의 아들.

**잔나 빅토로브나 졸로토바(Zhanna Viktorovna Zolotova)** 로만 졸로토프의 딸.

현재 영화 제작자와 결혼했다. 남편은 영화 상황(Circumstances)을 제작할 때 로만 졸로토프와 동업했다.

**아이라트 람자노브나 카디로바(Airat Ramzanovna Kadyrova)** 체첸 공화국 대통령 람잔 카디로프의 딸. 이슬람 패션회사 '피르도스'(Firdaws) 사장.

**엘리자베타 드미트리예브나 페슈코바(Elizaveta Dmitrievna Peskova)** 드미트리 페슈코프 크렘린 대변인의 딸. 아버지의 모교인 모스크바대 아시아·아프리카 언어학부를 다녔으나 졸업 여부는 불확실하다. 모스크바대를 다니다 프랑스로 건너가 경영학 관련 공부를 한 것으로 알려져있다. 러시아 언론은 엘리자베타가 '파리 스쿨 오브 아트'(Paris School of Art)에서 공부했다고 보도하기도 했다. 프랑스 파리에서 아반티(Avanti)사 사장 고문을 지냈으며 '러시아-프랑스 역사 이니셔티브 발전 재단'(Фонд развития русско-французских исторических инициатив) 부사장이다.

<u>아르촘 이고레비치 차이카(Artem Igorevich Chaika)</u> 이고리 차이카 전 내무 장관의 아들.

헬라스 어드바이저스(Hellas Advisors) 오너, 피엔케(PNK), 피엔케이 우랄(PNK-Ural), 시베리아 엘레멘트(Siberian Element) 렌타-케이(Renta-K), 동시베리아 무역 및 산업회사(East-Siberian Trade and Industrial Company), 엘브르스 승마클럽(Elbrus Equestrian Club), 게오레스루스(LLC Georesurs) 및 트리 에스페르티 개발(LLC Three Esperti Development)사 등을 소유하고 있다.

현재는 차다예프(Chaadaev), 헤이페츠(Heifetz) 및 파트너스 바(Partners Bar)의 공동소유주다.

<u>이고리 유레비치 차이카(Igor Yuryevich Chaika)</u> 아그로-레기온사(Agro-Region LLC) 소유주. 아쿠아 솔리드(Aqua Solid LLC) 및 이노베이션 라이트(Innovation of Light LLC)사의 공동 소유주.

러시아 중동센터(Russian Middle East Center), 러시아 엑스포르트(Russian Export)의 공동 소유주. 러시아 연방 중앙관구 유도연맹 공동 창설자, 야로슬라블 지방 사회적 이니셔티브(Social Initiatives of the Yaroslavl Region) 공동 설립자, 쓰레기 처리 및 자원 재생 회사인 차터(Charter)사 회장이다.

### 8-3 '포스트-푸틴' 체제를 준비하는 엘리트들이 지향하는 체제

지도자의 변화는 필연적으로 혼란을 야기한다. 지난 20여 년 동안 푸틴 체제 내에서 미묘한 균형을 이룩해 오던 실로비키, 리버럴 세력, 그리고 올리가르흐들 간 균형이 어떻게 변모할 것인지는 그래서 첨예한 관심거리다.

푸틴이 권좌에서 내려오게 되면 보리스 옐친 체제 이후 권력 내의 이합집산과 특정 파벌의 독주 혹은 이익과 혜택의 재분배가 필연적으로 발생한다. 이때 집권 엘리트 간의 갈등과 분열이 심해지면 소기의 목표를 달성할 수 없다. 앞에서도 언급했지만 '포스트-푸틴'을 준비하는 현재의 통치 엘리트들은 그동안 자신들이 구축한 시스템과 부를 재생산해야 한다.

이는 다음과 같이 세 가지로 정리할 수 있다.

1. 통치 엘리트의 러시아 사회에 대한 권력적 지배와 특권을 후계 집단 등에게 이양하는 등 재생산해야 한다. (대부분의 권력 엘리트가 푸틴 4기에 물러나게 될 것이다)

2. 1990년에서 2000년대 초반 진행된 1차 사유화의 과정에서 막대한 부를 형성한 올리가르흐들과 국영 산업을 기반으로 자신들의 배타적 영역을 구축한 통치 엘리트들의 재산, 일명 국가 올리가르흐들의 재산을 보장해야 한다. 이들의 재산을 어떤 후계정권이 탄생하더라도 되돌릴 수 없도록 완전한 소유권을 보장하는 일련의 법적, 제도적 장치들을 마련하고 상속할 수 있는 기반을 마련해 주어야 한다.

이는 푸틴의 집권 후 푸틴과 올리가르흐들 간에 정치와 경제의 신사협정을 맺었다 해도 올리가르흐들은 여전히 유코스 그룹 해체의 악몽과 재국유화, 모스트 그룹의 해체 등을 기억하고 있기 때문이다.

3. 러시아 국내와 국외에 투자하거나 형성한 재산 혹은 숨겨둔 재산을 적법화해야 한다.

이러한 3가지 목표를 달성하기 위해서는 현재의 통치 엘리트들의 분열을 방지하고 그들 간의 합의를 공고히 해야 한다. 여기다 통치 엘리트 내부에서 권력과 부 그리고 특권이나 그들이 누리는 특혜를 재분배하고 새로운 세대에게 넘겨주는 것과 관련한 일반 원칙을 마련해야 한다.

만약 이러한 원칙에 대한 합의가 이루어지지 않는다면 파벌 간의 추악한 권력 투쟁은 불가피하다. 그리고 이러한 투쟁은 부패와 연관돼 대중의 분노를 자아내고 결국에는 권력 자체의 생존에도 영향을 미치게 된다.

2018년 대통령에 재집권한 이후에도 계속되고 있는 푸틴의 반부패 운동은 이러한 목표와도 연관이 있다. 2019년 이후에는 새로운 형태의 반부패 운동이 나타났다. 이샤예프 하바로프스크 주지사 등 지역에 기반이 막강한 정치인과 베어링 보스토크 파트너스(Baring Vostok Capital Partners) 회장이자 창립자인 마이클 캘비(Michael Calvey)와 같은 서방 투자가, 실로비키계 인사들 및 지도층이 관여한 각종 비리 사건을 폭로로 유명한 '메두사'의 기자 이반 골루노프 등이 잇달아 사정기관에 체포됐다. 이들의 체포가 주는 메시지는 다양하다.

크렘린의 권위에 대한 도전을 용납하지 않겠다는 것이 가장 큰 메시지다. 하지만 크렘린의 권위가 "푸틴의 권위인가? 러시아의 권위인가? 아니면 크렘린 내 실세들의 권위인가?"에 대해서는 의견이 갈린다.

마이클 캘비의 경우를 보자. 그의 사건은 횡령 등을 이유로 러시아 사법 당국이 전격적으로 그를 체포한 것이다. 하지만 베어링 보스토크 파트너스(Baring Vostok Capital Partners)는 2014년 러시아의 크림 병합 등을 이유로 서방의 대러 제재가 강화된 이후에도 러시아에 남아 지속적으로 러시아의 산업 및 금융 회사들에 투자를 진행해 온 대표적인 서방 기관이다. 캘비는 러시아의 대표적인 디지털 기업인 얀덱스, 틴코프 뱅크 등에 투자해왔다. 더군다나 캘비는 미국인이다.

이런 상징성은 러시아가 제재에도 불구하고 여전히 매력적인 투자처라는 이미지를 유지하는 데 큰 도움이 된다. 이 때문에 캘비의 체포는 러시아 사회 및 국제 투자가들에게 큰 충격을 줬다. 푸틴 대통령도 이 사건을 인지하고 있다고 말했을 정도로 파장이 컸다. 캘비 사건은 깊게 들여다보면 매우 복잡한 모습이다. 그가 합작 파트너인 유니아스트럼(Uniastrum)뱅크의 소유자인 아르촘 아베티샨(Artem Avetisyan)과 갈등을 빚고 이들과 사업적 제휴를 갖고 있는 셰르조드 유스포프(Sherzod Yusupov)가 베어링 보스토크 파트너스(Baring Vostok Capital Partners)와 기업 인수 및 합병관련 분쟁을 벌이면서 서로 소송전을 걸다가 진행된 일이기 때문이다.

하지만 겉보기에는 기업인들끼리의 소송전이지만 내막을 들여다보면 실로비키와 리버럴 세력의 전초전 같은 느낌도 든다. 무엇보다 아르촘 아베티샨이 실로비키 2세들 중 상징적 인물인 세르게이 파트루셰프 농림부 장관(니콜라이 파트루셰프 국가안보위원회 서기의 아들)과도 친한 인물로 알려졌기 때문이다. 그는 실로비키계 2세들 그룹과 친한 친실로비키계 인물이다.

리버럴 세력의 인사들은 캘비 같은 인물들을 활용해 러시아에 대한 서방의 투자와 러시아의 이미지를 높이기를 원한다. 반면 실로비키들은 러시아의 국익과 주권을 강조하고 약탈적 자본주의자들을 응징하자는 입장이다. 러시아 기업 옴브즈맨의 2018년 보고서를 보면 약 6천 건의 기업범죄 사례가 재판 이전에 구속 상태로 진행됐고 또 다른 4천 6백 30건이 2018년 2월 현재 자료로 볼 때 가택연금 상태였다.[4]

러시아의 이런 법 절차와 법 집행 기구의 관행을 들어 리버럴 세력의 인사들은 기업 활동을 위축시킨다고 주장하지만 실로비키들은 이를 리버럴 세력이 자신들의 영향력에 대해 도전하는 것으로 보는 경향이 강하다. 그리고 이런 힘겨루기는 푸틴 집권 기간 내내 간헐적으로 벌어졌다.

그런데 실로비키들은 푸틴 4기 들어 리버럴 세력에 비해 더 강력해지는 듯한 모습이다. 이들은 2019년 들어 벌써 두 번에 걸친 충격적 행동을 벌였다. 그 중 하나가 캘비 사건이고 다른 하나는 이반 골루노프 기자에 대한 체포다. 골루노프 기자 사건은 실로비키계 인사들 및 지도층이 관여한 각종 비리 사건을 폭로한 기자로 유명한 골루노프를 마약 소지 혐의로 체포한 사건이다. 이 사건은 특히 러시아가 자랑하는 글로벌 행사인 상트 페테르부르그 경제포럼 개막

4 Bloomberg, 2019, 02 18, 'Why Russia Can Afford to Jail U.S. Investors' https://www.bloomberg.com/opinion/articles/2019-02-18/arrest-of-baring-vostok-s-michael-calvey-is-a-message-from-russia 및 코메르산트 데일리 2019 02.15, 2019 02 16 등을 참고.

일에 벌어졌다. 이 사건이 발생하자 러시아의 주요 언론들은 1면에 "우리가 골루노프다"라는 공동의 슬로건을 내걸고 언론자유 탄압이라며 강력하게 반발했다.[5]

러시아의 반부패 캠페인은 2018년에 시작된 푸틴 집권 4기가 처음은 아니다. 푸틴은 지난 2000년 집권 1기 때 그리고 2012년 집권 3기 때도 어김없이 반부패 사정 작업을 진행했다.

<사진 2> 이반 골루노프 기자 체포에 대해 항의하며 2019년 6월 10일자 1면을 "내(우리)가 이반 골루노프다"라는 제목의 공동 기사를 게재한 러시아의 유력 일간지들.

5 Коммерсантъ 11.06.2019, 'Дело закрыто, вопросы остались Иван Голунов признан невиновным, МВД обещает наказать сотрудников, общественность требует пересмотра законодательства'
https://www.kommersant.ru/doc/3998902?query=%D0%98%D0%B2%D0%B0%D0%BD%20%D0%93%D0%BE%D0%BB%D1%83%D0%BD%D0%BE%D0%B2
Moscow Times, June 10, 2019, 'Why Russia's Leading Papers Joined Forces In Solidarity With Arrested Journalist' https://www.themoscowtimes.com/2019/06/10/why-russias-leading-papers-joined-forces-in-solidarity-with-arrested-journalist-a65950 등 참고.

푸틴은 지난 2000년 푸틴 집권 1기의 시작과 함께 올리가르흐와 정치 권력 간의 합의의 원칙을 마련하는 회동을 갖고 이들에게 원칙을 통보했다. 당시 변화된 환경에 적응하지 못하고 대항하던 미하일 호도르콥스키는 자신의 그룹인 유코스가 해체되고 감옥에 갇히는 운명이 됐다.

지난 2012년 푸틴의 집권 3기 이후에 추진된 일련의 반부패 운동 및 고위공직자에 대한 단죄, 추가적인 민영화와 개발정책 및 연방 부처 개혁 작업 등은 이런 관점에서 재해석 할 수도 있다. 또 과거 외부에 노출된 권력의 갈등 또한 이런 관점에서 재해석할 수 있다.

1기와 3기 사정 작업의 차이라면 1기의 사정 작업이 올리가르흐들을 대상으로 한 크렘린 권력의 직접적인 개입과 힘의 과시였다면 집권 3기의 사정 작업은 엘리트 파벌 내의 갈등과 정치 권력 및 경제 권력 간의 원칙 정립의 문제가 복합되어 있었다.

대표적인 것이 경제에서 특히 금융 부분에 대한 장악력을 두고 경쟁한 국방장관 세르듀코프(A. Serdyukov)와 슈발로프(I. Shuvalov) 및 알렉세이 쿠드린(Kudrin)그룹 간의 갈등과 경쟁[6]이 있었다.

통치 엘리트 그룹 내 파벌들 간의 이익 갈등은 푸틴 집권 3기 기간 동안 다른 분야에서도 벌어졌다. 에너지 분야에 대한 관할권을 놓고 경쟁한 이고리 세친과 드보르코비치 부총리 그룹 및 그와 연계한 세친 반대파 올리가르흐들

6 Yevgeny Minchenko, 'Balance of Power Has Not Been Restored in Russia, Clans Are Still Fighting', 13.12.2012, Valdaiclub.com. http://valdaiclub.com/a/highlights/balance_of_power_has_not_been_restored_in_russia_clans_are_still_fighting/

의 갈등이 대표적이다. 또 '연방 통신 및 매스 미디어부'가 전통적으로 장악하던 영역에 대해 다른 부처 및 민간 이전을 요구하는 갈등도 있었다. 이 사건은 4차 산업 혁명과 함께 점점 중요성이 커지는 연방 통신부 업무의 영역을 놓고 과거의 엘리트와 현직 엘리트들이 영역 다툼을 벌인 것이다. 크렘린 행정실 내에서 연방 통신 및 매스 미디어부 업무를 담당하던 슈체골레프(I. Schegolev) 전 장관이 현직들과 힘겨루기를 한 것이다.

이를 방치하면 통치 엘리트들 간의 균열이 발생할 수 있다. 그리고 이는 크렘린의 통치 엘리트 그룹의 약화를 가져올 가능성이 있다. 2018년 집권 4기 이후 시작된 반부패 움직임은 이런 면에서 통치 엘리트 내부에서 권력과 부 그리고 특권, 혹은 혜택의 분배 및 전이(transfer)에 대한 원칙을 마련하려는 작업을 푸틴 4기 초기부터 마련하려는 작업의 일환일 수 있다. 렌트에 대한 장악력을 놓고 통치 엘리트들 간의 합의가 재편성되어야 하는 데 반부패 캠페인이 이런 과정과도 연관성을 가지고 진행됐을 수도 있는 것이다.

러시아에서 지난 30여 년 동안 진행된 국유 기업을 민영화한 과정은 대부분 독점 상태의 국영 기업을 사유화하는 과정이었다. 특히 석유 업계 민영화와 통신 및 운송 부분 민영화는 렌트 구조와 직접적으로 연결되어 있었다.

때문에 러시아 권력 집단 내부에서도 누가 이를 장악할 것이냐를 둘러싸고 치열한 경쟁이 있었다. 기회에 대한 접근 권한, 그리고 배타적인 권한의 지속적 보장을 의미하는 일명 렌트 구조의 수혜자가 되는 과정이다.

공산주의 시절엔 이러한 렌트 구조를 공산당과 국가가 장악해 배분했지만 이행기 체제로 넘어가면서 이 부분에 새로운 경쟁이 불가피해졌다. 푸틴 시대에도 마찬가지였다. 특히 전통적 렌트 구조의 공고화가 이루어져 있던 에너지 분야(석유, 가스) 외에 새롭게 부상한 기술 및 금융, 그리고 통신 영역은 올리가르흐들의 명운을 결정했지만 그 못지않게 크렘린과 그 주변의 통치 엘리트들에게도 전통적 지배 세력이 없던 새로운 경쟁터였다.

때문에 이러한 새로운 영역의 사유화 조치가 발표될 때마다 통치 엘리트 그룹들과 손을 잡은 올리가르흐들의 경쟁은 격렬해졌고 대립하는 실세들과 파벌들의 갈등도 심화됐다. 또 통치 엘리트 내의 주도권이 미묘한 변화를 보일 때 갈등이 발생했다.

예를 들어 2011년 3월 당시 대통령이던 메드베데프가 고위 관료들이 국영 기업의 이사회 의장이나 고문 자리를 겸직하는 것에 대해 문제를 제기하고 이를 해소하겠다고 밝힌 뒤 권력 엘리트 내부의 갈등이 한동안 격렬했었다.[7]

메드베데프는 국영 기업의 개편과 권력 엘리트와의 경쟁을 적절히 활용해왔는데 2009년 8월에도 당시 검찰총장 유리 차이카에게 직접 명령을 내려 러시아 국영기업들이 얼마나 제대로 운영되고 있는지를 검토하라고 지시한 바 있다. 당시 메드베데프의 지시는 푸틴 총리의 측근인 로스테크의 세르게이 체메조프 회장을 노린 것이라는 추측들이 많았다.[8]

당시 각료들 중에서 메드베데프로부터 직간접적으로 이사회 의장 자리에

---

7 Radio Free Europe/Radio Liberty, March 31, 2011, THE POWER VERTICAL, Conflicts Of Interest. https://www.rferl.org/a/conflicts_of_interest/3543247.html

8 Radio Free Europe/Radio Liberty,, August 26, 2009. https://www.rferl.org/a/Wither_Russia_Inc/1808366.html

서 물러나라고 요청을 받았던 인물들은 재무장관 알렉세이 쿠드린(VTB 금융 그룹의 감독이사회 의장), 부총리 이고리 세친(국영석유회사 로스네프티 이사회 의장), 교통부 장관 이고리 레비틴(아에로플로트 고문), 제1 부총리 빅토르 주브코프(러시아 농업은행 로스셀호즈뱅크 이사회 의장) 등이었다.

메드베데프가 사임을 요구한 인물들은 대부분 실로비키 세력이었다. 특히 그중에서도 자신과 경쟁했던 세친계가 대부분이었다. 이처럼 러시아에서 주요 보직과 국영기업체 이사회의 임면은 권력 내 엘리트 세력 간 이합집산과 경쟁의 산물인 경우가 대부분이다.

## 8-4 푸틴 4기-엘리트 갈등 과정에서 푸틴의 역할은?

푸틴은 그의 집권 4기에 발생한 캘비와 골루노프 사건에 대해 거리를 두는 모습이다. 또한 실로비키와 리버럴 세력의 갈등의 향배에서 어느 편을 들겠다는 사인을 보내지 않으려고 노력하는 모습이다.

이러한 모습은 2019년 3월 전임 공개정부부(Open Government Affairs) 장관 미하일 아비조프(Mikhail Abyzov), 전 하바로프스크 주지사 빅토르 이샤예프(Viktor Ishayev) 때에도 비슷했다. 이들은 모두 뇌물 수수 등의 혐의로 구속됐다.

이들은 리버럴 세력에 가깝거나 실로비키에게 껄끄러운 사람들이었다. 특히 아비조프 전 장관은 메드베데프 총리 세력으로 분류되는 인물로 아비조프의 구속은 실로비키의 반메드베데프 공격의 일환으로 간주되고 있다. 이샤예프는 1991~2009년까지 하바로프스크 주지사를 지내면서 강력한 지방 권력을 구축했던 인물이다. 그는 극동 지역에 구축한 영향력을 기반으로 크렘린과 타협해 2009년부터 극동 지역을 담당하는 대통령 전권 대표가 됐다. 그리고는 최근까지 국영 석유 회사인 로스네프티의 고문을 맡았다. 2018년 가을 하바로프스크 주지사 선거에서 크렘린 지지 후보가 낙선하면서 이사예프는 그 반대파를 지지한 것으로 의심을 받았고 2019년 봄 횡령 등 혐의로 체포됐다. 이샤예프 체포는 지방 권력에 대한 크렘린의 경고로 간주됐다.

메드베데프는 2024년 이후 러시아의 대통령이 될 가능성이 있는 인물 중 하나다. 푸틴이 2008년 자신의 후계자로 메드베데프를 선정하기까지 실로비키와 리버럴 세력 간의 갈등이 극에 달했던 것은 주지의 사실이다. 또 메드베데프가 2012년 의회 선거를 앞두고 의회 내에 자신의 지지 그룹을 만들기 위해 공천에 관여하려 했고 이 때문에 그의 실각이 예상보다 빨랐다는 관측들도 있다. 메드베데프를 위시한 리버럴 그룹과 실로비키 그룹 간의 경쟁과 견제를 강조한 분석들이다.

이 때문에 푸틴 4기 들어 특히 2019년 진행됐던 친리버럴 성향의 공직자들에 대한 구속 및 사법 소추와 외국 투자가들에 대한 세무 당국의 조사 등은 실로비키와 메드베데프를 중심으로 한 친(親)메드베데프 리버럴 간 권력 투쟁으로 간주되기도 한다.

이러한 이유 때문인지 푸틴은 빅토르 이샤예프 전 주지사 및 미하일 아비조프 전 장관 사건 때는 물론이고 캘비 구금과 골루노프 구금이 초래할 사태의 파장을 걱정하면서도 자신은 직접적으로 이에 관여하지 않겠다는 의사를 명확히 했다. 그는 이들 사건이 일파만파 확대되자 우려를 표명했지만 그 이후의 어떤 행동도 직접적이고 공개적으로 하지 않았다.

푸틴의 우려 표명 및 사건을 인지하고 있다는 언급이 있었지만 한동안 캘비는 여전히 구금 중인 상태에서 재판을 받았다. 반면 골루노프는 푸틴의 언급 다음날 석방됐다. 골루노프를 체포했던 러시아 내무부는 러시아 여론과 언론 대부분이 공분한 골루노프 구금 사태를 신속히 마무리짓기 위해 재빨리 움직였다.

하지만 캘비 사건은 달랐다. 푸틴의 태도도 달랐다. 푸틴이 캘비 사건을 인지한 후에 그의 대변인인 드미트리 페슈코프가 내놓은 성명은 결국 "법은 법이다"라는 것이었다.[9] 골루노프 사건과 달리 캘비 사건은 서방의 관심은 높지만 러시아 일반 대중의 관심에서 비교적 먼 거리에 있는 사건이었다. 캘비 사건이 장기화한 또 다른 이유로 이 사건이 리버럴과 실로비키의 힘겨루기라는 인식이 러시아 정치권에 확산되어 있었기 때문이라는 해석도 있다. 실제로 푸틴은 이 사건이 실로비키와 리버럴 세력의 갈등과 연관한다는 분위기가 형성되자 이에 상관하지 않겠다는 입장을 가지고 있었고 페슈코프의 성명은 이를 의미하는 것이었다는 해석이다.

부패를 활용해 반대파를 제압하고 이를 통해 자신들의 이익을 보장하는 모습은 푸틴이 집권 4기에 처음 보여주는 것은 아니다. 또 푸틴 대통령이 이러한 일에 관여하지 않겠다는 듯 거리를 두는 모습도 처음은 아니다. 때문에 통

9 Bloomberg, 2019, 02 18, 'Why Russia Can Afford to Jail U.S. Investors' https://www.bloomberg.com/opinion/articles/2019-02-18/arrest-of-baring-vostok-s-michael-calvey-is-a-message-from-russia

치 엘리트 내부에서 권력과 부 그리고 특권, 혹은 혜택의 분배 및 전이(transfer)에 대한 원칙을 마련하려는 시도와 연관된다고 볼 수 있다. 그리고 이는 당연히 '포스트-푸틴' 체제의 기초를 마련하려는 작업과도 연관이 있다.

이제 본격화하고 있는 '포스트-푸틴' 체제로의 이행은 푸틴에 의해 주도되고 푸틴과 함께 지난 20여 년의 기간 동안 러시아를 통치해 온 엘리트 실세들에 의해 진행되고 있다.

'포스트-푸틴' 체제가 이들이 생각하는 방향대로 그대로 구축될지는 알 수

<그림 48> 푸틴 집권 4기 이후 러시아 정치 및 권력층의 영향력 구도(2020년 초)

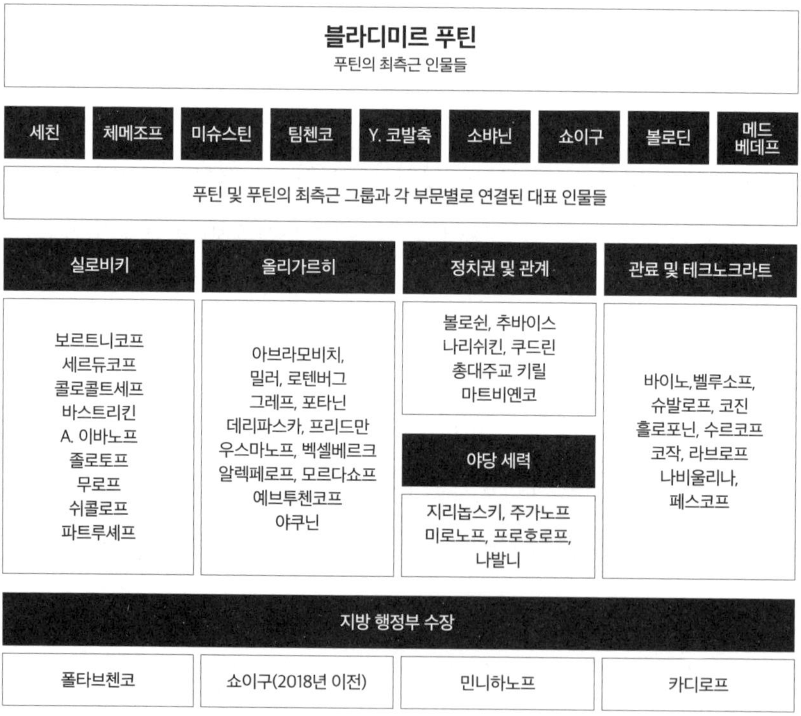


자료 : 러시아 언론 및 취재를 종합해 저자 작성

없다. 하지만 2021년 9월의 국가 두마 선거에서 집권 여당과 친크렘린 세력들이 압승한 결과가 보여주듯 큰 틀에서 보면 상당 부분은 이들의 구상대로 관철될 가능성이 높다.

# 21세기 러시아의 이해

'포스트 푸틴', 엘리트, 올리가르흐
그리고 '푸틴 세대'의 선택

**초판 1쇄 발행** 2021년 11월 12일
**초판 3쇄 발행** 2021년 12월 2일

**지은이** 김석환
**발행인** 윤성우 Director, University Knowledge Press
**편집장** 신선호 Executive Knowledge Contents Creator
**도서편집** 이근영 Contents Creator
장혜정 Contents Creator
**디자인** 한 지 Designer
우승민 Designer
**재무관리** 조아라 Managing Creator
정윤경 Managing Creator
**사전·홍보물** 장지혜 Contents Creator
**발행처** 한국외국어대학교 지식출판콘텐츠원
02450 서울특별시 동대문구 이문로 107
전화 02)2173-2493~7
FAX 02)2173-3363
홈페이지 http://press.hufs.ac.kr
전자우편 press@hufs.ac.kr
출판등록 제6-6호(1969. 4. 30)
**인쇄·제본** (주)트윈벨미디어 02)2088-1810

ISBN 979-11-5901-878-7 [03340] 정가: 27,000원

* 잘못된 책은 교환하여 드립니다.